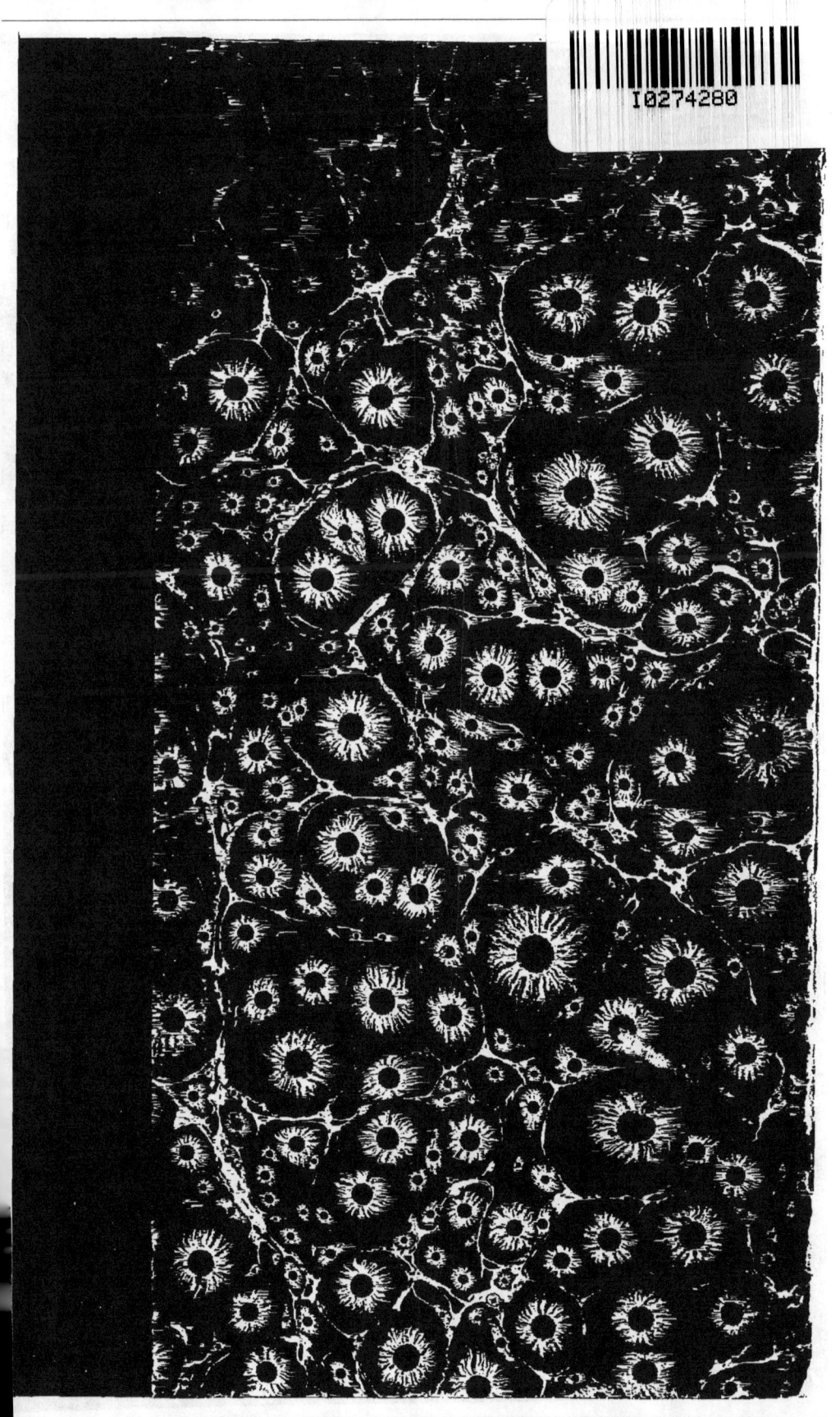

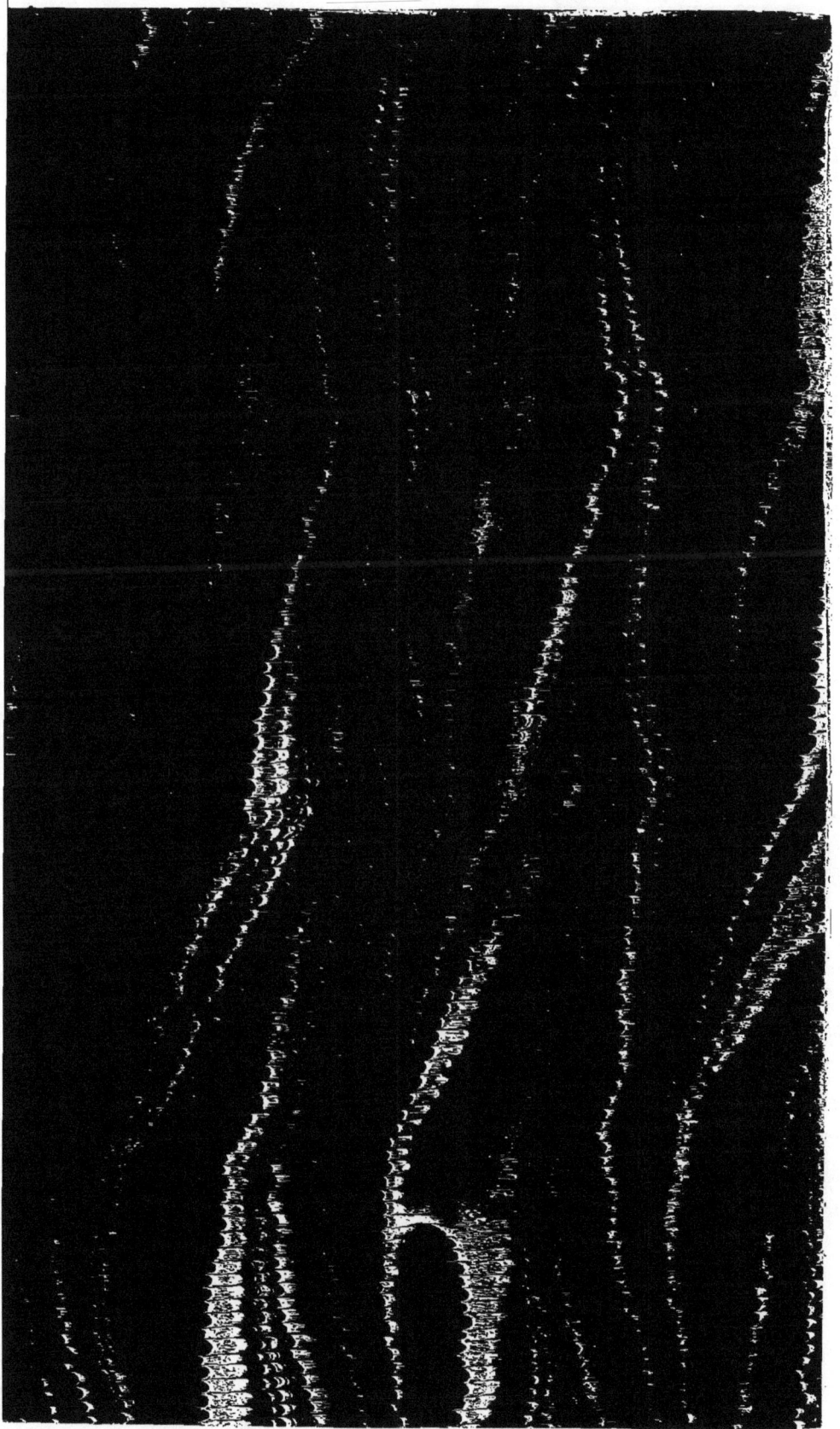

SIBERO

VIES
DE
SAINT ISRAËL
ET
DE SAINT THÉOBALD
CHANOINES
DE L'ÉGLISE COLLÉGIALE DU DORAT

HISTOIRE
DE LEURS RELIQUES ET DE LEUR CULTE

PAR
L'ABBÉ ROUGERIE
PROFESSEUR DE PHILOSOPHIE AU PETIT-SÉMINAIRE DU DORAT

LE DORAT
SURÉNAUD, LIBRAIRE-ÉDITEUR
1871

VIES

DE SAINT ISRAËL

ET DE SAINT THÉOBALD

VIES

DE

SAINT ISRAËL

ET

DE SAINT THÉOBALD

CHANOINES
DE L'ÉGLISE COLLÉGIALE DU DORAT

HISTOIRE

DE LEURS RELIQUES ET DE LEUR CULTE

PAR

L'ABBÉ ROUGERIE

PROFESSEUR DE PHILOSOPHIE AU PETIT-SÉMINAIRE DU DORAT

LE DORAT

SURÉNAUD, LIBRAIRE-ÉDITEUR

1871

PRÉFACE.

—

L'étude que nous allons faire s'étend sur le xe siècle et sur le xie : elle a pour champ la partie du territoire de l'ancienne basse Marche qui forme aujourd'hui l'arrondissement de Bellac dans le département de la Haute-Vienne. L'intérêt principal du récit se concentre en un point jadis appelé *Scotorium*, aujourd'hui *Le Dorat;* deux vaillants serviteurs de Dieu, saint Israël et son disciple saint Théobald, ont inspiré ce travail, et en seront les héros.

La ville du Dorat se présente au dehors coquette et riante : assise sur un promontoire baigné par deux ruisseaux, tapissé par de vertes prairies, elle contemple, du haut de son triple étage de jardins et de blanches terrasses, le cercle entier d'un splendide horizon.

Elle fut jadis « ville remparée et fortifiée »; puis, brisant l'étreinte de ses vieilles murailles, elle se fit une ceinture de boulevards, d'où rayonnent, à travers ses campagnes, accidentées de grands arbres et de riches cultures, plusieurs belles routes et une précieuse ligne de fer. La beauté du site, l'étendue des places publiques, le nombre des établissements utiles, les mœurs tranquilles, l'esprit cultivé de sa population, généralement riche ou aisée, en font un séjour hospitalier à toute âme qui cherche le recueillement pour la prière ou pour l'étude.

A une époque peu éloignée de nous, elle a été moins prospère : on la disait déserte. La tempête venait de passer là; le chapitre, la sénéchaussée, avaient été emportés, et, par suite, beaucoup de familles riches, intelligentes, actives, avaient été atteintes dans leur fortune ou dispersées au loin.

Amie de la vraie liberté, elle comprend et laisse faire le bien; elle sait par expérience qu'elle n'a pas à se défier de cette sève chrétienne qui, au xe siècle, a allaité et civilisé son peuple, et qui monte aujourd'hui dans son sein, non moins vigoureuse, mais entourée peut-être de moins redoutables obstacles [1].

En recueillant les traits épars de la vie de saint Israël et de ses disciples, nous n'avons pu laisser dans l'oubli les circonstances qui ont exercé leur courage ou mis leur patience à l'épreuve ; nous avons replacé nos héros dans le milieu où ils ont vécu, afin de mieux comprendre l'influence qu'ils ont exercée pendant leur vie et celle qu'exerce

---

[1] Ne pouvant nous étendre plus longuement sur Le Dorat, nous citerons quelques témoignages de son ancienne importance : ils datent de la première partie du XVIIe siècle.

« Plusieurs grands personnages et graves auteurs ont parlé avec parole d'honneur et de louange de ladite ville du Dorat, entre lesquels André Thevet, au tome II de la *Cosmographie*, liv. XIV, chap. VIII, en parle en ces termes :

« Vous aves asses pres de la riviere de Gartempe, qui se joint à
» la Creuse, entre La Rocheposay et Isure en la basse Marche, la
» ville du Dorat, l'une des gentilles et anciennes de tout le
» Limousin : aussi estoit-ce la que faisoient les comtes de la
» Marche leur demeure, soit pour la fertilité du paisage et la
» commodité de la chasse, soit pour l'assiette de la ville et
» château fort au possible, duquel on lit que, du regne de
» Charles le Quint surnommé le Sage, les Anglois ne se purent
» oncques faire maîtres ni y etendre leurs drapeaux, encores
» qu'ils tinssent presque toute la Guyenne ; auquel temps en
» estoit seigneur un comte nommé Charles, fils de Geoffroy, aussi
» comte de la Marche et de Bergerac ; et ont esté lui et ses succes-
» seurs si privilegies qu'ils avoient le pouvoir de faire battre

encore le souvenir de leurs vertus. Ce n'est pas œuvre de pure curiosité que nous avons entreprise : la société vit de tradition ; nos sciences, nos arts, nos demeures, et jusqu'aux éléments de ces inventions qui multiplient notre puissance, tout nous a été transmis par nos pères ; nous avons gagné à leurs succès, perdu à leurs revers, et nous portons, sans nous en douter, les conséquences de leurs vices et de leurs vertus. La mission de l'histoire, en mettant au grand jour ces relations nécessaires,

---

» monnoye, moitié d'argent et d'aloy de trois sortes d'especes,
» qui valoient quelques trois sols et demi de la notre, desquelles
» il en represente deux avec leurs revers..... »

» ... Antoine de La Personne, avocat au parlement, en son livre intitulé *l'Aquitaine-Graphie*, dit qu'à neuf lieües de Limoges etoit la ville du Dorat, fort ancienne et une des principales de la basse Marche...

» ... Messires Gilles Le Maitre, premier president en la cour du parlement de Paris, au chap. IX de son *Traité des Amortissements*, parle amplement de l'amortissement general de tout le temporel que possedoit l'eglise de Saint-Pierre du Dorat en Limousin, enregistré au livre III des Ordonnances du roi Louis XI, feuillet 50...

» ... Mais, revenant à la ville du Dorat en la Marche, elle est la plus belle et la plus forte de toute la Marche, tant haute que basse..., et, comme elle a esté la demeure des comtes de la Marche, elle est le sejour des gouverneurs et lieutenans generaux du roi pendant les troubles de la France. Cette ville a ressenti souvent les inconstances et revers de la fortune par les divers orages des guerres. Il y avoit autrefois deux villes

est de nous donner l'expérience qu'achetèrent à leurs dépens ou que possédèrent trop tard ceux qui nous ouvrirent la voie, et d'éclairer le présent à la condition d'être le miroir fidèle et le juge impartial du passé.

Un grand enseignement nous a paru enfermé dans le sujet en apparence tout local que nous avons choisi : huit siècles ont passé sur le tombeau de nos Saints, et n'ont pu y déposer l'oubli ni

---

distinguees par la haute, qui subsiste encores, et l'autre par la basse, qui a pris fin il y a longtemps, et n'en reste que deux ou trois rües qui ne sont plus que des faux-bourgs portans encores le nom de Basse-Ville ; son autre faux-bourg est icelui du château du Dorat. La ville, comme elle est de present, est situce partie dans un vallon et partie sur un haut, bien muree, garnie de quatre bons portaux, de grosses tours et de bons fossés, se pouvant retrancher tout autour par le dedans et terracer. Auparavant la creation du siege presidial de Gueret, elle se disoit la capitale tant de la haute que de la basse Marche, ayant emporté la primauté sur celle de Gueret ; ses consuls ayant emporte la preseance par dessus ceux de Gueret au convoi et funerailles de messire Chataigner, S^r d'Abain, gouverneur de la haute et basse Marche, comme il se voit dans l'*Histoire des Chataigners* d'André Duchesne, liv. III, chap. VII.

» ... Le château du Dorat estoit le sejour ordinaire des comtes de la Marche, comme il a esté justifié cy dessus, et, en temps de guerre, la demeure ordinaire des gouverneurs. Aussi, dit André Duchesne en l'*Histoire des Chataigners*, que le dit Louis Chataigner de La Rocheposay, seigneur d'Abain, gouverneur du pays de

l'indifférence. Le cœur de saint Israël et de saint Théobald bat toujours ici pour les pauvres, pour les malades et pour les ignorants ; leur intelligence ne s'est pas éteinte, et cet essaim d'esprits avides et de cœurs droits que chaque année voit accourir au Dorat de tous les points de l'horizon montre bien que le culte des lettres et des sciences, que l'esprit de foi et de dévoûment n'ont point quitté

---

la haute et basse Marche, s'estant retiré en la ville du Dorat durant les guerres de la Ligue, y faisoit son sejour ordinaire durant la guerre, où il y avoit attiré nombre de noblesse et de gentilshommes, estant le lieu du Dorat le chef d'hommage, ainsi que parle la Coutume de Poitou, art. 13, pour et à raison duquel lieu les hommages de tout ledit comté de la basse Marche sont dus ; et, le dit château ayant esté ruiné pendant la guerre de la Ligue pour le service du roi, la ville du Dorat represente toujours le dit château, en laquelle les convocations du ban et arriere-ban et toutes les assemblees generales de la basse Marche se sont toujours faites et non jamais à Bellac.

» ... En cette ville du Dorat..., outre qu'elle est enceinte de bonnes et fortes murailles tout autour, avec grande quantité de fortes tours et quatre portaux, avec ponts-levis, rateaux de fer et de bois, il y a particulierement deux bonnes forteresses dedans ladite ville, à scavoir l'eglise de Saint-Pierre, enceinte de bonnes murailles, de parapets avec bonnes tours, redoutes, maccolis et autres fortifications, et l'esglise de Saint-Michel, plantee sur le haut d'un rocher, toute terracee jusqu'au fort de la muraille de la ville qui la joint, estant Le Dorat la meilleure ville de guerre apres Poitiers et Angoulême qui soit dedans tout le pays. »

P. ROBERT, T. XXX, *passim*.

ces lieux. Nos Saints ne sont plus, mais leur esprit est vivant parmi nous comme aux anciens jours ; ils sont puissants dans la contrée plus qu'ils ne le furent pendant leur vie ; tous les sept ans la population entière se lève, et vient rendre à leurs dépouilles des hommages qu'envieraient à juste titre les têtes couronnées.

Et cependant quels changements depuis qu'ils ont passé à une vie meilleure ! Les violentes convoitises ont pris une autre direction, les institutions qui alors tombaient vermoulues sont presque ignorées, et les formes sociales qui sortaient laborieusement du chaos sont depuis longtemps détruites et remplacées. Pourquoi donc cette fraîcheur de souvenir dans le peuple ? C'est qu'il révère dans saint Israël et dans saint Théobald les serviteurs des pauvres et des petits, les amants passionnés de la vérité et de la vertu, qui dépensèrent leur vie à les faire connaître et à les faire aimer. Saint Israël et saint Théobald sont d'autant plus goûtés que se développe davantage cette civilisation chrétienne dont ils ont si bien assis les fondements dans la contrée.

Et nous aussi, humble successeur de saint Israël et de saint Théobald dans l'éducation de la jeunesse, nous venons, à huit siècles de distance, leur adresser notre hommage, leur payer notre tribut.

et nous inspirer de leur pensée et de leurs exemples, après avoir pieusement cherché, partout où les avaient dispersés la main du temps et le torrent des révolutions, les traces de leur passage et le souvenir de leurs enseignements et de leurs vertus [1].

L'Abbé ROUGERIE.

Le Dorat, 29 juin 1870.

---

[1] Avant d'entrer en matière, nous croyons devoir indiquer les principales sources auxquelles nous avons puisé, afin que le lecteur juge par lui-même de la valeur et de l'autorité de nos documents :

I. — La Vie de saint Israël fut écrite peu après sa mort par son contemporain et peut-être son disciple Amaury, chanoine et secrétaire du chapitre du Dorat. (COLLIN, *Vies des Saints*, p. 30.) Cette Vie, malgré sa brièveté, est le plus ancien et le plus précieux document que nous possédions sur saint Israël. Elle fut éditée par le P. Labbe dans son *Rerum aquitanicarum collectio nova manuscriptorum librorum*, T. II, p. 566, 567, sous ce titre : « *Vita beati Israëlis, canonici Doratensis in Marchia*, et avec cette note : « Accepimus missam Parisios ab amico nostro V. C. Petro » Roberto, Marchianorum apud Doratenses judice primario. » — « *Vie de saint Israël, chanoine du Dorat dans la Marche* : nous l'avons reçue à Paris, envoyée par l'illustre Pierre Robert, juge principal de la Marche, au Dorat. »

Voici le jugement que portent sur cette Vie les Bénédictins : « Au bout de quelques années (après 1014), un chanoine du Dorat, comme on en juge par le texte, écrivit la vie de saint

Israël, que le P. Labbe a publiée au second volume de sa nouvelle Bibliothèque des manuscrits. Quoiqu'elle soit fort succincte, le Saint y est fort bien caractérisé..... Au siècle dernier, M. Collin, docteur de Sorbonne, en composa une autre plus prolixe, dont on a parlé avec éloge. Elle se trouve manuscrite à l'abbaye de l'Ester. » (*Histoire littéraire de la France*, T. VII, p. 230.)

II. — Le P. Labbe reçut également de Pierre Robert une Vie de saint Théobald qu'il publia au T. II, p. 683, du même ouvrage, sous ce titre : « *Vita S. Theobaldi, confessoris et canonici Doratensis*. Accepimus missam huc a V. C. Petro Roberto, apud Doratenses in Marchia juridicundo præfecto. » — « Vie de saint Théobald, confesseur et chanoine du Dorat. Nous l'avons reçue ici, envoyée par l'illustre Pierre Robert, juge châtelain au Dorat dans la Marche. »

L'auteur de cette seconde Vie, qui paraît également contemporain de son héros, n'est pas nommé. Il est certain (et c'est l'opinion du savant P. Robert) qu'elle est fort ancienne ; nous croyons même qu'elle a été écrite par un contemporain de saint Théobald.

III. — Indépendamment de ces deux Vies, il en existait, au XVIIe siècle, dans les archives du chapitre du Dorat, deux autres plus étendues ; car nous avons trouvé çà et là plusieurs fragments de citations qui ne se rencontrent pas dans le P. Labbe. C'est dans ces Vies malheureusement perdues que semblent avoir puisé les éditeurs qui, à diverses époques, ont retouché l'Office des Saints.

IV. — Dans « l'inventaire des principaux titres, actes, lettres, qui sont dans le chapitre de la ville du Dorat (vers 1630), collationné sur un autre inventaire fait en l'an 1505 », se trouvait «..... la Vie de saint Israël, chantre et chanoine en icelle ville du Dorat », « plus la Vie de saint Théobald, trésorier et prestre de ladite église ». (ROBERT, T. XLV, p. 633 jusqu'à la page 657.)

Nous ne savons s'il s'agit ici des Vies éditées par Labbe, ou de celles plus étendues dont nous avons trouvé quelques fragments.

V. — *Vita sancti Gualterii seu Gauterii, abbatis et canonici Stirpensis, in diœcesi Galliarum Lemovicensi, auctore Marbodo, Andegavensi archidiacono, postea episcopo Redonensi in Britannia Armorica :*
« Vie de saint Gautier, abbé et chanoine de Leiterps, dans le diocèse de Limoges, par Marbode, archidiacre d'Angers, ensuite évêque de Rennes dans la Bretagne armoricaine ».

Marbode était le contemporain de saint Gautier. Cette Vie a dû être écrite avant l'année 1096, date de la nomination de Marbode à l'évêché de Rennes. Elle est extrêmement précieuse, pour nous surtout, par les détails qu'elle donne sur l'école du Dorat. On la trouve imprimée dans les *Acta Sanctorum*, Bolland., maii T. II, die 11, pag. 701, et dans la *Patrologie* de M. Migne, T. CLXXI, col. 1563, etc.

VI. — *Chronique de Maleu.* — Étienne Maleu était prêtre et chanoine de l'église de Saint-Junien : né en 1282, il mourut le 11 juillet 1322. Sa Chronique s'étend depuis l'an 500 jusqu'à l'an 1316 ; elle intéresse particulièrement la ville de Saint-Junien.

Maleu fut naturellement amené par son sujet à raconter la vie de saint Israël, premier prévôt de l'église de Saint-Junien, et à lui donner une place importante dans son récit. Malheureusement, par un acte de vandalisme que nous ne saurions assez déplorer, la feuille qui contenait les actes et l'histoire de saint Israël se trouve avoir été arrachée dès le milieu du XVIIIe siècle au manuscrit-type sur lequel furent copiés les deux seuls exemplaires manuscrits de la *Chronique de Maleu* aujourd'hui connus. — L'œuvre du chanoine de Saint-Junien a été éditée par M. l'abbé Arbellot.

VII. — L'Office manuscrit des saints Israël et Théobald — *Officium sanctorum confessorum non pontificum Israëlis et Theobaldi* — se trouve entre les mains de M. le curé du Dorat. Cet exemplaire se termine ainsi : « Josephus (*effacé*) scripsit et perfecit die vigesima septima mensis decembris anno Domini millesimo sexcentesimo trigesimo nono. » — « Joseph..... a écrit cet Office. Il l'acheva le 27 du mois de décembre de l'an mil six cent trente-neuf. »

Les leçons des nocturnes sont très-importantes pour l'histoire des Saints et pour celle des miracles accomplis par leur intercession; elles portent ce titre : « *Ex vetustissimis ecclesiæ Doratensis tabulis scriptis* », — « tirées des très-anciens manuscrits appartenant à l'église du Dorat ».

Plusieurs autres citations nous ont rappelé ces « anciens documents » contenus dans les archives du chapitre du Dorat; il ne nous a été donné d'en recueillir que des lambeaux épars : nous les avons déjà mentionnés au n° III de cette Notice bibliographique.

Trois ans après la transcription du manuscrit possédé par M. le curé du Dorat, l'Office des saints Israël et Théobald fut imprimé à Paris (1642) chez Robert Sara. Nous avons tout lieu de le croire fort ancien, quoique le titre des leçons : *Ex vetustissimis..... tabulis scriptis*, soit très-postérieur au XII° siècle. Le plus ancien des miracles qu'il raconte est de l'an 1130. Peut-être cet Office fut-il composé peu après la translation des reliques faite en cette même année.

VIII. — Collin, chanoine théologal de Saint-Junien de l'an 1642 à l'an 1673, a composé — « l'*Histoire sacrée des Saints principaux et autres personnes vertueuses qui ont pris naissance, qui ont vécu ou qui sont en vénération particulière en divers lieux du diocèse de Limoges* ». — A Limoges, chez Martial Barbou, 1672, in-18.

On y trouve « la Vie de saint Israël, chantre de l'église du Dorat, premier prévôt de l'église séculière et collégiale de Saint-Junien, official et grand-vicaire de Hilduin, XXXXIIII° évêque de Limoges, 27 janvier, p. 31 »;

Ainsi que « la Vie de saint Théobald, chanoine de l'église collégiale du Dorat, tirée des leçons de l'Office qu'on en fait dans l'église du Dorat et de plusieurs autres anciens documents, 17 septembre, p. 389 »,

Et « la Vie de saint Gautier, abbé de Leyterp, et comte de Chasteau-Vieux près Confolent, 11 may, p. 145 ».

Le savant dom Estiennot parle en ces termes de la Vie de saint Israël écrite par le chanoine Collin : « ..... ejus quoque (sancti Israëlis vitam Gallice scripsit amicus meus eruditus D. Collin,

canonicus et theologus S. Juniani ad Vigennam, quam tu consulas. — Exstat manuscripta in bibliotheca Robertiana Dorati. »
D. Estiennot : Bibl. imp., fonds latin, mss. 12746, p. 245.

IX. — *Vie de saint Israël*, par Pierre Robert, dans dom Fonteneau, T. XXX, p. 913, 915, 917, 919.

Vie de saint Théobald, par le même : D. Fonteneau, T. XXX, p. 919, 921, 923. — (Aux manuscrits de la Bibliothèque communale de Poitiers.)

Pierre Robert, dont nous avons déjà parlé, et que nous devrons citer plus d'une fois encore, naquit au Dorat le 18 février 1589, et mourut en 1658. Ses manuscrits, copiés par dom Fonteneau (plusieurs volumes in-folio à la Bibliothèque de Poitiers) et par dom Estiennot (Bibliothèque nationale), sont une mine très-riche pour l'histoire de la basse Marche et des pays voisins.

X. — Le « *Proprium Sanctorum ad usum canonicorum regularium congregationis Gallicanæ* » nous fournit deux éditions différentes : l'une, « Capituli generalis jussu editum, Parisiis m. dc. xcix »; l'autre, « Capituli generalis anno 1754 celebrati, jussu editum, Parisiis, m. dcc. lviii ». Elles consacrent trois leçons à chacun de nos saints Israël et Théobald, ainsi qu'à saint Gautier. L'édition de 1758 s'est inspirée de Labbe et de Collin ; ses leçons portent ce titre : « *Ex Vita apud Labbe*, Bibl. mss., et alia Vita per Collin ».

XI. — L'abbé Legros compila sur ces trois Vies une partie des documents que nous venons d'énumérer. Son travail se trouve dans les *Vies des Saints du diocèse de Limoges* qui font partie des manuscrits du grand-séminaire.

XII. — « *Manuel de dévotion pour les confrères des saints confesseurs Israël et Théobald, dont les saintes reliques reposent dans l'église paroissiale de la ville du Dorat.* » La première édition de ce Manuel, format in-16, sortit, en 1717, des presses de Jean Barbou, Limoges. — La quatorzième édition (Limoges, imprimerie de Blondel, 1841) fut augmentée d'une nouvelle Vie de saint Israël par l'abbé Texier.

Telles sont les principales sources dans lesquelles nous avons puisé les éléments de ce travail. Nous ne saurions indiquer ici tous les ouvrages auxquels, à défaut d'indications directes sur nos Saints, nous sommes allé demander des éclaircissements et des solutions au sujet des différentes questions soulevées par les objets de notre étude. Nous avons fait, autant que possible d'après les documents originaux, une scrupuleuse investigation sur les Xe et XIe siècles en ce qui concerne le Limousin et l'ancienne province de la basse Marche. Parmi les ouvrages qui nous ont été le plus utiles dans ces recherches générales, nous citerons avant tout la *Chronique du bas-marchois* Adémar de Chabannes, qui, né environ l'an 988, et mort vers 1028, fut le contemporain de nos Saints; puis le *Recueil* du P. Labbe intitulé : *Rerum aquitanicarum collectio nova manuscriptorum librorum*, 2 vol. in-fol., et enfin la grande *Histoire littéraire de France*, par D. Rivet, in-4º, 1743-1750, dans laquelle saint Israël occupe une belle place en qualité de littérateur.

Les nombreuses citations que nous aurons l'occasion de faire dans le cours du récit nous dispensent d'indiquer dans ce sommaire aperçu les autres sources auxquelles nous avons puisé.

AVANT-PROPOS.

L'église du Dorat jusqu'à la naissance de saint Israël.

§ 1. — Fondation de l'église du Dorat par Clovis (507).

Le Dorat n'a conservé aucune trace de la période romaine : son histoire ne commence que sous le premier de nos rois chrétiens.

Dès l'an 412, les Visigoths, sous la conduite d'Ataulf, inondèrent de leurs guerriers le midi des Gaules, de la Loire aux Pyrénées. Les provinces d'Aquitaine, déjà perdues pour les Romains, venaient d'être cédées à Ataulf par Honorius : les Visigoths en firent la conquête, et y fondèrent un royaume dont le premier roi fut Wallia. Infestés des erreurs d'Arius, ils persécutèrent les évêques et les populations catholiques de la contrée, qui appelèrent de tous leurs vœux un libérateur.

Voulant purger de l'hérésie les plus belles provinces de la Gaule, Clovis un jour assembla ses guerriers sur la rive gauche de la Seine, au lieu appelé aujourd'hui la Montagne-Sainte-Geneviève, et il leur fit part de sa résolution. Aussitôt Clotilde, transportée d'allégresse, s'approcha du roi, et lui dit : « Écoutez, je vous prie, ô mon seigneur et mon roi, votre servante, et ordonnez de construire une église en l'honneur du bienheureux Pierre, prince des apôtres, afin qu'il soit votre auxiliaire dans cette guerre ; et, je n'en doute pas, le Seigneur mettra la victoire en vos mains ».

Le conseil de la reine fut agréable à Clovis : élevant sa hache à deux tranchants, d'un puissant effort il la jeta au loin en disant : « Dans ce lieu, avec l'aide du Seigneur, il sera bâti une église à saint Pierre quand je reviendrai victorieux [1] ». Puis, marchant sur Poitiers, il remporta la grande victoire de Vouillé (507), où fut anéantie l'armée des Visigoths.

---

[1] Clodovæus igitur..., Francorum proceres apud Parisios congregare præcepit, et astutiores his verbis alloquitur..... Ad hæc regina Clothildis, nimium exhilarata, gaudebat in Domino, et plaudebat quod tam pretiosam sobolem per baptismum obtulerat Creatori, quæ etiam infidelium mentes, quas vomer ecclesiasticus sulcare non poterat, armis edomare decerneret. Accessit igitur ad regem, et ait illi : « Audi, obsecro, Domine mi rex, ancillam tuam, et jube construi ecclesiam in honorem beati Petri, principis apostolorum, ut tibi sit auxiliator in bello, et profecto faciet Dominus victoriam in manibus tuis ». Placuit sermo reginæ in oculis Clodovæi, et, elevata bipenne quam in manu gerebat, adnisu quo potuit projecit eam a se, et ait : « In hoc loco, adjuvante Domino, S. Petri stabilietur ecclesia cum e prælio victor reversus fuero ». Movit itaque exercitum, et Pictavis usque properare decrevit. Alaricus vero, Gothorum rex, tunc temporis morabatur ibidem. (*Roriconis, monachi Moissiacensis, Gesta Francorum.* — *Patrologie* Migne, T. CXXXIX, col. 611.)

Après cet éclatant succès, Clovis partagea ses forces en deux corps d'armée ; il se réserva le principal, et donna l'autre à Thierry (Théoderic), l'aîné de de ses fils ; puis il parcourut victorieusement et soumit à son obéissance les contrées qui portent aujourd'hui les noms de Touraine, de Poitou, de Limousin, de Périgord, d'Angoumois et de Saintonge ; il s'abstint d'attaquer Angoulême, où les Visigoths avaient laissé une forte garnison ; mais il termina la campagne en se rendant maître de Bordeaux, où il passa l'hiver [1].

Clovis demeura quelque temps en Limousin. Il se livra, dit-on, aux plaisirs de la chasse dans les forêts des bords de la Vienne et surtout dans celle de Padum près de Nobiliac. Saint Léonard, un Franc de la race royale, baptisé en même temps que Clovis par saint Remy, était venu depuis quelques années s'y consacrer à Dieu dans la solitude. Sur ces entrefaites, Clotilde se rendit auprès du roi en Limousin ; ayant couru un grand péril dans ses couches, elle fut délivrée par les ferventes prières de saint Léonard, auquel Clovis, dans sa reconnaissance, donna en toute franchise une partie de la forêt. Mais ce ne fut pas là le premier acte de piété et de libéralité de ce prince dans ses nouvelles provinces du nord de l'Aquitaine.

D'après les traditions du chapitre du Dorat, au sortir du Poitou pour pénétrer en Limousin, Clovis avait fondé

---

[1] *Histoire de France*, par Amédée GABOURD, T. II, p. 223, — et *Roriconis, monachi Moissiacensis, Gesta Francorum.* — *Patrol.* Migne, T. CXXIX, col. 614.

à Scotorium (Le Dorat) une église et une communauté de clercs en l'honneur du prince des apôtres. C'était, aussitôt après la victoire, comme une première réalisation du vœu qu'il avait fait à Paris. Voici les preuves de cette fondation : en 1495, dans le trésor du chapitre du Dorat, situé à l'intérieur du maître-autel de l'église Saint-Pierre, il existait une cassette contenant un antique manuscrit sur parchemin, couvert d'anciens caractères d'écriture, et dans lequel étaient copiés les saints Evangiles. Précieusement relié, il avait une couverture d'argent, ornée avec soin et relevée par l'image de la croix. A la fin des Evangiles se trouvait un écrit antique, qui n'était ni altéré, ni raturé, ni suspect en aucune façon.

La première partie de ce document raconte en peu de mots la bataille de Vouillé. Il se termine ainsi : « Comme le roi triomphant parcourait le pays circonvoisin, il dirigea ses pas vers le lieu de Scotoriac, situé entre deux rivières [1], et là, pour rendre grâces à Dieu de la victoire qu'il venait de remporter, il fonda un petit oratoire en l'honneur de la Croix du Sauveur et du bienheureux Pierre, le porte-clefs, prince des apôtres, donnant et concédant en toute seigneurie, liberté et immunité aux clercs qu'il y institua alors, et qui y célèbreraient dans la suite le service divin, tous les biens, droits et choses actuellement existants et qui existeraient dans la suite, pour la paix, les louanges et la gloire de Celui qui créa

---

[1] La Brame, qui décrit un demi-cercle autour du Dorat, et la Gartempe, qui reçoit les eaux de la Brame.

tout de rien, Notre-Seigneur Jésus-Christ, à qui soit honneur et gloire dans l'éternité ¹ ».

Quand vint l'heure de l'affranchissement des communes, on essaya par mille arguments de renverser ce témoignage; mais tous ils portent à faux, car ils viennent établir que la pièce en question ne provient pas de Clovis. Rien ne saurait être mieux prouvé. Ce qu'il fallait victorieusement combattre c'est un témoignage d'antiquité immémoriale, appuyé sur la possession plusieurs fois séculaire de droits et de priviléges dont l'étendue n'a rien que de très-conforme à cette royale origine ².

Ce document n'est autre chose en effet qu'une tradition recueillie et rédigée longtemps après l'évènement, peut-être dans le cours du xɪᵉ siècle, qui fut la période vraiment littéraire du Dorat. On prit soin de constater juridi-

---

¹ « Et, cum per circum vicina loca rex ipse triumphans iter perageret, ad pagum Scotorensem, inter duos rivulos situm, suos egressus applicuit, et, inibi Deo gratias agens de reportato triumpho, oratorium parvum in venerationem salvificæ Crucis ac beatissimi Petri, clavigeri regni cœlestis, apostolorum principis condidit, dans et concedens clericis quos illic tunc instituit et qui futuri essent ibidem divino Officio mancipati, cum suis bonis, juribus et rebus omnibus tunc cessis et habituris in futurum et perpetuum abonium dominis, et inquietam seculari libertatem, immunitatem ad pacem et laudem et gloriam Illius qui cuncta creavit ex nihilo, ipseque Redemptor noster Dominus Jesus Christus, cui sit honor et gloria in perpetuum. Amen. »

Voir le texte entier de ce document et les objections de M. Robert dans LEYMARIE : *Bourgeoisie*, T. I, p. 344.

² *Note historique sur l'église paroissiale du Dorat*, par l'abbé ROUGERIE. p. 4 et 5.

quement son existence, et de le faire transcrire, en 1495, avec tout l'appareil des formes authentiques, par les greffiers du roi, afin qu'il pût faire autorité devant les tribunaux. La date 507, gravée sur la pierre au-dessus de la porte occidentale de l'église du Dorat. est une allusion certaine à cette fondation par Clovis.

Le récit traditionnel du Dorat est entièrement conforme à l'itinéraire de Clovis, dont la marche de Poitiers vers Limoges est encore jalonnée dans la direction du Dorat par le gué du Pas-de-la-Biche, qui se trouve sur la Vienne au-dessous de Lussac-les-Châteaux. Il est prouvé, d'autre part, que le monastère de cette ville existait au moins un siècle avant Boson, qui a passé, aux yeux de plusieurs écrivains, pour en être le fondateur, et il était si bien reçu que l'abbaye du Dorat était d'ancienne fondation royale que le chapitre, dans sa résistance aux empiètements des comtes de la Marche, en appelle toujours au roi, et que les rois de France, de leur côté, n'ont cessé de le défendre contre les prétentions de leurs propres officiers.

Le Dorat existait donc au vi^e siècle, à l'arrivée de Clovis; il était le chef-lieu d'un *pagus* ou pays situé entre la Brame et la Gartempe, et appelé dès lors *pagus Scotorensis*. C'est à peu près la circonscription des baylies ou prébendes du chapitre qui s'est maintenue jusqu'en 1789. L'influence des Francs de Clovis sur cette partie de l'Aquitaine se traduit encore par la présence dans les forêts du Limousin de saint Amand, de saint Junien et de saint Léonard [1]. C'est donc à la piété des Francs

---

[1] Baptizati sunt etiam (avec Clovis) multa et infinita hominum et mulie-

presque aussitôt après leur baptême que remonteraient les germes de trois des principales villes qui avoisinent Limoges, de Saint-Léonard, de Saint-Junien et du Dorat.

—

§ II. — Destruction de l'abbaye du Dorat par les Normands (866).

Après trois siècles et demi d'existence, l'oratoire fondé par Clovis à Scotorium était devenu, vers l'an 860, une grande basilique; on y avait érigé une abbaye [1], peuplée de religieux et gouvernée par la règle de Saint-Benoît [2]. Il est probable que la substitution des moines aux clercs

---

rum millia, regis sui exemplo permota : inter quos baptismi gratiam susceperunt B. Amandus et B. Junianus, necnon et S. Leonardus et S. Lyphardus; sed die istis duobus ultimo nominatis plenius in legenda ipsius S. Leonardi legitur et habetur.

Eodem igitur anno D., B. Amandus...., adveniens..... Comodoliacum..... (*Chronique de Maleu*, p. 13.)

[1] BONAVENTURE DE SAINT-AMABLE, *Annales du Limousin*, T. III, p. 165.

[2] ..... C'était ici un monastère de l'ordre de Saint-Benoît, suivant Robert (*Gall. christ.*, p. 344), et M. de Sainte-Marthe (*Gall. christ. vetus*, T. IV, p. 343. — *Pouillé* du diocèse de Limoges, p. 121, etc.)

Vetus abbatia S. Petri Schotoriensis seu de Dorato.

Fundatur a Chlodoveo..... De hac fundatione luculente scripsit V. C. Petrus Robert, Marchiæ prætor. — Oratorium illud paulatim et pedetentim in basilicam et abbatiam evasit; quæ saltem anno D. CCC. LXVI a Danis solo æquata est; cujus tamen, ut ingenue fateor, nulla mensio, vel in authenticis, vel in historicis, occurrit ab anno DC et temporibus Chlodovei

eut lieu à l'époque où saint Benoît d'Aniane, sous le patronage de Charlemagne et de Louis le Pieux, réforma les abbayes, resserra les liens qui les unissaient entre elles, et donna à tout l'ordre monastique une vigueur nouvelle.

Cette prospérité, due à quelques années de repos, fut de courte durée. Bientôt l'empire de Charlemagne, ébranlé de toutes parts, croula, moins peut-être par la faiblesse des souverains que par le peu de consistance d'une société toute nouvelle et déjà minée par cette tendance à la décentralisation qui devait produire le système féodal. Les guerres intestines dont les enfants de Louis le Débonnaire avaient donné le funeste exemple ne tardèrent pas à devenir communes entre les seigneurs, aussi agressifs envers leurs voisins que rebelles envers le roi. La civilisation tout entière faillit périr dans ce chaos, sous les coups de ses propres enfants non moins que sous la farouche impétuosité des hommes du nord. C'est une des plus tristes pages de l'histoire de notre pays, et il est difficile de comprendre comment il a pu descendre à un tel degré d'abaissement et de calamités.

Pendant soixante ans, les barbares parcoururent en dévastateurs l'Europe occidentale : les bourgs furent changés en solitudes; les villes furent prises de force et

---

ad annum fere M aut D CCCC LXXXVII quo Boso, Marchiæ comes, etc....., T. IV, *Gall. christ. Sanmarthanorum*, fol. 343 et 19.

Unde autem Schotoriense sit dictum cœnobium, seu etiam et Doratense haud satis novi... (Bibliothèque nationale, fonds latin 12746, p. 233, 234. — Estiennot.)

livrées aux flammes, les églises abandonnées au pillage, les monastères saccagés, et les moines tués ou dispersés. Fugitifs, ils traînaient misérablement leur vie, portant avec eux les reliques des Saints dans tous les lieux qui semblaient offrir quelque sécurité. Si parfois il leur était permis de respirer, ils construisaient à la hâte des cabanes, selon que les circonstances et que leurs faibles ressources le permettaient ; et, sur ce nouveau campement, ils étaient contraints de veiller moins à l'observance régulière qu'à leur vie et à leur conservation personnelle. En quelques lieux même, les représentants de l'ordre monastique disparurent complètement : à leur place parfois se réunirent de simples clercs, échappés aux massacres, qui s'établirent sur les anciennes possessions des moines, continuèrent le service religieux, et conservèrent la propriété des biens, même après le rétablissement de la paix [1].

Tel fut le sort d'un grand nombre de monastères ; tel fut particulièrement celui de l'abbaye du Dorat au IXe siècle. Trois fois les Normands de la Loire poussèrent leurs sanglantes incursions jusque dans la Marche du Poitou et du Limousin. En 866, l'année même de la bataille de Brissarthe, où périt Robert le Fort, comte de la Marche, en compagnie de Raymond, comte de Limoges [2] ou d'Aquitaine [3], l'église, l'abbaye et la ville du Dorat furent

---

[1] *Reginonis, Prunicensis abbatis, Chronicon*, anno 867. — *Patrol.* Migne, T. CXXXII, col. 93.

[2] *S. Odonis Cluniacensis Elogium historicum*, auctore MABILLONIO. — *Patrologie* Migne, T. CXXXIII, col. 16.

[3] Bibliothèque nationale, mss., fonds latin, n° 9193, p. 726.

saccagées et brûlées par les Normands de Hasting, qui ravagèrent le Poitou, le Limousin et la plus grande partie de l'Aquitaine. Peu de temps après des clercs séculiers s'établirent à la place des moines sur les ruines de l'église du Dorat, qui fut réparée en leur faveur, soixante-dix-huit ans plus tard, par Boson le Vieux, comte de la Marche, en 944 [1]. Elle demeura néanmoins en pauvre état jusqu'à l'an 987 [2], où le comte Boson la restaura, et y institua des chanoines réguliers de l'ordre de Saint-Augustin.

Nous exposerons plus en détail cette seconde restauration de l'église du Dorat. Mais l'ordre des évènements nous invite à saluer ici la naissance de celui qui, par sa science expansive et par sa sainteté, devait être la gloire de ce temple, relevé de ses ruines, le père d'une génération de saints, le soutien et la lumière de ces populations plongées dans les ténèbres de l'ignorance et décimées tout à la fois par la peste, par la guerre et par la famine.

---

[1] Boson Ier rétablit, en 944, l'oratoire du Dorat *brûlé par les Normands, lorsque déjà il était devenu une abbaye.* (JOULLIETTON, T. I, p. 65 et 92, et plusieurs autres auteurs.)

[2] L'*Art de vérifier les dates.*

PREMIÈRE PARTIE.

VIE DE SAINT ISRAËL.

CHAPITRE IER.

Naissance de saint Israël. — Sa patrie, sa famille, son enfance, ses premières études. — Il est admis au nombre des chanoines du Dorat.

Saint Israël naquit au comté de la Marche, vers l'an neuf cent cinquante de Notre-Seigneur [1].

Il était de noble race [2].

Ses parents, illustrés par la gloire des armes, par les dignités militaires et par l'éclat de leur fortune [3], excellaient encore davantage par la pureté de leurs mœurs et par la fermeté de leur foi [4].

---

[1] COLLIN, *Vie des Saints du Limousin*, p. 31.

[2] Nobili ortus prosapiâ..... (*Officium sanctorum confessorum non pontificum Israëlis et Theobaldi*, ms.)

[3] Ses parens estoient nobles, riches et vertueux. (COLLIN, p. 31.)

[4] Parentes vero illius, etsi dignitate militiæ clari fuerunt, moribus tamen et fide facti clariores, sancti Evangelii non surdi auditores exstiterunt. Qui, ex præcepto Dominico nuptias non respuentes, melius esse nubere quam

Tous les monuments écrits s'accordent à dire qu'il vit le jour près de Scotorium [1] (Le Dorat, département de la Haute-Vienne). La tradition confirme ce témoignage, et la voix du peuple désigne d'une manière précise le lieu où se trouvait la demeure de sa famille. C'était hors de l'enceinte du Dorat, à une portée de trait des murailles, sur la droite du chemin qui sortait par la porte de Dinsac. Une croix située près de là semble y consacrer encore aujourd'hui le souvenir de la naissance de saint Israël.

Ceux qui répondirent pour lui devant Dieu au jour de son baptême ne lui donnèrent pas un nom vulgaire [2]; mais, comme éclairés d'en haut sur sa destinée, ils lui imposèrent le nom d'Israël [3] (l'homme voyant Dieu), et plusieurs de

---

uri, Apostolo testante, intelligentes, hunc talem ac tantum filium gignere meruerunt. (*Vita B. Israëlis*, apud LABBE, *Bibliotheca nova manuscriptorum librorum*, T. II, p. 566.)

[1] Fuit B. Israël Lemovicensis territorii oriundus, in comitatu Marchiæ, natus et educatus in loco a Scotorensi ecclesia non multum remoto. (*Vita B. Israëlis*, apud LABBE, T. II, p. 566.)

Israël..... prope Doratum natus. (*Proprium canonicorum regularium congregationis gallicanæ*, 8 febr.)

[2] Quem qui de sacro baptismatis lavacro susceperunt non vulgari vocabulo, sed divino auspicio, Israëlem nuncupaverunt; quod non absque Dei nutu gestum esse creditur ut tali nomine præfulgeret qui per fidem et operationem vir videns Deum futurus esset. (*Vita B. Israëlis*, apud LABBE, T. II, p. 566.)

[3] Le mot Israël a deux étymologies :

1° « Qui a combattu contre Dieu » : c'est dans ce sens que Jacob fut appelé *Israël* par l'ange;

2° « Homme voyant Dieu » : c'est dans ce sens que le prend l'historien de saint Israël.

ceux qui le connurent plus tard en ce monde, notamment le chanoine Amaury, secrétaire du chapitre, qui fut le premier historien de sa vie, ont cru que ceci n'arriva point sans une inspiration divine, afin, disent-ils, que l'enfant qui, par la foi et par les œuvres, devait être, à un si haut degré parmi ses contemporains, l'*homme voyant Dieu*, possédât à l'avance, jusque dans le nom qui lui fut donné, comme un reflet de cette glorieuse prérogative.

Sa famille ne fut pas étrangère à sa sainteté. Qui sait l'influence que peuvent exercer sur l'enfant qui va naître ou qui suce déjà le lait de sa mère les grandes aspirations chrétiennes, la foi, la piété, l'honneur, le désintéressement, l'héroïsme? On reconnaît à leur type, à leurs aptitudes spéciales, les hommes de certaines contrées et de certaines familles : dès la naissance, dans l'air qu'ils respirent, dans la nourriture qui forme leur corps, dans les idées et dans les sentiments qui dominent autour d'eux, dans la discipline qui exerce leur esprit et leur cœur, ils puisent abondamment les germes des vertus ou des vices qui les caractériseront un jour : l'un se familiarise avec le danger, l'autre avec le labeur matériel, cet autre encore avec la science, la vertu et la sainteté.

Ce nom n'est pas sans exemples au Xe siècle :

« Saint Brunon, fils de Henri Ier l'Oiseleur, né l'an 925, eut, entre autres maîtres, un évêque Hibernois nommé Israël. » — Ce dernier assista, l'an 946, au concile de Verdun. — (D. RIVET, *Histoire littéraire*.)

DCCCC XLVI. Synodus..... circa medium mensis novembris Virduni est habita....., Israële Brittone præsente. (*Chronicum Virdunense*, ap. LABBE, *Bibl. nov.*, T. I, p. 129.)

Israël se familiarisa avec Dieu, à qui ses parents avaient fait vœu de l'offrir et de le donner pour toujours [1].

Leur ambition, grandie et fortifiée par la foi, ne put se borner à lui transmettre une position belle selon le monde, et à le voir perpétuer avec honneur le nom et les traditions de sa famille : ils portèrent plus haut leurs aspirations : servir Dieu c'est régner mieux encore que de commander aux hommes, et ils voulurent que telle fût la royale grandeur de leur enfant. De Dieu ils avaient reçu ce précieux trésor, à Dieu ils voulurent le rapporter, en le consacrant à son service.

Ce courage, cette intelligence, ne sont pas donnés à tout le monde, mais au petit nombre, à l'élite de l'armée de Dieu ; quelquefois même une semblable offrande pourrait être le résultat d'un calcul grossier, d'un aveugle égoïsme, cherchant plutôt les biens de la terre que les grâces du Ciel. Il n'en fut pas ainsi dans l'esprit des parents du jeune Israël : leur fortune et leur piété ne les invitaient à demander à la pauvre église du Dorat que les biens d'un ordre plus élevé. Selon l'usage du xe siècle, où il n'était pas rare de voir offrir des enfants aux monastères, saint Israël fut probablement offert à l'autel par ses parents assistés de témoins laïcs ; ses mains devaient être enveloppées dans la pale qui servait au saint sacrifice, et il est à croire que la famille donna en même temps une

---

[1] Transacto autem non multo tempore, iidem parentes hunc puerum Domino voverunt, et ut litterarum disciplinis erudiretur doctoribus mancipaverunt. (*Vita B. Israëlis*, apud LABBE, T. II, p. 566.

terre ou une métairie dont les revenus étaient destinés à l'entretien du futur chanoine [1].

Les enfants offerts de la sorte habitaient dans le monastère à partir de l'âge où ils pouvaient se passer de leur mère, et ils étaient élevés par les religieux. Les canons en usage dans le diocèse de Limoges [2], plusieurs fois rappelés par les Conciles, statuaient que, si, parvenus à l'âge de l'adolescence, ces enfants ratifiaient le vœu de leurs

---

[1] *Façon de vouer les enfants en religion. — XIe siècle.* — Il faut remarquer que, dans ce siècle et les voisins, quand on vouloit offrir des enfans à Dieu pour être moines, on usoit de cette ceremonie : à sçavoir qu'on presentoit l'enfant à l'autel ayant les mains enveloppées de la palle de l'autel, et qu'avec luy on offroit à Notre-Seigneur quelque terre ou metairie qu'on spécifioit. En voici des exemples : Gérald et Vierne, sa femme, offrirent leur fils Gerald, ayant les mains enveloppées de la palle de l'autel, où estoient les reliques des saints de l'abbaïe de Beaulieu, afin que, par ce procédé, cet enfant connût qu'il devoit eternellement, c'est-à-dire dans sa vie, garder les observances de Saint-Benoît. On fit present avec l'enfant de deux tenemens et une metairie avec un moulin. Cela fut fait au mois de mars durant le regne d'Henry. — Autre exemple : sous Louis le Débonnaire, l'an dixième, qui doit estre l'an de Notre-Seigneur 824..... (BONAVENTURE DE SAINT-AMABLE, *Annales du Limousin*, p. 405.)

[2] Ut puerum pater aut mater tempore oblationis offerant altari, et petitionem pro eo coram laicis testibus faciant, quam tempore intelligibili ipse puer confirmet. (*Concile d'Aix-la-Chapelle*, an 817, cap. XXXVI.)

Et iterum dictum est : « Canones Toletani et hoc judicant ut in monasteriis nutriti, cum venerint ad annos adolescentiæ, detur eis optio libera, utrum velint vovere propositum, an inter laicos esse. Qui voluerint uxores ducant; qui autem propositum in sua potestate relicti voverint non ultra eis ad sæculum licet respicere. Nam et Concilium Bituricense, ..., judicavit ut qui clericaturam suam dimittit ab aliis clericis separetur. (*Concilium Lemovicense*, an. 1031, ap. LABBE, *Bibl. nov.*, T. II, p. 794.)

parents, ils restaient consacrés éternellement au service de Dieu; si, au contraire, ils voulaient reprendre leur liberté, ils pouvaient, sans obstacle, rentrer dans le monde et y mener la vie séculière.

Les parents du jeune Israël dûrent être parfaitement rassurés sur la conformité de leur vœu avec les vues de la Providence en voyant l'ouverture de sa belle âme pour la piété, pour la science et pour la vertu. Tout jeune encore, il puisa à l'école des chanoines réguliers du Dorat les premiers éléments des lettres divines et humaines, et, lorsqu'il y eut été complètement initié, il fut admis, à l'âge de quinze ans environ, au nombre des chanoines de cette église [1]. La dignité canoniale n'entraînait pas l'obligation

---

[1] Le mot chanoine (canonicus, du grec κανών, règle) désigne un clerc qui vit conformément aux canons ou règles de l'Église. L'expression *chanoine régulier* est donc un pléonasme formé de deux expressions dont la signification est absolument la même.

L'institut des chanoines réguliers remonte à saint Augustin, qui réunit dans sa maison, où ils vivaient en communauté, les prêtres chargés de l'administration des sacrements et des autres fonctions ecclésiastiques dans la ville d'Hippone. Leur vie tenait tout à la fois de celle des clercs séculiers et de celle des moines. Quoique, dans le principe, les chanoines fissent vœu de pauvreté, en 816 le concile d'Aix-la-Chapelle leur permit d'avoir des biens en propre provenant soit de leur patrimoine, soit des offrandes et des autres revenus de l'Église. (*Pouillé du diocèse de Limoges*, ms., p. 121. — ROBERT : D. FONTENEAU, T. XXX, p. 157.)

Ils étaient revêtus d'une tunique blanche :

Suscepta quippe, ac si coactus, ecclesiæ cura, *vesteque alba tectus*, interdum *more canonico* mentem tamen et vitam pleniter possedit monachicam. (*Rodulphi Glabri Historiarum*, lib. III, cap. IV. — *Patrol.* Migne, T. CXXXII, col. 651.)

d'entrer dans les saints ordres, si bien que la plupart des chanoines étaient ordinairement de simples clercs. Il ne faut donc pas s'étonner que saint Israël ait été admis parmi les chanoines à un âge si tendre.

A peine relevée de ses ruines, l'église du Dorat

Voici comment se faisait, en 1760, la nomination d'un chanoine dans l'église du Dorat. Ce document peut jeter quelque lumière sur les temps dont nous écrivons l'histoire, car on sait avec quelle ténacité les différentes corporations issues du moyen âge avaient conservé leurs traditions, et il n'est pas improbable que l'élection de saint Israël se soit faite à peu près de cette manière :

« *Extrait des registres des actes capitulaires de l'église royale, séculière et collégiale de Saint-Pierre du Dorat :*

» Du chapitre tenu extraordinairement à l'issue de la grand'messe, le 14 octobre l'an mil sept cent soixante, par Messieurs Lesterpt de La Doulce, abbé, Vrignaud, Laurent de Cromac, Grenard, Berneron, Teytaud de Razès, Junien, Vételay, de Lavergne, Beillot, de Montgomard et Laurent de Mascloux, chanoines capitulants.

» Mondit sieur Vrignaud de La Vergne a représenté à mesdits sieurs que M. Jean-Baptiste Aubugeois, prêtre, et paisible possesseur d'un canonicat et prébende dans cette église et chapitre, serait décédé le six du présent mois, temps auquel ledit sieur Vrignaud de La Vergne étoit en tour d'aigle sous la lettre D, pour nommer et présenter aux bénéfices vacants dans son dit tour d'aigle, et conséquemment en droit de nommer et présenter audit canonicat et prébende. Pour à quoi satisfaire il nomme et présente la personne de M. Jacques-André Vacherie, prêtre, prieur de l'Hôtel-Dieu de cette ville, pour remplir, occuper et posséder ledit canonicat et prébende ainsi vaquant. En conséquence de quoi, il requiert mesdits sieurs de lui en faire pleine et entière collation, ainsi qu'ils ont droit de ce faire. Et a signé. Ainsi signé : Vrignaud de La Vergne, chanoine.

» Sur quoi mesdits sieurs ayant ensemble conféré et sur ce murement délibéré : Vu que ledit Vrignaud de La Vergne était en tour d'aigle lors

pouvait offrir à ses élèves des clercs distingués par leur savoir et par leur piété. Sous leur direction, l'esprit d'Israël, semblable à ces bonnes terres qui ne reçoivent la semence que pour la multiplier, élaborait par la méditation et par le travail personnel les leçons de ces savants

---

du susdit décès, ont, audit sieur Jacques-André Vacherie, ici présent et acceptant, conféré, et par ces présentes confèrent le susdit canonicat et prébende vaquant par le susdit décès. En conséquence de quoi, après avoir par lui fait le serment entre les mains de mondit sieur abbé d'observer les statuts et usages du présent chapitre, et garder le secret dans ses affaires, et d'en procurer le bien et avantage autant qu'il sera en lui, et de ne rien faire contre les droits dudit chapitre ou celui du sieur Vacherie, fait mettre en possession dudit canonicat et prébende par M. Vrignaud, chanoine, en présence de nous, notaires royaux apostoliques, établis au diocèse de Limoges, et soussignés, par le salut et baiser fait au maître-autel, place prise au chœur dans les hauts siéges, à main droite, sous les cloches, et autres cérémonies ordinaires en pareil cas, pour par ledit Vacherie jouir des fruits, profits, revenus et émoluments attribués audit canonicat et prébende. Lequel dit sieur Vacherie, pour droits d'entrée, de chappe et d'anniversaire, a payé ès mains de mondit sieur Lavergne, chanoine syndic, la somme de deux cent soixante-deux livres, dont quitte, et payera en outre les droits dus et attribués au bas-chœur. Laquelle prise de possession a été par nous, notaire, publiée et criée à haute voix sans qu'il y ait eu aucune opposition. Dont et de tout quoi nous avons donné acte à toutes parties pour leur servir et valoir ce que de raison. Fait en la salle capitulaire de mesdits sieurs du chapitre du Dorat, pardevant nous, notaires royaux apostoliques, établis en la ville et réservés au Dorat, soussignés, en présence de Pierre Champigny, Jacques de La Palisse, marchands, et Jean Rivaille, praticien, témoins à ce appelés comme demeurant en la ville du Dorat, soussignés, avec nous, notaires. Ainsi signé : Vacherie, chanoine; La Palisse, Rivaille, Champigny, de La Vergne, Vrignaud, chanoine; Lesterpt de La Doulce, abbé; Boucquet et Lherbon, notaires royaux apos-

maîtres [1]. Épris de la vérité sous toutes ses formes, et s'occupant de préférence aux études qui mènent directement à Dieu, il ne négligea point celles qui visent plus immédiatement aux intérêts de ce monde, et bientôt il posséda tout à la fois la double science des séculiers et des clercs; en sorte que dans tout ce pays on n'eût pu trouver personne qui lui fût comparable. Par la vigueur du talent et par la profondeur du savoir il surpassa tous les autres clercs de ce diocèse, et il fut, au dire de son biographe, l'homme le plus remarquable de cette province de la Marche et du Limousin.

---

toliques. Controllé au Dorat par Neymond, qui a reçu douze livres dix sols. » (*Papiers de M. Labeige.*)

[1] « His itaque puer bonæ indolis et moribus eximiis cum a magistris doceretur, ut bona terra doctrinæ semina non difficulter retinebat, quæ multiplicata spargeret postea. Parvulo enim data fuit de supernis astutia et adolescenti intellectus et scientia, qui, cum augmentaretur ætate, augebatur sapientia, adeo ut illi non deesset utraque scientia litteralis scilicet et sæcularis. Nec longa fuit temporis percunctatio quin super omnes Lemovicenses electos haberetur prudens et astutus, ita scilicet quod in tota illa patria non reperiretur ei secundus. » (*Vita B. Israëlis*, apud LABBE, T. II, p. 566.)

« Saint Israël, né, nourri et eslevé au comté de la Marche et diocese limousin, du lieu appelé Sconteison, sorti de parens nobles de sang et de lignee, mais encore plus de vertus et de bonnes mœurs, ayant esté, quelque peu de temps apres son baptesme, voué à Dieu par son pere et sa mere, estant venu en l'age capable de recevoir instruction, fust mis entre les mains des maistres et docteurs pour estre instruit à bonnes lettres, esquelles il profita tellement que, croissant en age et esprit, il obtint une parfaite cognoissance des sciences divines et humaines, et fust avec verité estimé le plus advisé, le plus sage et docte de tous les parens, qui en rendirent grâce et louange au souverain Créateur. » (ROBERT : D. FONTENEAU, chap. XXX, p. 165.)

CHAPITRE II.

—

Saint Israël simple chanoine. — Prière. — Amour du travail. — Aumônes. — Visites aux malades.

Entrons dans la vie privée d'Israël, et voyons par quels efforts il est devenu le saint personnage que l'Église propose à notre vénération sur les autels.

Une précieuse qualité brilla tout d'abord dans le jeune chanoine, et frappa tous les regards; elle charma le chapitre du Dorat, non moins peut-être que l'ouverture d'esprit et que l'aptitude si distinguée d'Israël pour toute sorte de sciences : c'était une charmante humilité dans ses rapports avec ses confrères et une parfaite soumission aux ordres de ses supérieurs. Plein de déférence et de respect pour ses vénérables maîtres, il honorait en eux l'autorité de l'âge et de l'expérience; il avait pour les anciens chanoines les attentions les plus délicates, il écoutait volontiers leurs instructions et leurs remontrances, et il s'empressait de mettre à profit leurs avertissements et leurs conseils [1]. Il eut éminemment cette droiture de cœur du bon écolier et du parfait novice, qui ne sépare point sans nécessité l'amour de la science d'avec l'estime et l'affection pour les maîtres qui en sont les dépositaires.

Plein de charité envers ses confrères, et animé d'un saint zèle pour la décence dans la célébration des rites sacrés, Israël prenait volontiers la place, et remplissait avec empressement l'office des chanoines obligés de s'absenter du chœur au moment des cérémonies [2]. Sa véritable patrie était la maison de Dieu : jamais son esprit n'y fut en défaut ni sa pensée distraite : chants à exécuter, leçons à lire, cérémonies à observer, il prévoyait tout, il pourvoyait à chaque détail avec tant de sollicitude et de maturité, que la moindre prescription du cérémonial était accomplie en son lieu et à son heure avec une convenance parfaite [3]. Grâce à sa vigilance, la célébration des offices dans l'église du Dorat ne laissait rien à désirer aux clercs les plus réguliers et les plus instruits.

Le jeune chanoine était animé de cet esprit de Dieu qui relève et vivifie toutes les actions, même les plus humbles.

---

[1] « N'estant encore que simple chanoine, on ne vit jamais rien de si humble et soumis comme lui. Il rendoit toute sorte d'honneur à ses anciens, escoutant volontiers leurs instructions et remonstrances, et faisant tout son profit des advertissements qu'ils lui donnoient. » (COLLIN, p. 32.)

[2] « Vices aliorum absentium supplendo lubenter et diligenter explebat. » (Officium, lect. V.)

[3] « Quid concinendum, quid prælegendum, quid agendum foret, adeo sollicite et mature prævidebat providebatque ut omnia suo loco et tempore decenter peragerentur, nihil desideraretur. » (Ibid.)

Loin de venir dans le saint lieu l'âme vide et le cœur muet, Israël fut dès l'adolescence pénétré de la grande pensée qui inspira toute sa vie : procurer par la prière et par les œuvres le salut du peuple de ces contrées. C'est elle qui sans cesse le ramenait dans le sanctuaire, c'est elle qui soutenait et multipliait ses forces.

« Ce saint prestre de Dieu, Israël, dit P. Robert, pensoit en toute la nuit au salut du peuple, et, lorsqu'il entendoit le premier son de la cloche, il couroit vistement à l'esglise pour y entonner et psalmodier les louanges du Createur. Entrant au monastere, il alloit voir et visiter tous les autels, a genoux, les larmes aux yeux, prioit Dieu et ses saints de Paradis pour ses faultes et celles du peuple. Ce fait, il assistoit le premier au commencement des matines [1]. » Il avait souvent dans l'esprit, comme un aiguillon pour stimuler son activité, cette pensee de la sainte Ecriture : « Maudit soit celui qui fait l'œuvre de Dieu avec negligence ou avec duplicité [2] ».

Son bonheur était de se trouver près de Dieu, et de préparer par la prière son âme aux grands combats qu'il se disposait à livrer pendant toute sa vie contre la misère

---

[1] ROBERT : D. FONTENEAU, T. XXX, p. 913 et *seq*.

[2] « Tanta vigilentia, diligentia et devotione ut, audito, ad matutinum, primo æris campani signo, confestim in templum accurreret, cuncta circuiret altaria, ad singula multis cum lacrymis et suspiriis sæpissime nudis genibus pavimento deflexis defixisque Deo supplicaret, horis incipiendis, primus aut interesset aut ipse inchoaret : mente scilicet recolens, quod scriptum est : « Maledictum hominem qui facit opus Dei negligenter aut » fraudulenter. » (*Off. die* 28 *jan.*, lect. II.)

et contre l'ignorance de ce siècle de fer. Aussi la prière publique était-elle pour lui pleine d'attraits, et les grandes solennités de l'Église avaient-elles le don de l'émouvoir profondément, tant elles s'harmonisaient avec l'ardeur de ses désirs et la vivacité de sa foi.

« Il aimait cette pompe symbolique du culte qui fait servir à glorifier Dieu les magnifiques dons de sa bonté, et qui était alors le seul spectacle, la seule distraction, la seule récréation de la foule. Lorsque, au milieu des flots d'encens inondant les voûtes sacrées, aux sons graves et mâles du chant grégorien, le Pontife, entouré des clercs vêtus d'or comme lui, immolait l'hostie sainte, le cœur d'Israël se dilatait, et il semblait, à son air recueilli et ému, que Dieu eût soulevé pour lui un coin du voile qui recouvre les splendeurs que l'œil de l'homme n'a pas vues [1]. »

Dans cette vie si bien remplie par des pensées élevées, si intimement consacrée à la gloire de Dieu et au soulagement des hommes, les soins du corps trouvaient peu de place : Israël les réduisait aux attentions strictement nécessaires pour la conservation des forces et de la santé; il ne donnait qu'avec une parcimonie et une sobriété extrêmes à la nature ce qui lui était indispensable pour se soutenir et pour réparer ses pertes.

Cette rigueur envers soi-même, loin de l'endurcir au spectacle des souffrances d'autrui, n'avait fait que lui donner plus de pénétration pour les comprendre, plus de charité pour les soulager. Rarement celui qui n'a pas

---

[1] L'abbé TEXIER, *Manuel de dévotion*, 1841, p. v et vi.

souffert soit par un libre choix de sa volonté, soit par les nécessités de sa condition, se trouve doué de ce tact et de ce dévoûment qu'exigent les œuvres héroïques de la charité : saint Israël s'en était fait comme une seconde nature, et il n'eut que de trop nombreuses occasions d'exercer son amour envers les membres souffrants de Jésus-Christ. Dans cette heureuse contrée de France, où la pauvreté est rare et finit par trouver toujours une main secourable, où le paupérisme avec ses angoisses et l'horrible mort par la faim sont inconnus, on se ferait difficilement une idée de l'importance et de la nécessité sociale qui s'attachaient, au xe siècle, à l'exercice de la charité, comme du courage et de l'abnégation nécessaires à ceux qui s'imposaient le devoir de la mettre en pratique.

Plusieurs siècles de bouleversements, de guerres intestines ou étrangères, d'incendies, de rapines, de calamités de toutes sortes, couronnées par des pestes affreuses et par des famines horribles se succédant périodiquement, tels sont les traits saillants de l'histoire de l'Aquitaine à l'époque de saint Israël. Les maisons n'étaient le plus souvent que des cabanes plusieurs fois reconstruites sur des cendres et sur des ruines ; le laboureur qui avait jeté la semence regardait comme un bonheur providentiel de pouvoir en faire lui-même la moisson ; il se hâtait d'en cacher le produit dans des silos, se tenant prêt lui-même à disparaître à la première alerte dans des souterrains-refuges, dont il dissimulait avec soin l'entrée au milieu des bois, des rochers ou des broussailles.

La pauvreté et la souffrance portées à ce degré où elles sont irrémédiables, à moins qu'un secours extérieur ne vienne en aide à l'impuissance, étaient le lot de classes entières de malheureux. La ville du Dorat n'en était pas plus exempte que le reste de l'Aquitaine; souvent même, aux redoublements de la misère et des calamités, les indigents, attirés par la réputation de son monastère, y accouraient en foule des divers points de la Marche et du Limousin. Aux indigents et aux étrangers, aux ignorants et aux malades de l'un et de l'autre sexe, Israël prodigua son temps, ses labeurs et ses ressources de toutes sortes.

Son grand amour pour les pauvres, animé par la foi la plus vive, lui inspira des pratiques de mortification qui eurent les plus utiles résultats. Elles furent fécondes, parce qu'elles ne laissèrent dépenser dans les satisfactions des sens aucune parcelle du temps ni de l'activité que Dieu avait départies à son serviteur, et moralisatrices, parce que l'héroïsme de cette conduite fut comme une prédication continuelle aux yeux des hommes de ce temps, esclaves aveugles pour la plupart de leurs frivoles intérêts. Saint Israël y ajouta une pratique que nous croyons lui avoir été toute particulière, et qui dut être pour les autres chanoines comme pour tout le peuple de la province un salutaire enseignement.

Il n'était pas d'usage dans l'institut des chanoines de faire vœu de pauvreté : c'est là un des traits qui le distinguaient tout spécialement de l'ordre monastique, dans lequel aucun particulier ne pouvait avoir de propriété personnelle. Saint Israël avait donc conservé la libre disposition des biens qu'il tenait de sa famille en même temps qu'il jouissait des revenus de sa prébende canoniale. Prenant sur ses ressources particulières le peu qu'il fallait à son entretien, il ne voulut s'approprier aucun des mets qui lui étaient servis au réfectoire, sur la table commune;

mais, considérant tout ce qui appartenait au monastère comme le patrimoine des pauvres, il faisait libéralement distribuer aux indigents et aux malades la part qui lui était servie, tout en prenant soin de l'assaisonner de très-utiles instructions, « suivant la portée et la nécessité de chacun [1] ».

Etant devenu prévôt du monastère, chaque fois qu'il se levait de table [2], il mettait à profit la présence de la communauté pour dire quelques mots en faveur des deux grandes œuvres qu'il avait surtout à cœur : l'avancement

---

[1] « Quod in refectorio sibi ministrabatur cum cæteris fratribus constitutus pauperibus et ægrotantibus viris et mulieribus indesinenter largiebatur. » (*Vita B. Israëlis*, apud LABBE, T. II, p. 567.)

« Tanta temperantia ut parce admodum et sobrie de propriis reditibus corpusculum reficeret ac sustentaret; religioni sibi ducens, si quid manducaret quod proprio labore non comparasset; ea vero misericordia ut quæ de communi victu in triclinio sibi administrabantur, pauperibus et ægrotis liberaliter erogaret. » (*Off. die* 28 *jan.*, lect. II.)

« Il retranchoit ordinairement la meilleure part de ce qu'on luy apprestoit pour ses repas, et le donnoit aux pauvres, assaisonné de tres utiles instructions, suivant la portée et la nécessité d'un chacun. » (COLLIN, p. 32.)

[2] « Ce qui lui estoit donné dans le réfectoire avec les autres freres et religieux, il le donnoit libéralement aux pauvres et mendiants et aux personnes malades. Toutes et quantes fois qu'il se levoit de table, il admonestoit les chanoines réguliers diligemment a l'observation des institutions canoniques et principalement que a tous indigents l'aumosne fût baillee, ayant souvent en sa bouche et memoire ce beau dit de Salomon que « celuy » preste à usure à nostre Seigneur qui a compassion et consideration du » pauvre », et ce texte de l'Evangile : « Que vostre lumiere luise devant » les hommes, afin que Dieu en soit glorifié !... » (ROBERT : D. FONTENEAU, T. XXX, p. 913, etc.)

spirituel de ses religieux et le soulagement des pauvres. Il avertissait et reprenait doucement ceux qui s'étaient rendus coupables d'infractions à la règle, et il engageait vivement tous les chanoines réguliers à une diligente observation des institutions canoniques.

Prenant ensuite la parole en faveur des indigents, pour lesquels il venait de prélever la part qui lui était servie au nom de la communauté, il recommandait que l'aumône leur fût faite avec soin, et que nul ne fût négligé. Il avait toujours dans la mémoire et souvent sur les lèvres cette belle parole de Salomon : « Qu'il prête à usure à Notre-Seigneur celui qui ne ferme pas les yeux sur le pauvre et qui en a compassion [1] ». Il aimait à répéter cette parole de l'Évangile : « Que votre lumière luise aux yeux des hommes, afin que, voyant vos bonnes œuvres, ils glorifient votre Père céleste, qui est dans les Cieux ! »

Cependant, soit par humilité et par amour pour cette parole du Sauveur : « Que votre main gauche ignore ce que fait votre main droite », soit par la conviction qu'il était plus opportun de subvenir aux pressants besoins des malades à ces heures de la nuit où ils sont le plus abandonnés, Israël consacrait le temps du repos à l'accomplissement des œuvres de charité : aussitôt après avoir célébré avec une grande dévotion l'office des nocturnes, au moment où les autres chanoines regagnaient leur couche et où tout

---

[1] Remarquons en passant que cette pensée sur la générosité de Dieu, qui nous semble admirablement caractériser saint Israël, se trouve exprimée dans le seul débris de ses œuvres qui nous soit parvenu : « *Bien sel Dame Diex usurer...* »

dormait dans la cité, excepté la douleur et le besoin, seul, au milieu de la nuit, Israël gravissait l'une des rues étroites et escarpées qui menaient dans la ville haute, ou bien il descendait le sentier qui, longeant le monastère, conduisait vers les bords de l'étang et vers le quartier de la basse ville. Tout le long des rues et des places publiques, il allait çà et là, cherchant la demeure des malades, et il pénétrait soit dans une pauvre maison, soit dans l'une de ces nombreuses caves creusées dans le tuf, au pied du monastère ou sur le versant méridional de la ville [1].

Dans ce terrain fortement incliné, soutenu aujourd'hui

---

[1] « Nocturnali cum summa devotione celebrato officio, non immemor Domini jubentis : « Nesciat sinistra tua quod facit dextera tua », ipse, accepto itinere, solus de nocte visitabat ægrotantes per plateas et speluncas villæ passim commorantes, et infra monasterii atria latitantes, non diffidens quem sub vili forma pauperum cœli terræque visitaret Dominum. » (*Vita B. Israelis*, apud LABBE, T. II, p. 567.)

« Apres que les matines nocturnes estoient achevees avec grande dévotion, se souvenant de ce que Dieu dit en l'Ecriture que la main gauche ne sache ce que fait la droite, soudain s'acheminoit la nuit visiter les malades qui estoient par les rues et aultres endroits de la ville et dudit monastere, croyant bien que soubs la vile forme des pauvres il visitoit le Seigneur du ciel et de la terre; car c'est la vraye et entiere religion par laquelle sont visites et aides les pupilles, les orphelins et les pauvres de Jésus-Christ en leur tribulation. Visitant les pauvres non avec les mains vuides, mais en leur conferant des aumônes, il leur demandoit les choses qui leur estoient necessaires, et, lorsqu'il ne les avoit apportees, il les leur envoyoit..... » (ROBERT : D. FONTENEAU, T. XXX, p. 913 et *seq*.)

« Noctu ideo egenos infra septa et plateas cœnobii perlustrabat, ut eis in promptu necessaria subministraret; aut si ad manum in præsens non haberet, illico postea submitteret. » (*Off. mss., die* 28 *jan.*, lect. II.)

par un quadruple étage de terrasses, un grand nombre de pauvres s'étaient creusé des cachettes et des demeures souterraines, protégées par la proximité des murailles de la ville, et couvertes, du côté de la campagne, par l'étang et par les bords marécageux du ruisseau, contre les insultes de l'ennemi. — Dans ces sortes de tanières, la misère et l'insalubrité naturelle à ces demeures maintenaient en permanence des maladies dont heureusement nous n'avons même plus l'idée, aujourd'hui que, grâce à mille efforts persévérants, les conditions de la vie ont été profondément modifiées.

La coutume d'habiter dans des caves ou des cavernes existait en Aquitaine [1], peut-être depuis de longs siècles, à l'époque de l'invasion romaine. Nous la retrouvons pendant les guerres de Pepin contre Waïfre [2], et enfin dans la Vie de saint Israël. Elle subsiste encore dans

---

[1] « Aquitani (dit Florus), calidum genus, in speluncas se recipiebant. » (Cité par M. de Longuemar : *Les Souterrains refuges*; Poitiers, 1855, p. 14.)

« Dans les souterrains signalés aux environs de Saint-Benoît-du-Sault, M. de Beaufort a trouvé des barres de fer, des meules à moudre les grains ayant appartenu à des moulins à bras, des débris de poterie et de charbon ; tous indices d'un séjour prolongé dans ces retraites. » (*Id., ibid.*)

[2] « Pipinus rex, quinto in Aquitaniam rediens, castrum Argentonii contra Gaiferum restauravit ; sexto contra Gaiferum rediens, cepit Narbonam, Tolosam, et Albiam, et Gavaldanum ; et multas roccas et speluncas cepit ; transiens per Lemovicum, Scoralliam, Torennam et Petruciam acquisivit. Ultimo in terrritorio Petragorico Gaïferum ducem occidit. » (*De Aquitania opusculum*, apud LABBE, *Bibl. nov. mss. lib.*, T. II, p. 731.)

certaines parties de la France, mais nous n'en voyons plus aujourd'hui un seul exemple dans toute la Haute-Vienne. Il serait difficile de dire à quelle époque le peuple du Dorat abandonna ces cachettes, qui furent extrêmement nombreuses dans les parties de la ville que nous avons indiquées [1]. Au XVIIe siècle, le souvenir en était déjà si complètement effacé, que Pierre Robert et les auteurs de l'*Office de saint Israël* semblent n'avoir pas remarqué l'expression *per speluncas* (par les cavernes), employée par le premier biographe, sans doute parce qu'ils n'en comprenaient plus la signification.

Le pieux Israël pénétrait dans ces réduits de la misère avec le même respect religieux qu'il avait porté dans le temple, ne doutant point, dans la vivacité de sa foi, que, sous l'humble extérieur du pauvre, il ne visitât le Seigneur du ciel et de la terre. Il prodiguait aux malades ses soins et ses conseils ; il leur distribuait les remèdes, les aumônes et les secours de tout genre dont il avait eu le soin de se munir, car il n'allait point dans leurs demeures les mains vides. Après avoir tout épuisé, il s'informait avec empressement de ce qui pouvait encore être nécessaire, et il ne manquait point de l'envoyer sans retard.

---

[1] On a souvent rencontré de ces caves dans les déblais du sol autour du Dorat : trois furent trouvées dans la tranchée exécutée pour le percement de la rue de la Psallette; une quatrième a été détruite en 1867 dans les déblais qui ont précédé la construction du café Frugier ; une cinquième s'est effondrée (1869), et a entraîné avec elle un mur de terrasse, le long du boulevard extérieur, au-dessous de la porte Bergère, etc... Une grange qui avait servi de grenier au chapitre en possède une de sept mètres de long qui sert aujourd'hui de cave. Elle est parfaitement conservée.

— 47 —

Nous avons dit que, dans ces temps malheureux, les occasions ne manquèrent pas à saint Israël pour exercer son zèle en faveur des membres souffrants de Jésus-Christ. Par moments, tout semblait bouleversé dans le monde physique non moins que dans l'état social. Voici quelques-uns de ces désordres dans la nature que les chroniques ont enregistrés avec effroi :

En 997 éclata une grande famine qui dura cinq ans; elle exerça ses ravages sur l'Occident tout entier [1].

Presque immédiatement après (vers 1003), une seconde famine fut causée par un hiver d'une longueur et d'une intensité peu communes, et par des pluies qui occasionnèrent de grandes inondations. Dans diverses régions, les fleuves débordèrent loin de leurs rives. Plus que tous les autres la Loire fit sur ses bords d'affreux ravages; elle franchit ses jetées, entraînant chaumières et habitants, renversant les ponts et les obstacles les plus solides, roulant dans ses eaux les bœufs avec les étables, les brebis avec les bergeries, et noyant les colons; en sorte que l'on crut à un véritable déluge [2]. Il est facile de voir par là quels dégâts dûrent

---

[1] « Quo tempore (D CCCC XCVII) facta est fames valida quinquennio in toto orbe Romano. » (*Chronicon Virdunense*, apud LABBE, T. I, p. 158.)

[2] « 1003. — Et qualitas hiemis longior solito, pluviarumque inundatio exstitit gravior atque diversis in regionibus flumina suos ultra modum præterierunt terminos. Præ cæteris vero Liger in tantum suas præteriit metas, ut cuncta circum circa posita periculo mortis tremefaceret, valla penetrando, casas una cum hominibus eruendo, pontes firmos sepesque eradicando, boves cum bubulcis, ovilia cum ovibus et pueris demergendo, ita ut diluvium esse crederetur. » (*Appendix ad S. Abbonem;* — *Annales Floriacenses : Patrol.* Migne, T. CXLI, col. 583.

produire les pluies et les orages dans la basse Marche ainsi que dans les diverses provinces du nord de l'Aquitaine.

L'an 1010, il y eut en Limousin des sècheresses très-nuisibles aux biens de la terre. Elles furent si excessives que pendant trois nuits le lit de la Vienne demeura à sec au-dessous de la ville de Limoges, sur une étendue de deux milles [1]. A leur suite, éclatèrent des pluies torrentielles, de grandes contagions et une cruelle famine. Certes, sans parler des guerres incessantes qui s'ajoutaient à ces fléaux, nous justifierions à moins ce que nous avons avancé plus haut, que l'exercice de la charité fut à cette époque non-seulement une admirable vertu chrétienne, mais encore la plus sainte et la plus impérieuse des nécessités sociales.

Plus tard, éclairé plus vivement encore par cette appréciation si juste des besoins de son époque, qui dirigeait toutes ses actions, saint Israël voulut se soumettre plus étroitement s'il était possible à la grande loi du travail et de la pauvreté : il porta le scrupule jusqu'à ne se nourrir que du salaire gagné par son labeur personnel. Quelle efficacité un tel exemple ne dut-il pas avoir pour porter au travail les chanoines qui en étaient chaque jour témoins, et pour relever le courage de ces populations tout à la fois si ignorantes et si éprouvées ? Elles se sen-

---

[1] « His temporibus (an. 1010) signa in astris, siccitates noxiæ, nimiæ pluviæ, nimiæ pestes, et gravissimæ fames, defectiones multæ solis et lunæ apparuerunt, et Vinzenna fluvius per tres noctes aruit Lemovicæ per duo millia. » (*Ademari historiarum* lib. III, cap. XLVI : *Patrol.* Migne, T. CXLI, col. 59.)

tirent grandies dans leur propre estime et enflammées d'une nouvelle ardeur en voyant le pieux, le savant, le riche et noble Israël affronter volontairement, par un généreux amour du bien, les privations et les travaux que leur imposait à elles-mêmes l'inexorable nécessité !

Mais quelle occupation lucrative pouvait trouver place dans une vie déjà si occupée ? Le savant abbé Texier fait à ce sujet une supposition que nous ne saurions passer sous silence : « Par ce travail, dit-il, par ce travail rapportant de l'argent à la communauté, il faut entendre un travail distinct de ses études littéraires. Saint Israël s'occupait sans doute de la transcription des manuscrits ou de la peinture des miniatures qui les ornaient. Si cette conjecture, que nous donnons pour ce qu'elle vaut, était fondée, le bienheureux pourrait être à la fois le patron des gens de lettres et des peintres [1]. »

Un témoignage qui manquait à l'abbé Texier vient donner une grande probabilité à cette supposition. Il est dit dans le grand Office manuscrit que *saint Israël employait beaucoup de temps à écrire* [2]. Cette expression, à

---

[1] *Manuel de dévotion*, 1841, p. XVIII.

[2] « Solitudinis vero silentii et pietatis ita amans et religionis observator ut vix extra claustra videretur; sed solus in cubiculo aut orationi, aut lectioni, aut *scriptioni*, diu noctuque vacaret. » (*Officium*, lectio V.)

« Il ne sortoit point de son cloistre, sinon quand il estoit besoin et nécessaire, ou que le service de l'Eglise le requeroit ; quand il estoit dans le cloistre, ou il lisoit ou il escrivoit, non pour fuir la pauvreté, mais afin d'éviter l'oisiveté ennemie de l'âme, etc... » (ROBERT : D. FONTENEAU, T. XXX, p. 913, etc.

notre avis, ne désigne pas seulement les travaux de composition littéraire auxquels se livrait saint Israël, mais elle doit s'entendre aussi de la transcription de textes qu'il n'avait pas composés lui-même.

Après ces détails faut-il s'étonner qu'on nous représente saint Israël comme passionné pour la solitude et pour le silence, et comme scrupuleux observateur de ces deux puissants moyens de multiplier le temps et les forces? C'est à peine s'il se montrait au dehors des cloîtres du monastère, à moins que l'accomplissement d'une œuvre de miséricorde ne l'y appelât; mais, seul dans sa cellule, il se livrait jour et nuit à la prière, à la lecture et à la composition ou à la transcription des manuscrits.

Israël, méditant jour et nuit la loi du Seigneur, prenait à peine le sommeil nécessaire à ses membres fatigués. Lorsqu'on le croyait endormi, il poursuivait ses veilles, persévérant avec une ardeur nouvelle dans l'étude et dans l'union de l'âme avec Dieu par la prière. Il avait disposé son lit, dont la couche était mince et dure, de la manière la plus favorable au travail, en l'enveloppant d'une sorte de construction en planches, en forme d'armoire allongée, profonde, élevée, ouverte à sa partie supérieure. C'est là qu'il prenait un peu de repos; puis, se réveillant après un sommeil très-court, il priait, ou bien, à la clarté d'une lampe qui, grâce à ces précautions, ne pouvait troubler le sommeil des chanoines couchés dans le même dortoir, il lisait et dévorait avidement les nombreux écrits des docteurs et des savants. Parfois même, interrompant son étude pour aller l'offrir jusque dans le sanctuaire à Celui pour l'amour duquel il prolongeait ses veilles, il quittait sans bruit le dortoir, et allait prier à l'église, en ayant la précaution de couvrir le sol d'une étoffe de laine, afin que le bruit des pas ne troublât point le repos de ses frères [1].

---

[1] Israel, in lege Domini meditans die ac nocte, vix somno qui corpus laboribus fractum repararet ac reficeret indulgebat ; sed, cum dormire crederetur, tum maxime vigilans studiis aut orationi perstabat. Nam cubile suum modico stratum stramine, in modum arcæ concavæ, oblongæ, altæ, et desuper apertæ, ita sibi composuerat ut, post brevissimam quietem, aut oraret, aut, accenso lumine, quod fratrum sopori minime officiebat, multa doctorum volumina evolveret, devoraretque. » (*Officium 29 jan.*, lect. II.)

« ... Ou bien il alloit prier (de nuit) à l'église, en prenant soin de couvrir le sol d'une étoffe de laine, de peur que le bruit de ses pas ne troublât leur repos (des chanoines).

» On dit même que ce fut là-dedans qu'il composa, en vers limosins, toute l'histoire de la vie, mort et passion du Fils de Dieu. » (COLLIN, p. 33.)

CHAPITRE III.

Son amour pour la vérité; ses veilles, sa science expansive. — Ignorance des populations. — Il prêche; il chante en vers. — OEuvres littéraires de saint Israël.

Sous le rapport littéraire comme sous les autres points de vue qui intéressent notre légitime curiosité, le xe siècle est une époque à part, une période héroïque, où tout est difficulté pour la vérité et pour la justice, pour les hommes et pour les institutions. Les invasions successives; les abus de la force; l'infinie variété des traditions, des lois, des institutions importées par chaque nouveau conquérant; l'incertitude et parfois le néant du pouvoir central sous les derniers Carlovingiens; la faiblesse des premiers Capétiens; les ruines vingt fois renouvelées sur des ruines par les Visigoths, par les Francs Mérovingiens, par les Francs de Pepin et par Waïfre, par les Normands et par les seigneurs féodaux, toujours en guerre les uns contre les autres, toujours armés de la torche et du fer, n'avaient fait de la basse Marche, comme de l'Aquitaine entière, qu'un monceau de décombres fréquentés par une population misérable et craintive, toujours en alerte, et n'ayant guère d'autres soucis que ceux du moment présent. Les maisons avaient disparu à distance des enceintes crénelées, ou n'étaient plus que de misérables cabanes. La plus grande partie de la population rurale habitait dans des caves ou souterrains-refuges creusés dans le tuf, presque toujours sur une pente inclinée du sol, en dehors et sous la protection des murailles d'un château, ou dans la profondeur des bois qui couvraient les flancs des vallées [1].

Au sein de l'admirable sécurité dont nous jouissons, il est difficile de se faire une idée de la force d'âme héroïque, de l'abandon sans bornes à la Providence, qui étaient alors nécessaires à un homme pour qu'il élevât avec un courage tranquille son intelligence au-dessus des sollicitudes matérielles et des menaces imminentes ou inconnues du jour présent et du lendemain. Dans la classe même la plus favorisée, les hommes capables de se livrer à la contemplation et à la recherche de la vérité devaient être une bien rare exception. Mais ce pauvre peuple, foulé et pressuré de toutes parts, assailli par d'implacables nécessités,

---

[1] Les demeures souterraines de la Marche et du Limousin, entièrement abandonnées depuis des siècles, ne se rapportent pas uniquement à la période que nous décrivons. Quoique leur histoire soit fort obscure, leur existence est bien connue des habitants de nos campagnes. Il n'est guère de canton dans l'arrondissement de Bellac où il ne soit notoire que, en labourant ou en creusant la terre, on n'ait découvert quelques-unes de ces excavations. Elles pullulent même dans certaines localités. Nous avons déjà parlé des caves habitées dans lesquelles saint Israël visitait les malades autour de la ville du Dorat.

condamné à lutter sans cesse contre la faim et contre les maladies, à satisfaire les exigences de ses seigneurs et à subir les rapines et les dévastations de ses voisins ; ces serfs peu et mal instruits par un clergé victime des mêmes calamités ; ces clercs et ces religieux eux-mêmes attaqués parfois les armes à la main, chassés de leurs églises et de leurs demeures par des gens d'épée qui, sans rien dépouiller de leurs vices, usurpaient les titres et les droits des véritables pasteurs ; cette malheureuse société, en un mot, était en grande partie tombée dans une ignorance profonde, mère des superstitions les plus tyranniques, des mœurs les plus grossières, et ennemie de toutes les grandeurs morales et de toutes les sublimes espérances du chrétien [1].

C'est au milieu de ces difficultés, de ces ténèbres, de ces défaillances, que saint Israël se livrait avec une ardeur infatigable aux travaux de l'esprit. Après des journées entières employées aux œuvres de la bienfaisance et aux cérémonies religieuses du monastère, il consacrait à la méditation et à l'étude tout le temps qu'il lui était possible de disputer encore à la fatigue et au sommeil. Touché de la misère et de l'ignorance de ce peuple racheté par le sang de Jésus-Christ, et véritable disciple de Celui qui ne permet point de dissimuler, mais qui ordonne de prêcher sur les toits la vérité, Israël donna à ses veilles la direction la plus rationnelle et la plus pratique ; il étudia pour

---

[1] « En ce temps il y avoit plusieurs chretiens fort ignorants et irreligieux, et fort adonnes à ouyr parolles vaines... » (ROBERT, T. XXX, p. 913.)

les ignorants et pour les égarés; il s'ingénia à les élever au-dessus des sombres réalités de la vie, et à porter dans leurs esprits la lumière, et dans leurs cœurs l'espérance et l'amour. Par la parole, par les écrits, par le chant, il se fit le propagateur des vérités sublimes et consolantes de la foi; et, dans le dessein de les rendre plus accessibles aux intelligences et de les y graver en caractères plus ineffaçables, il unit les attraits et la puissance de la mélodie musicale à la cadence entraînante et à la sobre énergie du rhythme poétique [1].

Deux langues étaient parlées au Dorat : le latin de la décadence, familier aux classes supérieures, et la langue vulgaire. C'est en latin qu'étaient rédigés tous les actes importants, et qu'étaient écrites les histoires; c'est en latin qu'on prêchait d'ordinaire la parole de Dieu, et qu'on enseignait les sciences et les arts [2]. Mais le peuple, tout en n'étant pas absolument étranger à la langue savante, avait sa langue à lui, la langue vulgaire, que chacun savait comprendre et parler. Au Dorat, l'idiome populaire était un dialecte de la grande langue d'oil, qui est devenue la langue française. Il finissait au midi, et tout

---

[1] « Elucubrationes oleum redolentes valde utiles edidit, quænam scilicet pia cantica ab origine mundi usque ad Ascensum Christi in cœlos deducta, ut plebs, tunc maxime rudis et inculta, nec satis religioni ac pietati dedita, mysteria fidei, cantus suavitate allecta, lubentius ac facilius audiret et retineret. Adeo facilis est, industrius et ingeniosus rerum omnium inventor, amor erga proximos, ut omnibus prosit. » (*Officium*, ms., die 29 jan., lect. II.)

[2] V. la *Patrologie* Migne : sæculo X^e et XIe, *passim*.

près de la ville, sur les rives de la Gartempe, pour céder la place à la langue d'oc, qui commençait sur la rive gauche de cette rivière. On trouve encore aujourd'hui des traces incontestables de ce partage, car le français, en tant que langue usuelle et populaire des campagnes, n'a pas encore franchi la Gartempe; au midi de cette rivière domine le patois limousin, qui relève de la langue d'oc. Cette répartition des deux idiomes que nous voyons de nos jours subsistait dans toute sa force au xe siècle : la langue du nord ou d'oil était la langue populaire du Dorat, et la Gartempe séparait dans la basse Marche les peuples des deux langues rivales.

Pour être utile au plus grand nombre, saint Israël écrivit, soit en latin, soit dans la langue familière au peuple du Dorat [1], une série de proses, d'hymnes et de cantiques sur les principaux traits de l'Ancien Testament et sur ceux du Nouveau, jusqu'à l'Ascension de Notre-Seigneur Jésus-Christ. Ces compositions poétiques embrassaient le récit des promesses faites par Dieu aux patriarches et l'histoire de la réalisation de ces promesses par la naissance, par les prédications et par la mort de Notre-Seigneur Jésus-Christ.

A titre de poète et d'écrivain dans l'idiome vulgaire, saint Israël a trouvé place dans la grande *Histoire litté-*

---

[1] «.... Saint Israël.... composa en vers limosins toute l'histoire de la vie, mort et passion du Fils de Dieu. » (COLLIN, p. 33.)

Nous venons de dire, malgré l'autorité du chanoine Collin, que saint Israël n'écrivit point *en vers limousins*, mais bien dans la langue du nord. Les deux seuls vers de ses œuvres qui aient survécu suffisent pour autoriser cette assertion.

raire de France, écrite par les savants Bénédictins au XVIIIe siècle. Il compte parmi les premiers entre ceux qui apprécièrent justement l'importance et peut-être l'avenir de cette langue française devenue aujourd'hui le plus formidable moyen d'enseignement et de propagande qui soit sous le ciel.

Voici une page des Bénédictins consacrée à saint Israël à propos de ces premières apparitions des langues populaires sous la plume des écrivains de France et d'Allemagne :

« Otfride, moine de Weissembourg, fut le premier Allemand qui s'avisa de rimer..... en la langue de son païs. Il donna en vers théotisques rimés une histoire suivie de J.-C. Mais il emprunta des François son modèle pour la rime. Son dessein put fort bien servir lui-même de modèle pour un de nos poètes, qui exécuta la même chose en vers romaniens avant la fin du siècle suivant. Ce poète est saint Israël, grand-chantre de la collégiale du Dorat au diocèse de Limoges, mort en 1014. Touché de l'ignorance des peuples du païs, il fit pour leur instruction, en langue vulgaire et vers rimés, la vie de J.-C. et même l'histoire de la Bible. Le docteur Collin, théologal de St-Junien au même diocèse, et M. Blondel, auteur d'un recueil de Vies des saints, qui ont fait l'un et l'autre la vie de ce saint poète, avoient une connoissance particulière de ses ouvrages. Il paroît même, par la manière dont ils en parlent, qu'ils existent encore [1]. »

Dans ce siècle qui préludait aux trouvères et aux trou-

---

[1] *Histoire littéraire de la France*, T. VI, avertissement, p. XLVIII.

badours, toute narration, toute composition poétique avait le privilége d'être accueillie avec enthousiasme par ces foules avides et ignorantes que les fêtes de la religion, que les évènements de guerre ou les transactions commerciales faisaient affluer parfois dans les murs du Dorat. Au sein de cette civilisation renaissante, aucune bienséance ne s'opposait à ce que saint Israël allât porter lui-même au dehors du monastère, pour le plus grand bien du peuple et de la religion, les enseignements qu'il prodiguait aux disciples qui venaient suivre dans l'intérieur du cloître ses doctes enseignements. « On le vit donc, rhapsode pieux, aller par les places et les rues, chantant non les exploits fabuleux des héros, mais les destinées immortelles de l'humanité, sa fin, sa chute, sa rédemption, son éternel avenir [1]. »

Loin de détruire l'œuvre spirituelle de saint Israël, le temps l'a vue, de siècle en siècle, croître et se développer. Les vérités qu'il enseignait au Dorat y sont encore vivantes dans les cœurs. Mais ses œuvres poétiques sont malheureusement perdues : elles nous paraissent avoir fait naufrage alors que, la langue du peuple étant changée, et les moyens d'instruction étant devenus plus vulgaires et plus faciles, ces poésies se trouvèrent moins utiles et peut-être moins comprises. Toutefois elles semblent avoir subsisté jusqu'au milieu du xviie siècle, où elles étaient connues sous le nom de *Cantiques de saint Israël*.

Deux vers seulement de ces précieux écrits sont parvenus jusqu'à nous, et encore ont-ils été disputés à saint Israël

---

[1] *Manuel de dévotion* : Limoges, 1841, p. iii et iv.

par suite d'une inadvertance du Glossaire de du Cange, qui les attribue à un certain Isaac, abbé de Lesterps, lequel n'exista jamais. Cette faute du Glossaire, disent les Bénédictins dans leur grande Histoire littéraire, est énorme : l'auteur aura lu Isaac pour Israël : aussi les différentes éditions du Glossaire renferment-elles à ce sujet plusieurs variantes dont nous allons rapporter les deux principales :

Voici le texte ancien du *Glossarium mediæ et infimæ latinitatis* de du Cange :

Usurer, *cum fenore reddere*, rendre avec usure. (*La Vie de J.-C.*, par ISAAC, abbé d'Esterpt, ms.)

« Bien set Dame Diex usurer :
» Nul ne deust pour lui prester. »

L'édition Firmin Didot, Paris, 1848, porte cette version très-différente :

Usurer, *cum fenore reddere*, rendre avec usure. (*La Vie de J.-C.*, ms.)

« Bien set Dame Diex usurer :
» Nus ne deust sour lui prester. »

Malgré du Cange, dont l'erreur est manifeste, et malgré la réserve de l'édition Firmin Didot, qui, en maintenant la citation, supprime le nom de l'auteur, le témoignage des Bénédictins et celui surtout du savant Robert [1] ne permettent pas de douter que ces deux vers ne soient extraits des œuvres de saint Israël.

---

[1] Voyez au chapitre II : « Celuy preste a usure a Nostre Seigneur qui a compassion et considération du pauvre. » (ROBERT, T. XXX, p. 913.)

Nous proposons de les traduire ainsi :

« Le Seigneur Dieu sait fort bien rendre avec usure :
» nul ne dut prêter pour lui... »

« Cette citation, tout incomplète qu'elle soit, dit l'abbé Texier, a bien son importance : elle prouve que les poésies du bienheureux Israël n'étaient pas en langue romane, en langue romancière, comme disent les Bénédictins, ou en langue d'oc, comme on dit aujourd'hui, mais en langue d'oïl, ou français primitif [1]. »

Pouvons-nous espérer encore de retrouver les œuvres de saint Israël ? — « Nous avons fait faire, dit l'abbé Texier, de vaines recherches à la Bibliothèque Royale, à Paris, pour retrouver les poésies du bienheureux Israël. Elles existaient encore au XVIIe siècle, car le Glossaire de du Cange les cite, etc. [2]. » Nous avons nous-même inutilement cherché aux Manuscrits de la Bibliothèque Nationale les œuvres de saint Israël. Peut-être ne faut-il pas renoncer à l'espérance de les voir sortir de l'oubli tant qu'on n'aura pas mis la dernière main à l'établissement si long et si laborieux des catalogues qui doivent rendre à la lumière les noms des auteurs et les titres des œuvres encore ensevelies dans les collections manuscrites de la Bibliothèque Nationale.

La perte de ces précieuses poésies ne serait pas la seule que nous ayons à regretter, car incontestablement il est sorti d'autres œuvres de la plume de saint Israël : témoin cette assertion de P. Robert : « Saint Israël, dit-il, laissa

---

[1] *Manuel de dévotion*, 1841, p. XIX.
[2] *Idem, ibid.*

par escript que illec (dans l'église du Dorat) Nostre-Seigneur guerissoit plusieurs (malades des Ardents) par les prieres de saint Pierre [1] ».

De son côté, M. l'abbé Arbellot, dont l'érudition et la sagacité sont incontestables, suppose que saint Israël aurait écrit en langue latine la Vie de saint Junien : « Nous connaissons, dit-il, une Vie fort ancienne, qui se trouve dans un manuscrit du xi⁰ siècle de la Bibliothèque Royale (mss. n° 204, p. 103) : les continuateurs modernes des Bollandistes ont publié récemment cette biographie de saint Junien d'après un manuscrit de l'abbaye de Cluny (saints du 16 octobre). C'est peut-être l'ouvrage de saint Israël, premier prévôt de Saint-Junien, que Hugues de Cluny, en passant à Comodoliac, vers la fin du xi⁰ siècle (MALEU, p. 35), aura fait transcrire pour la bibliothèque de son monastère [2]. »

Concluons. De l'œuvre littéraire de saint Israël il ne survit aucun ouvrage complet : à peine nous en reste-t-il deux vers authentiques. Les monuments qu'il avait élevés au prix de tant de veilles ont passé. Tel est le sort commun des œuvres de l'homme : bien rares sont celles qui ne descendent pas dans la poussière et dans l'oubli en même temps que leur auteur. Mais, si les livres que saint Israël écrivit sont perdus, si ses poésies sont oubliées, la lumière qu'il versa sur les intelligences n'est pas obscurcie, l'amour de la vertu qu'il alluma dans les cœurs n'est pas éteint : ils brillent encore parmi les arrière-descendants de ceux que sa parole féconde a évangélisés.

---

[1] ROBERT, T. XXX, p. 913.
[2] *Chronique de Maleu* : Note de M. l'abbé Arbellot, p. 129.

CHAPITRE IV.

Saint Israël voit Boson le Vieux, comte de la Marche, restituer l'abbaye du Dorat, qu'il avait usurpée, et y confirmer l'institut des chanoines réguliers.

L'année même de l'avènement de Hugues-Capet à la couronne de France (987), trente-sept ans après la naissance de saint Israël, vingt-deux ans après son incorporation au chapitre des chanoines, deux grandes questions agitaient la communauté des clercs du Dorat : l'une touchait à la propriété des biens temporels de l'abbaye; l'autre, à la règle que devaient suivre ses habitants. Arrêtons-nous à la solution qui leur fut donnée : elle nous intéresse au point de vue particulier de l'histoire de saint Israël comme au point de vue de l'histoire générale; car ce sont là deux questions de la plus haute gravité, qui pendant des siècles ont remué l'occident.

Le temporel de l'église du Dorat avait été pillé et usurpé dans les inévitables abus de la force qui suivirent les invasions normandes, et ce fut, pour l'Église en général, une triste époque que ces temps de barbarie sauvage et indisciplinée. A peine commencèrent-ils à s'adoucir que l'on vit partout les monastères, les évêques et les conciles prendre les mesures les plus sévères pour contraindre les usurpateurs à la restitution, et pour extirper le mal jusque dans sa racine.

Ce mouvement des esprits fut surtout remarquable dans la province archiépiscopale de Bourges. Les premiers conciles qui y furent tenus, vers la fin du xe siècle, semblent n'avoir pas eu d'autre but que de remettre l'ordre dans le chaos, en reconstituant tout d'abord la propriété dans l'Église et dans la société. Il se produisait en même temps un changement très-remarquable dans la vie religieuse : l'ordre des chanoines réguliers se substituait, dans un grand nombre d'églises, à l'ordre monastique, le plus souvent du commun accord des seigneurs, des évêques et des religieux eux-mêmes.

Les principales causes de ce double mouvement sont fort bien résumées dans l'Histoire des archevêques de Bourges. Nous nous bornons à traduire :

« Des hommes téméraires, non contents de piller çà et là les biens des monastères, ne cessaient, dans leurs orgies, d'accabler d'injures les religieux eux-mêmes, leur jetant à la face comme un outrage le glorieux nom de moine. Aussi arriva-t-il que, comme personne ne trouvait plus assez de garantie pour faire vœu de la profession monastique sous l'autorité d'un séculier, un grand nombre de lieux de prières furent privés des ministres du culte et laissés déserts. Mais, pour écarter les audacieuses entreprises de ces hommes corrompus, l'autorité apostolique déclara que celui qui recevrait désormais des mains d'un laïque un évêché, une abbaye ou tout autre bénéfice, ne serait nullement regardé comme évêque, comme abbé ou comme clerc, et qu'il lui serait défendu, sous peine d'anathème, d'approcher du tombeau des apôtres avant d'avoir fait amende honorable, et d'avoir abandonné la place qu'il tenait de la brigue, et contrairement aux canons. On frappa des mêmes censures tous ceux qui avaient envahi injustement et qui retenaient encore les biens ecclésiastiques. Il arriva ainsi que les laïques eux-mêmes, craignant le jugement de Dieu, après avoir restitué tout ce qui avait été enlevé, soit par eux-mêmes, soit par ceux de qui ils tenaient leur patrimoine, établirent des chanoines séculiers à la place des religieux. On trouve dans les écrivains et dans les chartes de nombreux exemples de ces restitutions, accompagnées de la substitution des chanoines aux religieux [1]. »

Les actes du concile tenu vers l'an 987 à Charroux en basse Marche [2] sont, malgré leur laconisme extrême, un effrayant tableau de l'état des personnes et des biens ecclésiastiques ainsi que de la condition des laboureurs et du pauvre peuple à l'avènement des Capétiens. Les doctrines les plus subversives émises de nos jours ne paraissent que des rêveries à côté du pillage et de la violence dont les

---

[1] *Patriarchi Bituricensis*, cap. LVI : apud LABBE. *Bibl. nov.*, T. II, p. 85, etc.; — et *Ademari historiarum*, lib. III. cap. XXV : apud MIGNE, *Patrol.*, T. CXLI, col. 42, etc.

[2] A 60 kilomètres environ à l'ouest du Dorat. — Charroux (département de la Vienne) est le berceau de la famille des Boson, comtes de la Marche et du Périgord.

Pères du concile eurent à préserver les humbles et les faibles. Tel était l'excès du mal que les Pères, laissant de côté toute question de dogme ou de discipline, semblent n'avoir qu'un désir et qu'une mission : préserver, par les anathèmes de l'Église, les personnes et les propriétés contre les hommes d'armes et les brigands. On dirait que toute autre question, même de dogme ou de discipline, leur a semblé inutile ou oiseuse devant un si grand péril. Nous citerons en entier leurs actes comme véritablement caractéristiques de cette époque, où nous trouvons en abondance des faits et des témoignages analogues :

« Appuyés, disent les Pères du concile, sur les décisions synodales de nos prédécesseurs, au nom de notre Seigneur et Sauveur Jésus-Christ, le jour des calendes de juin, moi, Gombaud, archevêque de la seconde Aquitaine, ainsi que tous les évêques de ma province, nous nous sommes réunis dans ce lieu de Charroux, tant les évêques que les religieux et les clercs, ainsi que les fidèles de l'un et de l'autre sexe, implorant le secours de la bonté divine; car, sachant que, depuis longtemps, à cause des longs retards apportés à la tenue du concile, des coutumes empestées pullulent dans les lieux de nos domiciles, nous voulons, avec le secours de la grâce céleste, que ce qui est nuisible soit déraciné, et que ce qui est utile soit planté. Nous donc, spécialement assemblés au nom de Dieu, nous décrétons et publions ce qui suit :

» I. Si quelqu'un pénètre par violence dans la sainte église de Dieu ou en enlève quelque chose par force, et ne s'empresse point de donner satisfaction, qu'il soit anathème !

» II. Si quelqu'un fait sa proie de la brebis, ou du bœuf,

ou de l'âne, ou de la vache, ou de la chèvre, ou du bouc, ou des porcs des laboureurs ou des autres pauvres, à moins que ce ne soit par leur propre faute, et qu'il néglige absolument de faire réparation, qu'il soit anathème!

» III. Si quelqu'un attaque, ou fait prisonnier, ou frappe un prêtre ou un diacre ou tout autre clerc ne portant pas des armes, c'est-à-dire un bouclier, une épée, une cuirasse, un casque, mais voyageant sans attirail militaire ou restant dans sa demeure, à moins que, par une enquête de son propre évêque, il n'ait été établi que ce clerc soit tombé dans quelque délit, que cet agresseur sacrilége, s'il ne vient faire satisfaction, soit traité comme un profane au seuil de la sainte église de Dieu! [1] »

---

[1] Karrofense concilium, celebratum kalendis junii anno circiter DCCCCLXXXVIII, certe ante annum DCCCCXC, quo obiit Hugo, episcopus Egolismensis :

Prædecessorum nostrorum auctoritatibus synodalicis roborati, in nomine Domini et Salvatoris nostri Jesu Christi, kalendis junii, ego, Gumbaldus, archiepiscopus secundæ Aquitaniæ, cum omnibus episcopis comprovincialibus convenimus aulam quæ olim Karrof vocitatur, tam episcopi, quam et religiosi clerici, necnon etiam et omnis uterque sexus, auxilium divinæ pietatis implorantes, ut qui quæ quondam in nostris domiciliis moribus pestiferis per longam tarditatem concilii diu pullulare cognovimus, respectu cœlestis gratiæ et eradicentur noxia et plantentur utilia. Nos ergo, in Dei nomine specialiter congregati, decrevimus, sicut in sequentibus manifestata clarescant ita :

I. Si quis Ecclesiam sanctam Dei infregerit, aut aliquid exinde per vim abstraxerit, nisi ad satis confugerit factum, anathema sit!

II. Si quis agricolarum, cæterorumve pauperum, prædaverit ovem, aut bovem, aut asinum, aut vaccam, aut capram, aut hircum, aut porcos,

Voilà donc quelle était la situation générale des églises d'Aquitaine; l'église du Dorat ne fut pas plus favorisée : des clercs et des chanoines avaient relevé de ses ruines, après le passage des Normands, l'église ainsi que le monastère; Boson Ier, surnommé le Vieux, fils de Sulpice et petit-fils de Géofroi Ier, comte de Charroux, ayant été établi comte de la Marche par Guillaume Tête-d'Etoupe, duc d'Aquitaine, les aida de son influence et de ses richesses. Mais cette restauration, qu'on rapporte à l'année 944 [1], ne put être faite que dans des proportions restreintes : la noble abbaye [2] n'avait plus qu'une petite chapelle [3], et n'était désignée elle-même que du nom de cellule [4].

---

nisi per propriam culpam, si emendare per omnia neglexerit, anathema sit!

III. Si quis sacerdotem, aut diaconum, vel ullum quemlibet ex clero arma non ferentem, quod est scutum, gladium, loricam, galeam, sed simpliciter ambulantem, aut in domo manentem invaserit, vel ruperit, vel percusserit, nisi post examinationem proprii episcopi sui, si in aliquo delicto lapsus fuerit, sacrilegus ille, si ad satisfactionem non venerit, a liminibus sanctæ ecclesiæ Dei habeatur extraneus!

Ego Gumbaldus, archiepiscopus Burdegalensis, subscripsi.
Ego Gislebertus, Pictaviensis episcopus, subscripsi.
Ego Hildegarius, Lemovicensis episcopus, subscripsi.
Ego Frotarius, Petrocororum episcopus, subscripsi.
Ego Abbo, Sanctonum episcopus, subscripsi.
Ego Hugo, Egolismensis episcopus, subscripsi.

(Apud LABBE, *Bibl. nov*, T. II, p. 764.)

[1] *L'Art de vérifier les dates*, Paris, 1770, p. 714.
[2] Nobilis abbatia.
[3] Ecclesiola.
[4] Cellula. (Voir toutes ces expressions dans la charte de Boson ci-dessous.)

Boson fit payer chèrement sa protection : il envahit les biens temporels du monastère, et usurpa même la juridiction ecclésiastique en se constituant abbé laïque du Dorat. C'était le malheur presque inévitable de ces temps que toute institution pacifique dût se chercher au dehors un protecteur armé, et il était rare que celui-ci ne devînt bientôt, par ses usurpations, plus dangereux encore pour ses protégés que les ennemis dont il devait les garantir.

A défaut de détails précis sur Le Dorat pendant la domination de Boson, voici ce qui se passait, sous un abbé laïque, dans une abbaye voisine, à Saint-Martial de Limoges :

« ..... L'abbaye fut vacante et sans pasteur pendant trente et une années (944?), car celui qui en fut si longtemps le chef, sans lui être d'aucun secours, je ne veux pas l'inscrire au catalogue des abbés; puisque ce serait injuste. Il ne porta jamais en effet l'habit monacal, mais bien l'habit canonial et même l'habit laïque pendant tant d'années qu'il exerça l'autorité dans l'abbaye de Saint-Martial; il n'eut d'abbé que le titre. Si quelqu'un veut savoir son nom, il s'appelait Aimeric. Pendant sa dixième année, le monastère de Saint-Martial fut, d'après le jugement de Dieu, dévoré par les flammes. Cet homme ne craignit pas de donner à ses parents et à d'autres laïques puissants toute la terre et les églises de ce monastère. Trois jours seulement avant sa mort, il revêtit l'habit monacal, craignant de se parjurer du serment qu'il avait fait en France au roi Lothaire lorsqu'il fut établi abbé par le roi. Car il lui avait juré de se faire moine; mais, se moquant de Dieu, il différa jusqu'à sa mort. Si le crime de sa présomption ne le rayait de la liste, il devrait être inscrit comme le neuvième abbé [1]. »

Tel est le portrait que fait un contemporain de ces abbés usurpateurs qui n'avaient réellement de l'abbé ou du père que le nom. Nous retrouverons, pour le compléter, de nouveaux traits, au moment où saint Israël sera appelé à la dignité de prévôt de l'église de Saint-Junien. Notons ici en passant que, dans l'abbaye de Saint-Martial (et il en était ainsi dans beaucoup d'autres), quelques-uns portaient la tunique des chanoines pendant que d'autres avaient conservé l'habit des moines. Cette particularité nous aidera à éclaircir un passage de la charte de Boson à laquelle nous devons une attention toute particulière, car elle a été mal comprise par la plupart de ceux qui l'ont citée. Le besoin d'en rétablir le véritable sens nous oblige de la rapporter tout au long, et de l'examiner avec soin. Au reste, elle ne nous écarte point de notre sujet, puis-

---

[1] Post Aimonem abbatem vacavit abbatia XXXI annis sine pastore. Illum (Aimericum scilicet) enim qui tot annis præfuit tantum non profuit, nolo in catalogo abbatum ponere, cum injustum hoc sit. Nam habitu nequaquam monachali, sed canonicali, imo laicali per tot annos principatum loci tenuit, solo nomine abbas. Qui vult nomen ejus scire Aimericus vocatus est. Hujus anno X monasterium S. Marcialis divino judicio igne crematum est. Hic omnem terram monasterii hujus et ecclesias tam parentibus suis quam cæteris secularibus potestatibus dare non timuit. Hic tertio die ante mortem suam habitum monachi induit, timens perjurium quod regi Hlothario in Francia firmaverat, quando a rege abbas constitutus est. Nam juravit regi se monachum fieri, sed derisor Dei usque ad mortem distulit, qui nisi scelus præsumptionis ejus deleret cum nonus abbas scriberetur. (ADEMARI, *Commemoratio abbatum Lemov.* : Patrologie Migne, T. CXLI, col. 82.)

qu'elle avait pour but de régler la situation temporelle et la discipline du monastère habité par saint Israël. Il n'est pas improbable du reste que saint Israël lui-même ait travaillé à la rédaction de cette pièce, ou du moins qu'il en ait été l'inspirateur.

A l'avènement de Hugues Capet, les clercs du Dorat, s'appuyant probablement sur les anciennes franchises de leur église et sur la fondation royale de Clovis, firent intervenir en leur faveur un ordre de ce prince enjoignant à Boson de restituer les biens de l'abbaye que, à la faveur des guerres et des bouleversements antérieurs, il avait usurpés.

Boson le Vieux, pressé par Hugues Capet, par les seigneurs et par les évêques, d'ailleurs affaibli par l'âge, et en proie peut-être aux terreurs causées par la croyance en la fin du monde, aux approches de l'an mil, terreurs qui firent réparer tant d'injustices, Boson céda, mais presque de mauvaise grâce, comme on le voit par les préliminaires de la charte d'établissement des chanoines. Les termes en sont tellement embarrassés qu'on a de la peine, au premier coup d'œil, à discerner s'il s'agit d'une restitution ou d'une fondation nouvelle. Plusieurs écrivains y ont été trompés, et ont appelé « fondation première » un acte qui est une restitution évidente.

Voici la traduction de cette pièce, dont le texte, tel qu'il nous est parvenu, ne brille ni par la clarté ni par la correction [1] :

---

[1] *Fondation du monastère des chanoines de Saint-Pierre du Dorat par Boson le Vieux, comte de la Marche et du Périgord, avec la permission*

« Au nom de la sainte et indivisible Trinité,

» L'an de l'Incarnation de notre Seigneur et Sauveur Jésus-Christ 987, indiction 15, par une disposition de la divine clémence, le pieux Hugues, roi des Francs et des Aquitains, étant élevé sur le trône royal,

» Sur l'ordre de ce même roi très-pieux, et du consentement de son fils Robert et des seigneurs et des évêques, des chanoines, des moines et des autres fidèles, en la première année de son règne, le privilége contenu dans le présent titre a été confirmé.

» Quoique la loi divine demeure toujours immuable, elle régit néanmoins toutes choses par des moyens variables dans son merveilleux gouvernement. Le Dieu Très-Haut, administrant donc parfaitement toutes les choses qu'il a

---

de Hugues Capet. (P. ROBERT : *Mss. de dom Fonteneau*, T. XXIV, p. 359 et suiv.)

In nomine sanctæ et individuæ Trinitatis, anno Incarnationis Domini et Salvatoris nostri Jesu Christi 987, indictione 15 [1], divina ordinante clementia, Hugo, Francorum atque Aquitanorum rex piissimus, cathedra regali sublimatus, jubente ipso rege piissimo, et consentiente filio ejus Roberto, et optimatibus et episcopis, canonicis, monachis, aliisque fidelibus, anno primo regni ejus, hujusce formulæ privilegium est firmatum.

Cum lex divina incommutabilis semper maneat, commutabiliter tamen cuncta, pulcherrima gubernatione, moderatur. Summo igitur Deo bene

---

[1] « L'indiction était un cycle de quinze années, fixé, dit-on, pour une révision cadastrale servant de base à une assiette nouvelle de l'impôt. Lorsque Charlemagne eut créé le pape souverain temporel, la cour de Rome commença à compter par indictions, en partant de la première, qu'elle fixa au 1er janvier de l'an 313 de J.-C. » — (DÉZOBRY, *Dict. d'hist.*)

faites, car il est incomparablement meilleur et plus juste que le meilleur et le plus juste des hommes, conduit avec discernement toutes choses, de telle sorte qu'aucune peine n'est infligée ni aucune récompense décernée à personne sans qu'il l'ait méritée. Bien plus, soit que nous le sachions, soit à notre insu, il ne fait rien par caprice ni indépendamment de l'ordre et de la justice. Néanmoins, par une suite nécessaire des fautes, l'âme du pécheur est toujours atteinte de quelque manière, mais toujours aussi d'après ses mérites. Le royaume de Dieu ne souffre en lui-même aucune souillure, car chacun va à la place qui lui convient pour y subir les tourments qu'il a justement mérités. Nous ne savons pas jusqu'à quel point nous dépendons ainsi de l'ordre établi par Dieu : celles de nos

---

administrante cuncta quæ fecit, quia quovis homine optimo et justissimo longe incomparabiliter melior et justior universa pene ita discernit ut nullam pœnam sinat alicui infligi, nullum præmium immerito dari, nec pœnæ peccatum et recte factum imputari cuiquam injuste licet. Quinimo nihil propria agit voluntate et nihil inordinatum et injustum a Deo disponitur, sive scientibus, sive nescientibus nobis, sed, culpis exigentibus, in parte offenditur anima peccatrix, verum pro meritis uniuscujusque. Regnum Dei nulla sui deformitate fœdatur, quia unaquæque ibi ubi talem decet esse, et ea patitur qualia eum pati æquum est. Non omnia novimus quæ de nobis agit ordo divinus; quæ nos deliquisse cognovimus, in sola bona voluntate omnino emendantur; in cæteris autem secundum legem datam judicamur, unde bene incepta et non finita quasi per pœnitentiam Dei dicuntur ablata. Quapropter omnibus cogitationis juribus satagendum nobis qualiter temporalia beneficia et transitoria, quæ improbi homines bona putant, commutationem demus, ut sempiterna et æterna mercari possimus, modica pro magnis, peritura pro mansuris, æterna pro transitoriis. Unde

fautes que nous connaissons ne peuvent être corrigées que par notre bonne volonté; pour les autres, nous sommes jugés d'après la loi qui nous a été donnée; ce qui fait dire que, dans les bonnes entreprises que nous n'avons pas poursuivies jusqu'à heureuse fin, nous semblons avoir péché par repentance de Dieu et de ses dons.

» C'est pourquoi, ayant mûrement pesé tous les droits, ces bénéfices temporels et transitoires que les hommes sans probité regardent comme des biens, nous devons nous efforcer de les donner en échange pour acquérir les biens permanents et éternels; de donner les biens médiocres pour les plus grands, les biens périssables et transitoires pour les biens permanents et éternels.

» De là, considérant avec un soin attentif et éclairé

---

vigilanti et solerti industria consideranti mihi quomodo sacro baptismate sum purificatus, et post baptismum tantis et innumeris peccatorum sordibus inquinatus, et tot et tanta et innumera peccata perpetravi, quæ ut debui non emendavi, insuper quotidianis et assiduis gravioribusque cumulans miratus in memet, miserationem Domini expavesco, sed tamen non ut debeo. Verumtamen ego Boso, consilio accepto, eligo portionem terræ meæ aliquam, suspicans quia sicut in sementis non est terra durabilius, ita in recompensatione et emendatione nostrorum peccaminum nulla causa occurrat aptius, notum sit sane vobis familiaritate vel affinitate nobis convenisse me aliquando cum uxore mea Agina, vel filio meo Helia et familiari nostro nomine Humberto, sub divina Providentia destinare unam capellam in honorem sancti Petri, cum consensu filiorum Hildeberti, Holberti seu Bosonius atque fidelium nobis consentientium, cum his quæ ad eam pertinent, et in futuro adjicienda erunt, ad opus divinæ servitutis. Et est ipsa Ecclesiola sita in pago Lemovicino; fundus ipsius Pictaviensis civitatis, nomine Gilberti episcopi sedis hactenus præfatæ. Cellulæ jam-

comment, après avoir été purifié par le saint baptême, je me suis couvert de si grands et de si innombrables péchés, comment j'ai commis de si grandes et si innombrables fautes, lesquelles je n'ai pas réparées comme je l'aurais dû, et auxquelles je mets chaque jour le comble par des fautes habituelles et plus graves encore; saisi d'étonnement, je suis stupéfait à la vue des miséricordes du Seigneur, mais cependant moins encore que je ne le devrais.

» Toutefois moi, Boson, sur le conseil que j'en ai reçu, pensant que dans les semailles rien n'est plus durable que le sol lui-même, et que, dans les compensations et les réparations que nous faisons pour nos péchés, nous n'avons pas de meilleur moyen à notre disposition (que de

---

dudum comperta ratione, nunc quoque indaginem veritatis intimamus; diversis enim modis movemur mancipari servitio Dei, e quibus unum et præcipuum eligimus ordinem canonicum, et ideo hanc cellulam degentibus hunc tenere gradum volumus. Quamobrem de nostra ditione in alterius tendimus potestatem. Ab hinc ergo et hodierna die, vice Dei et nomine Trinitatis, reddimus cuidam homini licet indigno [1], ut æstimo, nomine Fulcaldo, tali scilicet tenore quatenus ipse secus, quod ei possibile fuerit et contiguum occurrerit, secundum ordinem prædictum vivat, et alii qui si se conjungere voluerint canonice vivere satagant, et qui communicare noluerint ab eis valde discedant. Hortamur et prohibemus quod nulli unquam hominum liceat sæcularem dominationem super eos habere, aut invasionem ullam facere, seu per vicarium, sive nomine præpositura, aut per nomen alicujus adjutorii aliquam inferre, nisi quam sponte propria immutaverit prior dicti loci simili sententia; subjacebunt cætera ipsi loco

[1] Ailleurs on trouve : *scilicet digno*. C'est la version d'Estiennot : nous l'avons suivie dans la traduction, et nous la donnons à la fin de cette longue note.

donner ou de restituer le sol), je porte à la connaissance de ceux qui me sont attachés comme faisant partie de ma maison ou de ma parenté que moi, je suis convenu un jour avec mon épouse Agina, mon fils Hélie et notre familier du nom de Humbert, sous la protection de la divine Providence, de destiner une chapelle en l'honneur de saint Pierre, avec le consentement de mes fils Hildebert, Holbert ou Boson, et de nos fidèles qui consentent avec eux (de destiner, dis-je, une chapelle), ainsi que les choses qui lui appartiennent et qui lui seront ajoutées dans l'avenir à l'œuvre du service de Dieu.

» Et cette petite église est située dans le pays du Limousin; son fonds est de la cité de Poitiers, sous le nom de Gilbert, évêque du siége susdit.

---

pertinentia, sive præsentia, quæ modo adsunt, sive quæ futura erunt. Si autem vita comite prior obierit, denuntiamus, detestamur atque obsecramus neminem personaliter alicui ex congregatione liceat quantum quisque voluerit, sed juxta vitæ meritum, nec per ordinem, sed secundum æstimationem veram, utilem omnibus canonicaliter eligat. Hugo rex, Guilelmus, comes Pictaviensis, hoc privilegium firmavit. Gisiebertus, Pictaviensis urbis episcopus, huic fundationi manum adhibuit. Dacbertus, Bituricæ civitatis archiepiscopus, huic privilegio subscripsit. Arcambaldus, Turonis civitatis episcopus, huic privilegio conscripsit. Arulphus, Aurelianensium episcopus, manu firmavit. Renaldus, Andegaviæ civitatis episcopus, approbavit huic; Arvæus episcopus.

Notes de dom Fonteneau.

1° Les nouveaux éditeurs du *Gallia christiana* ne regardent pas ce titre comme celui de la fondation du monastère du Dorat, puisqu'il n'y est fait aucune mention de ce lieu. Ils révoquent en doute l'abbé Foucaud,

» Ayant donc préalablement fait une enquête sur le régime intérieur de cette maison religieuse, nous consignons également ici la vérité qui a été le fruit de nos investigations, car on nous a proposé divers modes de la consacrer à Dieu, entre lesquels nous choisissons de préférence et à l'exclusion des autres l'ordre canonique; et, pour cela, nous voulons que ceux qui vivent dans cette religieuse demeure aient la dignité de chanoines. C'est pourquoi nous la faisons passer de notre juridiction sous le pouvoir d'un autre supérieur. Désormais donc, et à dater d'aujourd'hui, en l'honneur de Dieu et au nom de la Trinité, nous la rendons à un certain homme qui en est digne, à mon avis, nommé Foucaud, sous cette condition toutefois que lui-même, autant qu'il lui sera

---

dont il y est parlé, et qu'ils placent néanmoins, sur la foi de ce titre, comme le premier abbé de ce monastère du Dorat. Ils disent qu'on trouve cette charte dans messieurs de Sainte-Marthe. — V. *Gall. chr.*, nov. ed., T. II, p. 549. Ce qui pourrait faire penser qu'elle est la charte de fondation, c'est qu'elle se trouve dans le trésor de l'église collégiale du Dorat.

2º V. Chopin, l. I, *Monastic.*, fol. 15.

3º Cette charte est encore dans un *Vidimus* qui commence ainsi : « Philippus, Dei gratia Francorum rex, notum facimus universis, tam præsentibus quam futuris, quod nos litteras inclitæ recordationis Hugonis, Franciæ regis, prædecessoris nostri, vidimus in hæc verba. In nomine sanctæ », et finit ainsi : « In cujus rei testimonium, præsentibus litteris nostrum fecimus apponi sigillum. Actum Parisiis, anno Domini millesimo ducentesimo nonagesimo octavo, mensis februarii. »

4º M. Robert étoit persuadé que cette charte est le vraye titre de fondation de l'église du Dorat, car il met à la marge : « Vera fundatio monasterii Sancti Petri Doratensis a Bosone Vetulo, comite Marchiæ ».

5º Cette pièce a été extraite des mémoires et manuscrits de M. Robert du

— 77 —

possible et qu'il sera à sa portée, vivra conformément à l'ordre susdit, et que les autres qui voudront s'unir à lui devront s'efforcer de vivre selon les règles des chanoines; que ceux au contraire qui ne voudront pas partager cette vie se retirent loin d'eux.

» Nous prions donc et nous ordonnons que nul homme ne se permette jamais d'avoir sur eux une domination séculière, ni de faire aucun envahissement, soit comme fondé de pouvoir, soit en qualité de seigneur ou sous prétexte de porter un secours quelconque; à moins que le supérieur dudit lieu ne change quelque chose de son plein gré à cette disposition, les contrevenants seront sous le coup de cette sentence. Qu'il en soit de même pour toutes les possessions dudit lieu, soit présentes et existantes au-

---

Dorat. A la seule lecture du titre, on voit qu'il y a beaucoup de fautes de copistes, que je n'ai point corrigées parce que je n'ai point vu l'original, et qu'il y a simplement *Arveus episcopus*, sans aucune mention de son siége. Il fait la note suivante : Cette charte contient deux sceaux : l'un qui est attaché au côté de ce titre, non pendant, renfermé de parchemin, que je n'ai vu parce qu'il étoit en pièces dans sa clôture; l'autre y est pendant, qui est d'Hugues Capet, où il est portrait séant en son trône, ayant à la main droite son sceptre et en l'autre un monde, et autour est écrit :

HUGO REX FRANCORUM ET AQUITANORUM.

Son seing est apposé en ce titre de la sorte :

H R

Les seings des évêques y sont en lettres italiennes fort longues.

jourd'hui, soit à venir! Mais, si le supérieur vient à mourir, nous déclarons, nous protestons et nous supplions qu'aucun des membres de la congrégation ne s'avise (pour le remplacer) de choisir qui que ce soit d'après ses goûts personnels, mais bien d'après le mérite et la vie de celui qui sera l'objet de son choix, non point d'après le grade de celui-ci, mais bien d'après une juste appréciation en vue de l'utilité commune et conformément aux règles canoniques.

» Le roi Hugues et Guillaume, comte de Poitiers, ont confirmé ce privilége.

» Gislebert, évêque de la ville de Poitiers, a prêté la main à cette fondation. Dacbert, archevêque de la cité de Bourges, a signé avec lui ce privilége. Arnulphe, évêque

---

Notes diverses.

On conservait dans les archives du chapitre plusieurs copies de cette pièce ainsi que de la confirmation des priviléges qu'elle contenait, faite par divers rois de France.

L'inventaire des archives du chapitre nos 27 et 65 porte :

« Copie de la continuation des priviléges, augmentation et nouvelle concession de l'église du Dorat par Hugues Capet, roi de France en 987, et la confirmation par Philippe quatre ».

La même pièce est citée au « Sommaire des pièces produites en 1572 ».

Le *Pouillé du diocèse de Limoges*, p. 121, 122, commet plusieurs graves erreurs dans son analyse et dans son appréciation de la charte de Boson.

« Vera est Schotoriensis cœnobii fundatio, ut asserit doctissimus meus Petrus de Robert, prætor inferioris Marchiæ. » — (D. ESTIENNOT, *Biblioth. nationale* : fonds latin, 12, 746, p. 599.

Abbates vero Scotorio seu Dorato præfuere :

I. Fulcaudus *cui digno* cellulam S. Petri quam instauraverat videlicet et

des Orléanais, l'a confirmé de sa main. Renauld, évêque de la cité d'Angers, l'a approuvé, et après lui l'évêque Arvée. »

Cette charte, sur laquelle autrefois on a beaucoup discuté, ne contient pas la vraie fondation, comme disait P. Robert, mais la restitution de l'église et du monastère du Dorat aux religieux qui l'habitaient en 987. La manière dont cet acte débute par des considérations préliminaires sur la justice de Dieu et sur l'expiation des fautes suffirait pour nous le donner à entendre, quand même toutes les expressions de Boson ne l'exposeraient pas avec une entière évidence :

« Boson destine donc à l'œuvre du service divin une chapelle en l'honneur de saint Pierre, avec les choses qui lui appartiennent et qui lui seront ajoutées à l'avenir....[1]. Cette petite église existe déjà : elle est située dans le pays de Limousin et dans le fonds de la cité de Poitiers [2], c'est-à-dire dans la Marche du Poitou et du Limousin....

---

regendam commisit Boso, comes Marchiæ, ut docent cessionis litteræ anno DCCCCLXXXVII, indict. XV, Hugone, Francorum et Aquitanorum rege, datæ, quas leges tom. IV, *Gall. christ.*, et *infra probationum*, *fol.* 601 et 602. — (D. ESTIENNOT. *Biblioth. nat.*, fonds mss. latins, 12, 746, p. 235.)

[1] ..... Destinare unam capellam in honorem sancti Petri ..... cum his quæ ad eam pertinent et in futuro adjicienda erunt ad opus divinæ servitutis.....

[2] ..... Est ipsa ecclesiola sita in pago Lemovicino; fundus ipsius Pictaviensis civitatis.....

Le monastère qui en dépend est actuellement habité..... [1]. On restitue, en propres termes, l'église et le monastère à un supérieur..... [2]. Enfin, dans ce monastère, tout le monde n'est pas chanoine, et ceux des religieux qui ne voudront pas vivre avec les chanoines et suivre leurs règles doivent se retirer loin d'eux [3]. »

Toutes ces stipulations ne sauraient faire l'objet du plus léger doute; nous insistons néanmoins, parce que ce point d'histoire a été étrangement défiguré dès le xvie siècle par une école qui croyait servir les intérêts du roi dans la basse Marche, en démontrant, sans prendre souci de l'évidence des faits, que Boson fut le premier fondateur de l'église du Dorat. Ces légistes, interprétant la charte de Boson à contre-sens, ainsi que nous venons de le démontrer, ont jeté dans l'histoire du Dorat à cette époque une perturbation telle que, d'après eux, l'abbaye de Saint-Pierre n'aurait pas même existé en 987, alors que, en réalité, saint Israël, déjà illustre, y était chanoine depuis vingt-deux ans.

Cependant il est difficile de ne pas conjecturer que, dans d'autres circonstances, peut-être lors du rétablissement de l'église du Dorat en 944, le comte de la Marche ait fait des dons importants et imposé des charges qui ne sont pas stipulées dans l'acte de 987. Plusieurs témoignages

---

[1] ..... Et ideo hanc cellulam degentibus hunc tenere gradum volumus.....

[2] ..... reddimus cuidam homini.....

[3] ..... et alii qui si se conjungere voluerint, canonice vivere satagant, et qui communicare noluerint, ab eis valde discedant.

et les pratiques mêmes du chapitre du Dorat semblent mettre hors de doute cette supposition.

« C'est un fait constant que l'abbaye et le chapitre du Dorat a toujours reconnu et reconnaît encore pour son principal bienfaiteur le comte Boson, qui lui a donné et concédé plusieurs rentes, dixmes et autres droits qui sont aujourd'hui le principal revenu de cette église, qu'il avoit démembrée par une pieuse aliénation de son comté de la basse Marche, à la charge pour le chapitre de dire chaque année et perpétuellement, à chaque jour premier du mois d'août, une messe chantée à note, avec diacre et sous-diacre, en ladite église du Dorat. Le tout résulte des lettres-patentes de Louis XI, données à Thouars au mois de janvier 1481 ; ce qui s'exécuta annuellement de la part des chanoines de cette collégiale [1]. »

Cent ans auparavant, vers 1650, Pierre Robert écrivait sur le même sujet les lignes suivantes :

« ..... Les moynes de ladicte esglise vesquirent fort religieusement et pauvrement, ce qui obligea Boso Vetulus, comte de la Marche, soubs le regne d'Hugues Capet, d'emplifier ce petit oratoire, fondé par le roy Clovis, et d'y faire bastir un beau et grand monastere et college de moynes en l'honneur de St Pierre et de Ste Croix, composé d'un abbé et de dix-huit moynes et religieux qu'il dota de plusieurs biens et revenus, ainsi que firent aussi ses enfans. Ildebert, comte de la Marche, successeur legitime apres les enfans de Boso, leur donna quantité de biens et privileges, lesquels furent confirmes par Hugues Capet

---

[1] Mémoire manuscrit anonyme du XVIIIe siècle, p. 8.

venant à la couronne de France; ce qui occasionna plusieurs personnes es pays circonvoisins de venir demeurer auprès dudict monastere et d'y faire bastir plusieurs maisons et edifices, joint qu'ils y estoient maintenus et soutenus par les comtes de la Marche [1]. »

Telles sont les traces laissées dans l'histoire du Dorat par la restitution et par les libéralités de Boson.

Saint Israël dut nécessairement prendre une part active aux démarches, aux enquêtes, aux discussions qui préparèrent cette restitution d'une si haute importance pour la communauté du Dorat. Sa science reconnue et l'influence légitime que la gravité de son caractère et que la sainteté de sa vie lui donnaient sur le chapitre tout entier ne permettent pas de douter que son avis n'ait été d'un grand poids dans la détermination qui fit donner la préférence à la règle de Saint-Augustin. C'est aux chanoines qu'il avait été offert, c'est par eux qu'il fut élevé; c'est leur règle que, dès sa jeunesse, il faisait profession de suivre avec la plus exemplaire fidélité, et enfin c'est un chapitre de chanoines qu'il établit lui-même à Saint-Junien à la place des anciens religieux. La prédilection de saint Israël pour l'institut canonique ne saurait donc faire l'objet d'un doute : son influence paraît s'être exercée en ce sens, car l'évêque Hilduin, dont il fut toujours le conseil et l'ami, ne cessa lui-même de militer en faveur des chanoines contre les ordres monastiques.

---

[1] ROBERT, T. XXX, p. 157.

Ainsi fut supprimé pour un temps, dans l'église du Dorat, le patronage laïque; ainsi disparurent, entre les religieux, des divergences qui auraient paralysé toute leur activité et mis à néant toute leur influence pour le bien des peuples de la contrée : aussi, à la faveur de ces réformes, l'église du Dorat eut-elle bientôt acquis, comme nous allons le voir dans la personne de saint Israël, un grand et légitime ascendant.

CHAPITRE V.

L'évêque Hilduin. — Saint Israël professeur à l'école épiscopale. — Saint Israël ordonné prêtre; ses vertus sacerdotales. — Saint Israël nommé vicaire général de Limoges et grand-chantre du Dorat; ses vertus dans l'exercice de ces fonctions.

L'église du Dorat étant remise en possession d'elle-même et de ses biens, la règle des chanoines de Saint-Augustin ayant été confirmée dans ses murs, à l'exclusion de toute autre, par la charte de Boson, l'œuvre de l'organisation intérieure du monastère se trouvait ainsi terminée. A partir de ce moment, la vie de saint Israël entra dans une phase nouvelle : des luttes obscures de l'intérieur du cloître elle passa sur un plus grand théâtre. Mûri dans le silence et dans l'humilité de sa retraite par la prière et par l'étude, saint Israël fut appelé à exercer au grand jour de la vie publique les vertus et les talents qu'il avait cultivés avec un modeste et infatigable courage dans la solitude. Ce changement de situation, cette direction nouvelle imprimée à son activité, se produisirent tout naturellement par suite de l'estime extraordinaire que l'évêque de Limoges, Hilduin, avait conçue pour le saint religieux.

Le siége de saint Martial eut alors successivement pour premiers pasteurs plusieurs évêques de la famille des vicomtes de Limoges, tour à tour alliée ou rivale de la famille des Bosons, comtes de la Marche et du Périgord.

Hildegaire, fils du vicomte Gérald Ier, étant mort vers 988, Hilduin [1], son frère, élu et promu à sa place au siége épiscopal de Limoges, grâce à l'influence du duc Guillaume d'Aquitaine, fut sacré à Angoulême par Fronton de Périgueux, Boson de Saintes et Hugues d'Angoulême. Porté sur une chaise à bras, le nouveau prélat fut intronisé à Limoges d'abord dans l'église de Saint-Gérald, et ensuite sur le siége même de saint Martial. Le Père Bonaventure de Saint-Amable n'est pas d'accord avec lui-même sur l'année de cette intronisation. Après avoir dit que l'évêque Hilduin entra dans l'évêché de Limoges l'an 992 [2], il rapporte dans un autre passage [3] cet évènement à l'an 993.

---

[1] Alduinus, Ilduinus, Hilduinus, Eldoinus, Aldoinus.

[2] « L'évêque Hilduin n'entra dans l'évêché de Limoges que l'an 992. » (BONAVENTURE, *Annales*, p. 349.)

[3] « L'an 993, l'évêque Hildegarius estant mort, son frere fut mis en sa place par les mains de Guillaume, duc d'Aquitaine, et fut consacré par trois évêques à Angoulême : ce dernier l'intronisa à Limoges, premierement en l'église de Saint-Gerard dans une chaire à bras, et puis dans l'église de Saint-Estienne, qui est la cathédrale et le siége de Saint-Martial. » (BONAVENTURE, *Annales*, p. 375.)

L'épiscopat de Hilduin fut fécond en grandes œuvres : il répara l'abbaye de Saint-Martin, et y plaça des moines de l'ordre de Saint-Benoît. C'est dans ce monastère (aujourd'hui Maison centrale, dite des Bénédictins) que fut enterrée la vicomtesse Rothilde, sa mère. Plus tard il donna ses soins à la reconstruction de la basilique cathédrale de Saint-Étienne, l'édifice bâti par saint Martial ayant, dit Bernard Guidonis [1], été détruit. Il jeta les fondements du nouveau temple, et en fit faire les premiers travaux; mais il ne put achever l'œuvre, qui demeura interrompue pendant plus de deux cents ans, de l'an

---

[1] Cap. VIII. — De Eldoino et Gerardo, nepote suo :

« Hujus autem Hildegarii germanus frater Eldoinus sive Alduinus per manum ducis Guillermi in episcopatum successit. A tribus episcopis Engolismæ consecratus, a Frontone nimirum Petragoricensi, a Bosone Xantonensi et Hugone Engolismensi a quo Lemovicis inthronizatus fuit in cathedra gestatoria apud ecclesiam Sancti Geraldi, deinde in sede sancti Martialis. Qui monasterium S. Martini reparavit, ac monachos ordinis divi Benedicti ibidem collocavit; qui præterea basilicam cathedralem divi Stephani, diruta illa quam ædificavit beatus ipse Martialis, construi curavit; quæ tamen permansit inconsummata plus quam annis 200 usque ad annum videlicet 1223, quo ejusdem loci canonici eamdem magnifice, ut nunc est, absolvere cœperunt. Hic autem apud divum Martinum, in capella divi Eligii, quiescit. Et notandum sub ejus episcopatu corpus sancti Martialis anno scilicet 994, indictione 7, fuisse cum magna processione in montem Gaudii-Jovis reverenter deportatum, propter gravissimam plagam ignis, quæ in populum grassabatur, extinguendam. Huic autem Geraldus, nepos illius (filius Guidonis vicecomitis), successit, apud S. Hilarium Pictavensem consecratus. Annis octo rexit, et, pergens Pictavim versus, obiit apud Carrosum. Ibi sepultus. » (*Nomina ac gesta Lemovicensium episcoporum*. — BERNARDUS GUIDONIS, apud LABBE, *Bibl. nov.*, T. II, p. 268.)

1014 à l'an 1223. L'auteur de la Vie de saint Israël fait en peu de mots le plus bel éloge de l'évêque Hilduin : « Ce fut, dit-il, un noble personnage, non moins illustre par ses mœurs que par sa naissance, agréable à Dieu et au pauvre peuple, et plein de bienveillance pour tout le clergé qui lui était soumis [1]. »

A l'avènement d'Hilduin, déjà la sagesse et la science entouraient le front d'Israël d'une auréole de gloire et de célébrité, dont les rayons, s'étendant de proche en proche, jetaient chaque jour un plus vif éclat. Personne dans la contrée n'ignorait les mérites de l'humble chanoine, et, plus que tout autre, Hilduin, pendant l'épiscopat de son frère, avait entendu célébrer les qualités d'Israël, et en avait éprouvé par lui-même la valeur et la solidité.

A peine évêque, il s'empressa de produire au dehors cette lumière, et de la faire briller sur un plus grand théâtre. Par ses sollicitations personnelles, comme aussi par les négociations et par l'entremise des principaux dignitaires du palais épiscopal, il fit tous ses efforts pour arracher Israël à ses élèves et à sa chère solitude du Dorat. Afin de l'attirer plus sûrement dans la ville de Limoges, il lui confia un poste qui convenait admirablement au zèle infatigable et à la nature expansive du talent d'Israël : il l'attacha à sa personne en qualité de professeur et de

---

[1] « Aldoinus, episcopus Lemovicorum, vir nobilis, nec minus moribus quam genere illustris, Deo plebique acceptus et omni clero subjecto benevolus..... » (*Vita B. Israelis*, apud LABBE, T. II, p. 567.)

maître [1] dans l'école du palais épiscopal. A cette époque en effet une classe de grammaire et de hautes études, tout à la fois théologiques et séculières, était attachée à chaque siége épiscopal. Cette école, sauf le régime de l'internat, inconnu en dehors des monastères, qui du reste l'ont souvent repoussé [2], était, pour employer la langue d'aujourd'hui, comme le séminaire de cette époque reculée. Il y venait toutefois des étudiants d'un âge plus mûr que celui des élèves des séminaires de nos jours, et qui naturellement ne se destinaient pas tous à la cléricature. Les lieux d'étude, indépendamment de ceux des siéges épiscopaux, étaient, vu le nombre des élèves, si multipliés dans les diverses églises et dans les différents monastères du même diocèse qu'ils comportaient rarement de grandes agglomérations d'étudiants.

Pour mieux comprendre l'espèce de mission qui fut confiée à saint Israël par l'évêque Hilduin, citons l'opinion des Bénédictins sur ce que nous pourrions appeler aujourd'hui l'enseignement supérieur et l'enseignement secondaire au xe siècle :

---

[1] Cujus audita et cognita sapientia Aldoinus..... in tantum Israëlem doctissimum per se suosque commonuit, sibique magistrum associavit : nec immerito, facundo siquidem erat alloquio, providus multum consilio; quem cum videret episcopus magis magisque clarescere ad ecclesiastica officia, credens illum fore dignum et idoneum per singulos gradus, ad sacerdotale officium sublimavit. » (*Vita B. Israëlis*, apud LABBE, T. II, p. 567.)

[2] « Hoc, fateor, mihi non mediocriter placuit, quod ibi scholas puerorum, qui sæpe rigorem sanctitatis enervant, non inveni..... » (PIERRE DAMIEN en parlant du Mont-Cassin : BARONIUS, an 1063.)

« Passons, disent-ils, à considérer quelles étoient les facultés de littérature qu'on enseignoit dans les écoles, et dont s'occupoient les gens de lettres. Nous discuterons en même temps de quelle manière on l'a fait, et jusqu'à quel point on a poussé l'étude. Il paroît qu'on ne changea rien à l'ordre des études en usage aux siècles précédents. On commençoit par donner des leçons de grammaire, puis de tous les autres arts libéraux. L'application qu'on donnoit à les enseigner étoit assez arbitraire, et dépendoit entièrement des maîtres, qui insistoient plus ou moins sur l'un ou sur l'autre, suivant leur goût et leur génie. Comme c'étoient des évêques, des clercs et des moines qui dirigeoient les écoles, on ne manquoit point de joindre à la première teinture des lettres un commencement de science de la religion, que l'on développoit davantage à mesure du progrès que faisoient les étudiants..... Cette science de la religion consistoit ordinairement alors dans l'intelligence de l'Écriture en tout ou en partie; dans la connoissance des écrits des Pères, des décrets ou canons des conciles, de la liturgie, du chant et du comput ecclésiastique. Après qu'on avoit pris des leçons de toutes ces facultés de littérature, tant sacrées que profanes, chacun se portoit à celles qui étoient le plus à son goût, ou qui convenoient le mieux à sa profession pour en faire une étude particulière..... Ce siècle non-seulement n'a négligé aucun de ces genres d'études, mais il a même renchéri sur les siècles précédents, et par la manière dont il en a cultivé quelques-unes, et par les nouvelles découvertes qu'il a faites en quelques autres [1]. »

---

[1] *Histoire littéraire de la France*, T. VI, p. 46, 47.

Hilduin n'eut qu'à s'applaudir de son choix : saint Israël
enseigna dans la ville de Limoges [1], à la grande gloire de

---

[1] *Sur l'histoire littéraire de Limoges du temps de saint Israël.*

« Il y a diverses preuves qu'à Limoges et autres lieux du diocèse on faisoit une étude particulière de la religion et de ce qui y a rapport. On en juge ainsi sur ce qu'Adémar de Chabanois nous apprend des conférences que l'évêque Alduin fit tenir pendant un mois en 1010. Il s'agissoit d'engager les Juifs ou à se faire chrétiens, ou à sortir de la ville. Mais, avant que d'en venir là, le sage prélat voulut essaïer de leur faire connoître la vérité. Dans ce dessein, il assembla des docteurs ou théologiens, *doctores divinos*, qui, dans des disputes réglées, convainquirent ces incrédules par leurs propres livres, sans pouvoir néanmoins en convertir que trois ou quatre : expressions qui porteroient à conclure qu'au moins quelques-uns de ces théologiens entendoient l'hébreu, qui est la langue ordinaire en laquelle les Juifs ont l'Écriture sainte et les autres livres qui concernent leur religion. Pendant tout le cours de ce siècle, on vit dans la cathédrale de cette même ville une suite d'hommes savants, qui montre que l'école y fut assez bien soutenue. Outre l'évêque Jourdain, qui fit un grand personnage dans le concile de Limoges en 1031 au sujet de l'apostolat de S. Martial, et Pierre, l'un de ses successeurs, mort en 1101, qui passoit pour un prélat d'érudition, Adémar nous fait connoître deux chanoines de la même église, Rainald et Alberic, qui se distinguoient par leurs connoissances philosophiques. Après le milieu du siècle, on trouve deux autres chanoines, hommes de lettres et de mérite, Gaubert, archidiacre, à qui son savoir avoit fait donner le titre de « grammairien », et Humbert, qui étoit allé, on ne sait à quelle occasion, diriger l'école de Meulan dans le Vexin françois, à huit lieuës de Paris. Il y eut entre autres un illustre disciple en la personne de S. Gaucher, qu'il emmena avec lui à Limoges, et qui fut depuis prieur des chanoines réguliers d'Aureil.

» Ces deux excellents moines, *valde religione conspicui*, dit Adémar, étoient comme deux lampes lumineuses qui éclairoient tout le monastère.

l'école épiscopale et au grand avantage des nombreux disciples qui venaient recueillir ses leçons. Sa parole éloquente et facile les charmait; la sagesse et la science profonde de ses enseignements élevaient leurs esprits et leurs cœurs. Témoin de ces services rendus à l'Église de Dieu et à la science, touché de cette renommée si bien méritée qu'il voyait chaque jour briller plus éclatante et plus pure, l'évêque le jugea si capable par ses talents, par

---

On voit par là que les études y étoient florissantes. Elles y furent soutenues dans la suite; et encore sur la fin de ce siècle il en sortit quelques grands hommes. On connoît nommément Gerauld de Lestrade, qui en fut tiré en 1082 pour être abbé du Vigeois, et Gérard second du nom, en 1095, pour remplir la même dignité à S.-Augustin de Limoges. L'érudition de ce dernier lui avoit fait donner le titre de « grammairien ».

» Dès le siècle précédent, on avoit établi de bonnes études à l'abbaïe de S.-Martial, comme nous l'avons montré ailleurs. On ne laissoit pas cependant d'envoïer les moines fréquenter les autres écoles qui avoient le plus de réputation, telle qu'étoit entre autres celle de Fleuri. Ce fut là qu'Odolric, qui gouverna en qualité d'abbé le monastère de S.-Martial depuis 1025 jusqu'en 1040, acquit en partie ce riche fonds de littérature qui lui mérita la qualité de « très-savant grammairien », *grammatico doctissimo*. La manière dont sont rédigés les actes prolixes du concile de Limoges que nous venons de nommer, et qui nous paroissent être une production de sa plume, fait voir qu'il avoit le talent de bien écrire. Au même temps qu'Odolric étudioit à Fleuri, Roger, qui réunissoit une éminente piété à un grand sçavoir, exerçoit l'emploi d'écolâtre à S.-Martial, et y donna les premières instructions à Adémar de Chabanois, son neveu, qui s'étoit déjà rendu moine à S.-Cibar d'Angoulême, et devint un écrivain célèbre. Aldebert, confrère de Roger, avec qui il étoit d'autant plus uni qu'il y avoit plus de ressemblance entre l'un et l'autre pour la science et la vertu, étoit chargé du soin de la bibliothèque. » (*Histoire littéraire de France*, T. VII, p. 46, 47.)

sa science et par son éloquence de remplir les plus hautes dignités ecclésiastiques, et si digne, par sa modestie, par la droiture de son esprit et par la pureté de ses mœurs, d'en être honoré, qu'il ne voulut pas le laisser simple chanoine et simple clerc; mais il le fit entrer dans son conseil [1] pour la gestion des différentes affaires du diocèse; et, lui conférant successivement les divers degrés de la cléricature, il l'éleva à la dignité du sacerdoce.

Ordonné prêtre, soumis à de nouveaux devoirs et à de plus rudes labeurs, saint Israël ne négligea pas les grâces de lumière et de doctrine, les dons de l'Esprit saint qu'il avait reçus par l'imposition des mains de son évêque. Mais, d'après le conseil de l'Apôtre, toujours attentif à veiller sur lui-même et à s'avancer, tout en faisant avancer les autres, dans la science des choses divines, il prolongeait ses méditations et ses prières, et il multipliait de plus en plus les exhortations simples et familières qu'il avait coutume d'adresser aux fidèles. Dans ses fréquentes homélies, après l'exposition et le développement des vérités de la foi, il ne se proposait qu'un but, c'était de donner à ses paroles toute la vigueur et toute l'autorité possibles, afin de corriger les mœurs dépravées des hommes de cette époque [2]. Ces mœurs étaient malheureusement tombées à un degré d'abaissement dont on se ferait difficilement une idée si l'on n'avait pour terme de compa-

---

[1] « ..... A consiliis promotum. » (*Off.*, lect. IV.)

[2] « Sacerdos ordinatus gratiam non neglexit, quam per manus impositionem acceperat, sed, juxta monitum apostoli, attendens sibi et doctrinæ, orationi perpetuo incumbebat et exhortationi; in concionibus suis id unum

raison l'état d'anarchie et de dissolution de cette société tout entière. Le peuple se trouvait plongé dans l'ignorance, et il en subissait les suites les plus funestes; les grandes familles offraient un triste spectacle, et le clergé lui-même, ce sel de la terre, s'était affadi. Nous en trouvons une preuve manifeste dans les prescriptions des conciles qui, en flétrissant les abus, sanctionnèrent la doctrine et les efforts de saint Israël et des autres docteurs ses contemporains; car nous assistons en ce moment aux premiers combats de ces vaillants prédicateurs, de ces réformateurs intrépides qui tirèrent la société du chaos où elle était retombée sur la fin de la deuxième race, et préparèrent l'époque des croisades et les splendeurs du règne de saint Louis.

La piété de saint Israël dans l'accomplissement des fonctions du sacerdoce, la pureté d'intentions, l'esprit de justice et d'intégrité qui présidèrent à chacun de ses actes, qui inspirèrent chacune de ses démarches, sont, dit l'historien de sa vie, supérieurs à tout ce qu'aurait pu atteindre la puissance humaine. C'est qu'en effet, loin de se confier en ses propres forces, il avait l'esprit et le cœur toujours tournés vers Dieu, de la bonté duquel il obtenait, par ses prières, un redoublement de vigueur et d'énergie qui lui procurait de nouveaux succès.

Toutes ces vertus, et d'autres plus nombreuses encore, rendaient chaque jour Israël plus précieux à son évêque.

---

respiciens ut ad pravos hominum mores corrigendos omnino valerent. » (*Proprium sanctorum ad usum canonicorum regularium congregationis Gallicanæ*: *Parisiis*, M DC XCIX, p. 44.

Déjà pénétré d'estime pour ses talents, ce prélat conçut pour le caractère et pour les vertus de l'éloquent professeur la plus vive et la plus sainte affection : non content de lui avoir ouvert son conseil, et de l'avoir appelé à l'administration de son diocèse, il voulut l'attacher plus étroitement à sa personne, et il en fit son chapelain, mais avec des attributions épiscopales, comme celles des chorévêques de cette époque : aussi, lorsque Hilduin, retenu par des affaires séculières, était obligé de suspendre momentanément l'exercice de ses fonctions sacrées, le vénérable Israël, prenant la place de l'évêque, le suppléait dans la présidence et la célébration des divins offices [1].

Hilduin conféra donc à saint Israël la première charge après la dignité épiscopale : il en fit son grand-vicaire pour toute l'étendue de son diocèse, avec des attributions beaucoup plus considérables que celles des grands-vicaires de nos jours. Car à cette époque, où l'évêque était toujours, indépendamment de son caractère sacré, un grand

---

[1] « In quo officio quam pie, quam juste vixerit, non est facultatis humanæ. Quibus virtutibus et aliis quampluribus, non solum ab episcopo est dilectus, verum etiam ab eodem dispositus est capellanus, ut si eum negotium sæculare a divinis officiis quandoque retraheret, venerabilis Israël vicem episcopi in agendis divinis officiis suppleret. » (*Vita B. Israëlis :* apud LABBE, T. II, p. 567.)

« Ce fut par l'entremise de ces saints exercices qu'il s'acquit la bienveillance de l'évêque Hilduin, qui, sur la grande estime qu'on faisoit partout de ses mérites, se déchargea sur sa bonne conduite de la meilleure partie de son fardeau épiscopal. Tout le pays fut extraordinairement satisfait et édifié du choix..... » (COLLIN, p. 33.)

seigneur féodal, la charge épiscopale comportait de si graves et de si nombreuses obligations séculières que l'évêque était souvent obligé de se décharger en partie de celles de ses fonctions qui n'étaient pas exclusivement inhérentes au caractère épiscopal, et il en confiait la gestion à un grand-vicaire spécial ou préposé aux choses saintes [1].

Peu de temps après, saint Israël vit s'accroître le nombre de ses obligations et de ses travaux. Le grand-chantre de l'église du Dorat étant venu à mourir, Israël fut canoniquement élu à sa place par le suffrage unanime de tout le chapitre des chanoines vers l'an 991 [2]. Il était bien naturel en effet que l'église du Dorat, affligée de l'absence d'Israël, voulût rentrer en possession du plus savant et du plus distingué de ses membres, et qu'elle réclamât pour conseiller et pour tuteur ce chanoine qu'elle avait nourri du lait de la doctrine, qu'elle avait vu grandir dans ses murs, et parvenir, à travers une adoles-

---

[1] « Ut eum Alduinus, Lemovicum episcopus, a conciliis et per omnium ordinum ac honorum gradus ad sacerdotium promotum, sacrario præfectum, vicariumque sibi elegerit generalem. » (*Off.*, lect. IV.)

« Hilduin..... le voulut avoir pour son domestique (ou attaché à sa maison), le faisant official et son grand-vicaire dans toute l'étendue de son diocèse. » (Collin, p. 31.)

[2] « Eum paulo post etiam Doratense canonicorum collegium principem chori, in demortui locum, omnium calculis, rite suffecit; et vix dici potest quam sancte illo munere sit perfunctus. » (*Off.*, lect. IV.)

« Israël igitur choro præpositus in canonicorum collegio, vulgo cantor, seu præcentor, omnium virtutum splendore cæteris prælucebat. » (*Ibid.*, die XXVIII *januarii*, lect. II.)

cence cultivée par l'étude et par les bonnes œuvres, à une maturité capable de faire face aux situations les plus difficiles. Il s'agissait d'ailleurs pour le chapitre des chanoines de parer à une situation pénible, dans laquelle pouvaient se trouver compromis ses plus graves intérêts.

Les fonctions principales du grand-chantre étaient de présider le chœur, et de diriger toutes les cérémonies du culte; il avait en outre la haute main sur la direction des études : il inspectait les classes; il enseignait par lui-même ou il assistait les professeurs; il veillait à ce que les différents exercices fussent faits au temps marqué par la règle; il devait détourner les écoliers de l'oisiveté et de toute occupation inutile ou superflue [1]. Le grand-chantre était, en quelque sorte, le véritable supérieur ecclésiastique du collége des chanoines, le directeur du personnel enseignant et enseigné : l'abbé, au contraire, n'était trop souvent, comme nous le voyons au Dorat même par l'exemple de Boson le Vieux et de Pierre Drut, que le chef temporel, que le bras armé du glaive, chargé de surveiller et de combattre les ennemis du dehors, mais n'exerçant d'ordinaire à l'intérieur qu'une déplorable influence; privant les religieux du nécessaire, laissant

---

[1] « Constituantur interea seniores fratres, probabilioris scilicet vitæ, qui tempore statuto vicissim cum cantorum schola sint; ne hi qui discere debent aut otio vacent, aut inanibus et supervacaneis fabulis instent. » (*Concile d'Aix-la-Chapelle*, 816. — CRODEGANGUS, cap. CXXXVII.)

Le scholastique était le même que le grand-chantre : « Odo, magister scholæ et præcentor ejusdem ecclesiæ Sancti Martini, consule adminiculante, constitutus est ». (THOMASSIN, *Ancienne et nouvelle discipline de l'Église*. — GUÉRIN, 1865, T. III, p. 249.)

tomber en ruines les bâtiments, et entraînant à sa suite une foule d'abus.

Saint Israël, nommé grand-chantre, se trouva dans une situation délicate. Ne pouvant quitter son évêque ni désobliger les membres de sa famille canoniale en les privant de ses services, devenus d'autant plus précieux que l'abbé du Dorat, Pierre Drut, se trouvait plus impliqué dans les affaires du siècle, saint Israël eut à partager son activité entre deux graves occupations : obligé soit d'accompagner son évêque, soit de traiter les affaires générales du diocèse, il résida néanmoins fréquemment au Dorat, comme le prouvent les nombreux détails que les historiens de sa Vie nous donnent sur ses vertus dans le cloître, sur sa charité, sur son tact et sur sa pénétration dans le gouvernement des chanoines.

Lorsqu'Israël fut le premier au Dorat, comme il était déjà le premier après son évêque dans le diocèse de Limoges, il ne s'énorgueillit point, dit l'auteur de sa Vie, mais plus que jamais il évitait la superbe, il pratiquait l'humilité, il avait l'avarice en horreur, il déployait en toute circonstance la plus grande générosité. Aussi nul ne saurait dire avec quelle sainteté il s'acquitta de la charge de grand-chantre : brillant au milieu des autres chanoines de l'éclat de toutes les vertus, les surpassant tous par son talent, il était cependant au milieu de ses inférieurs comme l'un d'eux par sa simplicité et par son ardeur infatigable à obéir à toutes les prescriptions de la règle canonique [1]

---

[1] « Sub eodem fere tempore, Doratensis ecclesia, suo orbata cantore,

Lorsqu'une faute était commise dans la communauté, saint Israël savait reprendre le coupable avec tant de délicatesse et d'à-propos qu'il n'y avait personne qui n'admirât sa prudence et sa douceur [1]. Cette discrétion si précieuse dans un supérieur, si indispensable dans celui qui a pour mission de concilier la faiblesse des particuliers avec les exigences de la règle commune, elle présidait à tous les avis privés qu'il donnait à ses frères; elle éclatait dans les avertissements publics qu'il adressait à la communauté, dans les entretiens et dans les conférences qui réunissaient entre eux les chanoines. Il corrigeait, il amendait les erreurs et les manquements avec non moins de douceur que de force, ne se laissant guider que par sa charité envers les particuliers et par son amour désintéressé de la justice et de la vérité [2] : « Aussi, dit son biographe, il advertissoit ses confreres de leurs defauts avec tant de prudence, d'efficace et de douceur qu'il n'y avoit personne qui ne fût espris de l'amour de la vertu et de la

---

dominum Israëlem subrogavit præcentorem, volens habere consiliarium et tutorem quem dudum nutriverat canonicum familiarem. Qua dignitate suscepta, non intumuit, sed inter subjectos quasi unus ex ipsis extitit : superbiam devitabat, humilitatem sectabatur, avaritiam execrabatur, et largitatem amplectebatur. » (*Vita B. Israëlis :* apud LABBE, T. II, p. 567.)

[1] « Sic culpas, si quæ occurrerent, emendans, ut prudentiam ejus ac lenitatem nemo non probaret. » (*Proprium SS.*, M DC XCIX, p. 44.)

[2] « Tanta prudentia præsertim in privatis publicisque fratrum admonitionibus et colloquiis ut errata defectusque non minus suaviter quam fortiter in spiritu amoris corrigeret et emendaret. » (*Off. dic 28 jan.*, lect. II.)

hayne du vice en l'oyant [1] ». Mais, plus encore que le charme de sa parole, la force irrésistible de ses exemples écartait tous les obstacles : tout pliait devant cette influence qui s'exerçait plutôt par l'exemple que par le commandement. Car, chez saint Israël, comme chez le divin Maître, l'action précédait la doctrine : il pratiquait avant d'enseigner [2].

Toutes ces vertus si difficiles à concilier, cette circonspection, cette sagesse, cette prudence, cette fermeté, n'étaient point déployées par saint Israël dans des vues humaines, mais bien dans l'intention d'atteindre un bien surnaturel. Il voulait avant tout rendre les hommes meilleurs et moins indignes de la grâce du Rédempteur. Il savait par sa propre expérience, éclairée par les enseignements de la foi, que toutes les puissances de la terre et toutes les ressources de l'humanité ne sauraient suffire à cette œuvre si elles n'y sont aidées par la grâce d'En-Haut. Pour lui, Dieu était le principe de tout bien, et la prière, la condition indispensable de tout succès : aussi ne croyait-il jamais porter assez d'assiduité et d'ardeur soit à ses oraisons privées, soit aux prières solennelles de l'Église.

---

[1] COLLIN, p. 32.

[2] « Nam, hoc honoris fastigio minime elatus, inter subditos quasi unus ex illis summa animi demissione exemplis magis quam imperiis eminebat.

» Faciebat scilicet et docebat exemplo Christi, et agebat priusquam doceret..... » (*Off.*, lect. V.)

CHAPITRE VI.

Mal des Ardents (994); ses ravages. — Saint Israël se livre tout entier au soin des Ardents. — Plusieurs sont guéris par ses prières.

Saint Israël, parvenu à sa quarante-quatrième année, florissait dans toute la maturité du talent et de la vertu lorsque, en 994, un terrible fléau s'abattit sur ces peuples auxquels il avait consacré sa vie. Tout âge, tout sexe, toute condition [1], eut également à souffrir du *mal des Ardents*. Le bienheureux Saint du Dorat, loin de se laisser décourager par l'excès du mal, n'y vit qu'une occasion providentielle d'exercer son zèle infatigable, et ceux qui l'entouraient virent éclater dans les guérisons qu'il obtint la preuve évidente de l'efficacité de ses prières et de son crédit auprès de Dieu.

La *peste des Ardents* est l'une des maladies les plus

---

[1] « Consumpsit enim quidam mortifex ardor multos tam de magnatibus quam de mediocribus atque infimis populi; quosdam vero truncatis membrorum partibus reservavit ad futurorum exemplum. » (*Rodulphi Glabri historiarum*, lib. V, c. I, et *Patrol.* Migne, T. CXLII, col. 693.)

terribles qui aient jamais affligé l'humanité. Son histoire est si étroitement liée à la vie de saint Israël, et ce mal en lui-même est si extraordinaire, et paraît si inconnu de nos jours, que nous avons cru devoir en faire ici une étude attentive, d'après les récits des auteurs contemporains.

Différents noms lui furent donnés : on l'appela le *feu divin* [1], le *feu de Saint-Anthoyne* [2], le *feu sacré*, la *peste du feu souscutané*, le *fléau qui porte le feu*, le *feu invisible* [3], le *feu volant*, le *mal des tumeurs ou des ampoules* [4], l'*ardeur mortifère* [5], la *pluie du feu* [6], la *peste du feu* [7], le *feu invisible* [8], la *maladie déale* [9], l'*eripsipolus* [10], ou enfin simplement les *ardents* [11].

---

[1] « Divinus ignis. » (*Vita B. Israëlis*, apud Labbe, *Biblioth. nova*, T. II, p. 567.)

[2] Robert : D. Fonteneau, T. XXX, p. 913 et suiv.

[3] Grellet-Dumazeau, *Bulletin de la Société Archéologique du Limousin*, T. III, p. 116.

[4] En patois limousin, *lou maü de las boyolas*, etc. (Besly, *Histoire des comtes de Poictou*, p. 58.) — « La tradition du pays de Noblac donne à cette maladie le nom de « *las boyolas* » à cause des pustules virulentes que ce feu caché faisait sortir du corps. » (Jean Rougerie, dit le P. Bernardin, cité par M. l'abbé Arbellot, *Vie de saint Léonard*, p. 89.)

[5] Raoul Glaber.

[6] « Plaga ignis. » (Ademar de Chabannes, *Comm. abb. Lemov.*: *Patrologie* Migne, T. CXLI, col. 82.)

[7] « Pestilentia ignis. » (*Ibid.*)

[8] « Invisibilis ignis. » (Ademar, *ibid.*, col. 52.)

[9] Paracelse et Corlieu, d'après P. Robert, *loco citato*.

[10] Galien et Fermel, *id.*, *ibid.*

[11] « Ardentes. » (Ademar. *Histor.*: *Patrol.* Migne, T. CXLI, col. 52.)

Le grand nombre et la diversité des noms qui furent employés simultanément pour désigner cette maladie nous montrent combien elle était alors nouvelle et inconnue, aucune appellation n'ayant encore prévalu dans le langage, comme fit plus tard l'expression de *mal des Ardents*. Quoi qu'il en soit de cette variété même, on trouve dans presque tous ces noms la traduction expressive d'un caractère constant : le principe du mal était aux yeux de tous un feu intérieur ou une fièvre ardente [1].

---

[1] « La peste alors (994), appelée *ignis sacer, lues subcutanei ignis, clades ignifera, ignis invisibilis.* »

« Il arriva en (994) que, par un décret de Dieu, le peuple chrétien fut affligé d'une peste affreuse, qui brûlait les chairs jusqu'à la mort. Les malades accouraient aux églises; on y portait ceux qui ne pouvaient marcher. L'église du saint évêque Genou était entourée de malheureux couchés sur la terre, poussant, jour et nuit, des cris de douleur, et implorant la clémence divine. A l'horreur qu'inspiraient ces cris de détresse se joignaient l'horrible aspect des corps mutilés dont les membres tombaient en pourriture et l'odeur insupportable que répandait cette putréfaction. Plusieurs périrent entièrement consumés; plusieurs aussi furent rafraîchis et guéris par l'eau lustrale qui venait toucher leur corps, comme une rosée de la miséricorde divine, due au mérite de saint Genou. » (*Translation de saint Genou : Historiens de France*, T. X, p. 361.)

« Cette maladie était putréfiante (*morbus hic est tabificus*). Dès que la peau livide s'est dilatée, la chair se détache des os et se tuméfie. Elle devient plus ardente et plus douloureuse, de moment en moment, jusqu'à ce que le malade expire. Mais la mort, tant désirée par le patient, ne vient pas avant que le feu pestilentiel ait atteint une partie du corps à laquelle tienne la vie.

» Et, ce qui est bien étonnant, ce feu, si prompt à consumer, est dépourvu d'une véritable chaleur, et même il pénètre le malade d'un froid

— 103 —

L'idiome vulgaire qui lui fit donner en latin le nom de feu, *ignis, ardor,* n'est point encore changé. Le peuple des campagnes parle aujourd'hui comme les populations dont les auteurs du XIe siècle nous ont traduit, en latin, le langage : il appelle *un feu* la plupart des indispositions qui ont pour symptôme dominant la fièvre et une vive inflammation [1]. La langue française elle-même ne manque point d'expressions analogues ; on dit : souffrir d'une in-

---

glacial, tel qu'il n'est aucun moyen de le réchauffer. Et puis, autre circonstance inexplicable, si, par un secours de la grâce divine, ce froid mortel vient à cesser, il y succède, dans la partie malade, une si vive chaleur qu'elle devient cancéreuse si on ne recourt à de prompts remèdes (*nisi medicamentis occurratur*). » (Hugues FARCIT, cité par ALBÉRIC, *Historiens de France*, T. XIII, p. 269, N. B. — Citations de M. GRELLET-DUMAZEAU : *Bulletin de la Société Archéologique et Historique du Limousin*, T. III, p. 117.)

« ..... Là-dessus courut une maladie estrange et inouïe au païs de Limosin, laquelle on appeloit en langage vulgaire *lou mau de las boyolas ;* en françois, *le feu volant ;* à Paris, *les ardens.* C'estoit un feu invisible, qui, embrasant les entrailles et le dedans du corps, emporta plus de quarante mille personnes en moins de rien.

« L'évêque Alduin, par le commendement du duc, ordonna un jeûne de trois jours..... » (*Histoire des comtes du Poictou et des ducs de Guyenne,* par Jean BESLY, p. 58.)

« ..... Autrefois le peuple du pays fut fort travaillé d'une maladie dite de *feu divin*, que Paracelse et Corlieu appellent *maladie dealc*, et Galien et Fermel *eripsipolus*, feu de Saint-Anthoyne. » (ROBERT : D. FONTENEAU, T. XXX, p. 927.)

[1] *Qu'eï ùn grand fé*, c'est un grand feu. *Ovei lou fé di lou corps*, avoir le feu dans le corps.

flammation, d'un grand feu, avoir les membres brûlants, une fièvre ardente, etc.

Les caractères de ce mal ne sont point faciles à décrire avec une rigoureuse précision, car les historiens ne parlent guère que de ses ravages extérieurs, et il est à présumer que plus d'une fois ils ont dû confondre ses symptômes avec ceux d'autres maladies toutes différentes. Il s'attaquait de préférence aux membres de ses victimes [1] : sous l'action de cette fièvre intense, les membres, comme travaillés par un feu intérieur, se couvraient de tumeurs et de pustules qui, partant de la profondeur des tissus, dilataient les chairs en les soulevant, et tendaient la peau jusqu'à la rendre luisante et livide, pendant que les membres demeuraient froids, ou bien au contraire devenaient de moment en moment plus brûlants et plus douloureux. A Épinal en Bourgogne, où les malades arrivaient par bandes de quatre-vingts à cent, l'ardeur des membres était telle que l'eau versée pour les nettoyer était à l'instant vaporisée en répandant une odeur infecte, et elle obscurcissait la salle [2].

---

[1] Chez un habitant d'Argenton nommé Hildebert, le *feu divin* s'attacha à la mâchoire, qu'il décharna : ce cas semble se rapporter à un cancer :

« Hildebertus quoque, Argentomagensis incola...., *igne divino* in maxilla adustus, usque ad diem suæ mortis incurabilis perseveravit, ita ut, consumpta carne, dentes specie miserabili nudarentur. » (AIMOINI, monachi Floriacensis : *De miraculis sancti Benedicti*, lib. II, cap. v. — *Patrol.* Migne, T. CXXXIX, col. 830.)

[2] *Histoire d'Adalbéron II, évêque de Metz*, par saint SYMPHORIEN, citée par le *Compendium de chirurgie pratique* de Bérard et Denonvilliers, T. I, p. 255, etc.

Pendant que ce feu prompt à consumer dévorait les extrémités, souvent un supplice tout différent torturait le corps de l'infortuné malade, qui, brûlé dans ses membres, frissonnait de tout son corps sous la sensation d'un froid intense, et ne trouvait aucun moyen de se réchauffer. Si par hasard ce froid cruel venait à céder, il était remplacé dans le corps par une vive chaleur, bientôt suivie de symptômes cancéreux lorsque les remèdes ne suffisaient pas, — et c'était le cas le plus ordinaire, — à la combattre et à prévenir ce dénoûment. Cependant, corrodée par le feu intérieur, déchirée par la tension et le gonflement, la peau s'ouvrait, et les chairs, détachées des os, tombaient en lambeaux purulents et infects. Quelquefois même des membres se détachaient tout entiers : « On conservait, en 1089, à l'abbaye de Lamothe en Dauphiné, des tronçons de membres pendus aux fenêtres; et l'on dit qu'un homme continua à y vivre après avoir perdu les bras et les cuisses, détachés aux articulations [1] ».

En proie aux plus atroces douleurs, le malade appelait la mort à grands cris, et quelquefois celle-ci arrivait comme la foudre : « Une nuit suffisait pour dévorer entièrement les personnes qui étaient atteintes ». D'autres fois la mort, aussi lente que cruelle, ne venait pas les délivrer avant que le feu pestilentiel, pénétrant dans l'intérieur du corps, n'embrasât quelqu'un des viscères qui sont le siége de la vie.

Le Limousin, la Marche, le Poitou, presque toutes les

---

[1] *Compendium de chirurgie pratique*, T. I, p. 255.

provinces de l'Aquitaine et la plus grande partie de l'ancienne Gaule furent désolés par le mal des Ardents [1]. Les médecins sont partagés sur la véritable nature du fléau ; mais l'opinion la plus probable est que c'était une gangrène causée par le régime alimentaire, lequel aurait admis dans de fortes proportions du pain de seigle ergoté ou détérioré par une espèce de champignon au point de devenir un redoutable poison, phénomène qui se produit parfois sur une grande échelle dans les années pluvieuses. On suppose [2] que, à cette époque de bouleversements continuels et de grande ignorance agricole, il était donné trop peu d'attention au choix des blés destinés à la nourriture de l'homme, et que la maladie des Ardents, ou ergotisme, d'après quelques auteurs, en fut la conséquence.

Quoi qu'il en soit des causes physiques et directes du mal, tous les contemporains qui nous en ont conservé le souvenir s'accordent à y voir une punition providentielle pour les crimes de toute sorte dont ils étaient les témoins. Presque tous ils s'écriaient, comme l'auteur de la Vie de saint Israël [3] : « Dieu le père, qui corrige ceux qu'il aime, permit, l'énormité des crimes de cette époque l'exigeant, que son peuple fût grandement flagellé ; car les personnes

---

[1] « Quondam, ut novit fraternitas vestra, dilectissimi gravior afflictio, et, ut ita dicam, plaga plagarum, per omnia Lemovicensium crassabatur loca et per alias in circuitu civitates..... » (*Sermo I* ADEMARI. — *Patrol.* Migne, T. CXLI, col. 115.)

[2] *Compendium de chirurgie*, déjà cité.

[3] *Vita B. Israëlis*, apud LABBE.

de l'un et de l'autre sexe furent tourmentées par le feu divin ».

Aucun art n'était capable de calmer les douleurs ni d'arrêter les ravages de la maladie, aucun secours n'était possible à cause du nombre infini des malades : sans espoir du côté de la terre, ces infortunés mettaient toute leur confiance en Dieu, et recouraient à lui par l'intercession des Saints dont les reliques étaient conservées dans les sanctuaires les plus célèbres. On accourait en foule autour de ces restes vénérés; on y portait ceux des malades qui ne pouvaient marcher. Les corps étendus de ces malheureux jonchaient le pavé des églises, et ceux que la foule avait empêchés de pénétrer s'arrêtaient aux abords du lieu saint. Couchés par terre, poussant jour et nuit des cris de douleur, ils imploraient la clémence de Dieu et l'assistance des hommes. A l'effroi que répandaient au loin les cris de détresse se joignaient l'horrible aspect des corps mutilés dont les membres tombaient en pourriture, et l'odeur insupportable [1] qu'exhalaient ces masses vivantes en dissolution. Un grand nombre périrent presque entièrement consumés; et, en peu de temps, plus de quarante mille personnes furent enlevées par le fléau, soit en Limousin, soit dans les parties de l'Aquitaine qui l'environnaient [2].

---

[1] « Erat autem per totam urbem, intus et foris, virorum et mulierum præ dolore gementium clamor sine requie, et *fœtor intolerabilis*, qui de incendio corporum exhalabat. » (*Sermo I* ADEMARI. — *Patrol.* Migne, T. CXLI, col. 115.)

[2] « Decimus abbas Josfredus præfuit annis VII. Obiit v idus octobris.

Les églises du diocèse de Limoges furent assiégées par cette foule torturée et suppliante. Saint-Martial de Limoges, Saint-Junien, Saint-Léonard et l'antique église du Dorat, fondée par Clovis, et illustrée en ce moment par la piété, par la charité et par l'éloquence de saint Israël, reçurent dans leurs murs l'affluence la plus considérable. Des régions les plus éloignées une foule innombrable d'hommes et de femmes, en proie au terrible mal, accourait à l'église du Dorat pour y implorer les secours que la terre n'offrait plus. Leur confiance ne fut pas déçue; car en effet, d'après le témoignage de saint Israël dans ses écrits, le Seigneur y guérit un grand nombre de malades par l'intercession de saint Pierre [1].

Hujus principatu plaga ignis super corpora Aquitanorum desæviit, et *mortui sunt plus quadraginta millia hominum ab eadem pestilentia.* Ideo Josfredus abbas et episcopi Aquitaniæ, adunati Lemovicas, levaverunt corpus sancti Martialis apostoli, et in montem Gaudii transtulerunt, et exinde pridie nonas decembris tumulo suo restituerunt; et cessavit pestilentia ignis..... » (*Ademari Commemoratio abbatum Lemov.* — *Patrolog.* Migne, T. CXLI, col. 82.)

[1] « Deus pater, qui quos diligit corripit, eo tempore mole criminum exigente, graviter flagellari populum suum permiserat. Laborabat enim uterque sexus divino igne correptus. Igitur hac de causa ex longinquis regionibus innumera turba ardentium ad Scotoriensem ecclesiam confluxerat, S. Petri, apostolorum principis, auxilium petens et consilium : nec frustra, sanabat revera multos ibidem Dominus suffragantibus almi Petri precibus ad honorem et augmentum Doratensis ecclesiæ. Divulgata circumquaque sancti Israëlis sapientia et sanctitate, multi veniebant ad eum quorum alii munimine suarum precum fulciebantur, alii vero intercessione ejus sanitate sibi restituta incolumes revertebantur ad propria. Quo viso, vir Dei sæpe latere voluit si posset ne favor mundi gloriam Cœli tolleret : sed non potest

Un autre motif encore appelait au Dorat les malheureux ardents : la charité d'Israël, qui était connue de tout le pays d'alentour. Aussi un grand nombre de malades venaient-ils réclamer et ses soins et ses prières. Il les accueillait avec la plus grande humanité; souvent même il les recevait dans l'intérieur du monastère, mais en secret, « de peur que la faveur du monde ne luy ostât la gloire du Ciel[1] ». Il les réchauffait, il leur prodiguait tous

---

abscondi civitas super montem posita, neque supra candelabrum lucerna. » (*Vita B. Israelis*, apud LABBE, T. II, p. 567.)

« Dieu le pere, qui corrige ceux qu'il aime, en ce temps, par l'exces des crimes, avoit permis que son peuple fust flagelle griefvement, car l'un et l'autre sexe estoit travaillé du feu divin de Saint-Anthoyne. A cette cause, des lointaines regions grande quantité desdits malades avoit accouru en ladite eglise de Conteison du Dorat, demandant l'aide de saint Pierre, prince des apôtres, non en vain, car illec Nostre-Seigneur guerissoit plusieurs par les prieres de saint Pierre, *ainsi que saint Israel laissa par escript;* et eut l'eglise du Dorat un grand cours, augmentation et accroissement par la sapience et saintete de saint Israel divulguee; plusieurs accouroient a luy, aucuns desquels, fortifies par leurs propres prieres, aultres par l'intercession de ce saint personnage, s'en retournoient sains et sauves en leurs propres maisons; ce que voyant ce saint personnage et homme de Dieu, voulut souvent se cacher s'il eust peu, de peur que la faveur du monde ne luy ostat la gloire du Ciel, mais une cité sise sur la montagne ne se peut cacher, ni la lumiere sur le chandelier. » (ROBERT : D. FONTENEAU, T. XXX, p. 913 et suiv.)

[1] « Tanta humilitate, ut illos qui tunc temporis, frequentes divino igne correpti, ad divi Petri ecclesiam confluebant, quo illic coryphæi apostolorum virtute, meritis et suffragiis curarentur humanissime clanculum (ad evitandum cenodoxiam) exciperet, foveret, illis medelam salutarem exoraret. » (*Off. die* 28 *jan.*, lect. II.)

les soins que réclamait leur état : ses aliments, sa couche même, leur appartenaient; des paroles de consolation, plus douces que l'huile qu'il versait dans leurs plaies, sortaient de sa bouche, et ses lèvres comme ses mains étaient bienfaisantes; car Dieu lui avait donné une éloquence abondante et pleine de douceur [1]. Puissant par ses œuvres, il l'était encore davantage par ses prières. Parmi ceux qui eurent le bonheur de l'approcher, les uns se sentirent ranimés par ses soins; les autres, plus heureux, regagnèrent sains et saufs leurs demeures après avoir été entièrement guéris par son intercession. Troublé par le concert de louanges et par les accents de reconnaissance qui s'élevaient de toutes parts autour de lui, Israël aurait voulu plus d'une fois se cacher et disparaître, s'il était possible, à tous les regards : il craignait que la faveur et les applaudissements du monde ne vinssent porter atteinte à son humilité, et, en lui donnant dès ici-bas sa récompense, ne lui enlevassent la gloire du Ciel. « Mais, comme le dit si bien, d'après le divin Sauveur, l'auteur de sa Vie, il est impossible qu'une cité bâtie sur la montagne ou qu'une lumière placée sur le chandelier reste cachée. » Porté sur les ailes de la reconnaissance, le nom d'Israël se répandit au loin plus éclatant et plus révéré.

---

[1] « Facundo erat eloquio, etc. » (Apud LABBE, *loco citato*. — L'abbé TEXIER, *Manuel de dévotion*, 1841, p. v.)

CHAPITRE VII.

Guerres féodales : siége de Bellac.

Les passions des hommes s'unissaient aux fléaux envoyés par Dieu pour accabler les contemporains de saint Israël.

Jamais on n'a vu race plus remuante et plus guerrière que celle de Boson le Vieux, suzeraine du Dorat et de la basse Marche. Aldebert Ier et son frère Boson II ne cessèrent de batailler contre leur seigneur le duc d'Aquitaine : ils ravagèrent ses domaines, s'emparèrent de Poitiers, et poussèrent même leurs excursions jusque sur les bords de la Loire.

A son avènement, Guillaume V résolut d'en finir avec Boson II, qui avait abreuvé d'amertume les derniers jours de son père, et qui venait de lui prendre à lui-même le château de Gençai : il invita le roi de France Robert le Pieux à lui prêter secours contre son vassal plusieurs fois vaincu, mais toujours redoutable. Leurs forces réunies vinrent assiéger le château de Bellac, soit que cette place fût réellement l'une des places les plus fortes de Boson, soit qu'elle lui fût plus vivement contestée par le duc d'Aquitaine ; car Boson II, après la mort d'Aldebert, n'en avait pas reçu l'investiture de la main de Guillaume. C'est Boson le Vieux qui avait bâti le château de Bellac : comme, d'après des titres anciens [1], ce ne serait pas Boson, mais seulement son fils Aldebert, qui aurait acquis de Gui, seigneur de Bellac, la terre et seigneurie de ce nom, il semblerait que Boson le Vieux ait bâti sa forteresse sur un territoire usurpé. Cet empiètement, contraire aux intérêts et aux droits de Guillaume, duc d'Aquitaine, et trop récent pour être encore bien assis, constituait dans les possessions des seigneurs de la Marche un objet de litige, un point vulnérable, sur lequel se portèrent tous les efforts des ennemis dans la campagne que nous allons décrire.

Toute la France guerrière, dit Adémar [2], et toute l'Aquitaine accoururent sous les murs de Bellac pour en

---

[1] « (Tunc Willelmus, accepta in matrimonio Adalmode, conjuge suprascripti Aldeberti), Rotbertum regem accersivit ad capiendum castrum Bellacum, quod tenebat Boso [1]. Omnis Francia bellatrix eo conflixit [2] ; sed, frustata post multos dios, cum rege suo recessit. » (*Ademari historiarum*, lib. III, c. xxxiv. — *Patrol.* Migne, T. CXLI, col. 50.)

[2] Nous pensons que Richer fait allusion à cette campagne, et même au siége de Bellac, dans ce passage de ses Histoires :

« Rotbertus rex in Aquitania ob nepotem suum Willelmus obsidione Hildebertum premit. » (*Richeri, S. Remigii monachi, historiarum*, lib. IV. — *Post*, lib. IV, an. 997. — *Patrologie* Migne, T. CXXXVIII, col. 170.)

1 Construxerat ipsum castrum Boso Vetulus in Marca Lemovicina.
2 Et Aquitania.

faire le siége. Assise au sommet d'un promontoire escarpé, rendu en partie inabordable par des précipices au fond desquels est un fossé naturel formé par le cours tortueux du Vincou, la place de Bellac était remarquablement forte, et, ce qui est mieux encore, vigoureusement commandée et vaillamment défendue par Abbon Drut, seigneur de Mortemar. Il fut impossible à Guillaume et à Robert de l'enlever de vive force, plus impossible encore de la réduire par un blocus. La multitude même de leurs soldats fut un obstacle au succès de l'entreprise, car la difficulté de trouver des vivres dans un pays plusieurs fois ravagé obligea les deux princes à renoncer à tout espoir, et à battre en retraite devant la vigueur et la sagesse d'Abbon, qui était le père de Pierre Drut, abbé du Dorat, et de Humbert, le familier de Boson le Vieux, dont nous avons trouvé le nom dans l'acte de 987.

Boson II, ayant fait la paix avec le duc, entreprit le voyage de Rome. En son absence [1], Gui, vicomte de Limoges, son beau-frère, construisit, vis-à-vis de l'abbaye de Brantôme, un château que Boson fit détruire à son retour, après avoir défait Gui dans un combat. Ce fut la dernière guerre du comte de la Marche ; car Almodis, sa femme, ne lui laissa pas le temps de courir à de nouvelles entreprises, et elle abrégea ses jours par le poison

---

[1] « Frater vero ejus (Alduini) Wido, vicecomes Lemovicensis, dum comes Boso Romam abiret, nata occasione, castrum extruxit a novo contra Brantosmense monasterium. Nec mora, reverso Bosone commissoque prælio, Boso, victor, castrum destruxit, multusque sanguis in eo bello effusus est, et Wido, vulneratus, fuga lapsus est. » (*Ademari historiarum*, lib. III, c. XXXV. — *Patrologie* Migne, T. CXLI, col. 53.)

vers l'an 1006. Boson laissa d'elle trois fils : Hélie, Pierre et Aitard.

Le siége de Bellac n'est qu'un épisode des guerres et des agitations au milieu desquelles vivait saint Israël ; il nous suffit de ces quelques lignes pour justifier nos assertions sur les mœurs du temps et sur la mission de notre Saint. On comprend sans peine les désordres qu'entraînaient à leur suite les déplacements et les chocs incessants d'hommes d'armes : la guerre devait nourrir la guerre, et les batailleurs, sillonnant sans cesse le pays, n'avaient ni le temps ni guère le souci de distinguer entre amis et ennemis : pour eux, vivre de leur épée là où ils se trouvaient dut être plus d'une fois la suprême loi.

L'horrible perversité d'Almodis, qui ne recula pas devant le poison pour se débarrasser de son époux, et les pratiques superstitieuses dont elle se rendit coupable n'appartiennent certes pas d'une manière exclusive à cette époque ; peut-être même serait-il téméraire d'affirmer que ces crimes y furent notablement plus fréquents que dans d'autres périodes. Ils nous rappellent cependant les nombreuses difficultés que l'esprit de superstition et de cupidité suscita à l'évêque Hilduin et à son grand-vicaire Israël : plus d'une fois elles les obligèrent à recourir à des mesures sévères dans le gouvernement du diocèse de Limoges. « Souvent, dit Adémar [1], Hilduin, à cause de

---

[1] « Alduinus autem episcopus monasterium Sancti Stephani Agentense[1],

1 Acntimonasterium (Eymoutiers).

la méchanceté du peuple, prescrivit une observance nouvelle jusqu'alors : il faisait suspendre dans les églises et dans les monastères la célébration du service divin et du saint sacrifice, afin que ce peuple, comme s'il eût été païen, cessât de chanter les louanges de Dieu. Il considérait cet interdit comme une sorte d'excommunication. » Le mal était grand, et il fallait des saints pour y porter remède. Dieu nous garde d'insinuer cependant que tout fût mauvais dans le peuple et surtout dans les grandes familles! Ce serait une erreur profonde, puisque le peuple et les grandes familles surtout fournissaient en même temps les saints et les héros dont la foi puissante, dont les labeurs et le courage créèrent la France et transformèrent la société.

---

quod Hildegarius ornate disposuerat in magna caterva monachorum, per triennium antequam moreretur destruxit, et canonicos ibi restituit. Hac de noxa Lemovicam intra urbem monachos in ecclesia Sancti Martini regulæ subditos adgregare curavit. Sæpe idem Alduinus pro nequicia populi novam observantiam constituit, scilicet ecclesias et monasteria cessare a divino cultu et sancto sacrificio, et populum quasi paganum a divinis laudibus cessare, et hanc observantiam excommunionem censebat. » (*Ademari historiarum*, lib. III, c. xxxv. — *Patrol.* Migne, T. CXLI, col. 52.)

CHAPITRE VIII.

Voyage de saint Israël à la cour de France. — Le roi Robert. — Influence d'Hilduin et de saint Israël sur les affaires ecclésiastiques. — Gerbert.

Guidé par une aimable et profonde modestie, saint Israël travaillait pour les hommes sans aucun souci de la gloire humaine. C'est en vue de Dieu qu'il faisait le bien, en vue de Dieu seul qu'il répandait autour de lui la science et tous les bienfaits de la civilisation chrétienne. « Mais [1], de même qu'une cité placée sur une montagne

---

[1] « Ut non potest abscondi civitas supra montem posita, nec poni debet lucerna sub modio, sed super candelabrum accenditur, sic non potuit Israëlis virtus intra pomerium ecclesiæ urbisque Doratensis inclusa ita coarctari, quin erumpens ipsius fama et prætervolans, Galliam repleverit universam.

» Cum enim Aldonius episcopus Robertum regem adiisset, eum semper habuit in suo comitatu a consiliis, atque ejus doctrina, eloquentia, et pru-

ne saurait demeurer cachée, de même que la lumière ne se place point sous le boisseau, mais bien sur le chandelier, ainsi la vertu d'Israël ne put demeurer renfermée ni dans les murs de son monastère, ni dans ceux de la ville du Dorat, ni dans les limites du diocèse de Limoges; et le bruit de sa renommée, éclatant de toutes parts, remplit bientôt la Gaule entière..... »

Saint Israël suivit le courant qui portait vers la petite cour de Hugues Capet et de son fils, Robert le Pieux, tout ce qu'il y avait alors d'éminent et de distingué en Aquitaine, et qui a puissamment contribué à la fondation de la monarchie et de l'unité françaises. Tous les principes vitaux de la plus grande partie des Gaules commençaient dès lors à refluer vers Paris, et d'étroites relations existaient entre l'évêché de Limoges et la cour de France : c'est ainsi que Hildegaire, dernier évêque de Limoges, et frère de Hilduin, s'était retiré en France vers la fin de sa vie; il y était mort, et il avait été enterré près du tombeau de saint Denys.

Hilduin lui-même, quelques années après son intronisation, dut songer à faire un voyage à la cour de France, « d'autant plus qu'en ce temps la ville de Limoges était du domaine du roi [1] ». L'importance de ce voyage, la difficulté des affaires qui devaient y être traitées, les

---

dentia præcellenti factum est, ut in aula nullus prælatorum Lemovicensi clarior, chariorque regi ac reginæ fuerit, ita ut ex ejus arbitrio de rebus ecclesiasticis decernerent, quod non immerito, secundum Deum, virtutibus Israëlis adscribas. » (*Off.* 30 *jan.*, lect. II.)

[1] ROBERT : D. FONTENEAU, T. XXX, p. 913 et suiv.

inimitiés même que Hilduin s'attendait à y rencontrer [1], puisque Boson, contre lequel Robert venait de combattre et d'échouer à Bellac, était son beau-frère, le portèrent à choisir avec soin, parmi les prêtres et parmi les dignitaires de son église, les hommes les plus propres par leur science et par leur caractère à faire honneur à leur évêque, et à aplanir autour de lui les difficultés. Or « cette grande approbation dans laquelle saint Israël vivoit, contentant universellement tous ceux qui avoient affaire à luy, le mit en une si haute estime dans l'esprit de son évêque que, estant appelé en cour par le roi Robert, lequel se vouloit servir de luy dans la conduite de l'estat, il jugea qu'il ne pouvoit prendre en sa compagnie un meilleur conseil que son vicaire général [2] ». Ayant donc choisi saint Israël, Hilduin le pria instamment de venir avec lui [3]; car le saint ne pouvait se résoudre à quitter sa solitude, ses disciples, ses bonnes œuvres et ses livres. L'ayant avec peine décidé à faire ce voyage, Hilduin voulut l'avoir continuellement auprès de sa personne et dans son conseil; et il n'eut qu'à se louer de cette heureuse inspiration, car bientôt, grâce à la science solide et pratique, à l'éloquence persuasive et à la prudence merveilleuse d'Israël, il n'y eut à la cour aucun prélat plus remarqué et plus influent, plus cher au roi et à la reine, que l'évêque de Limoges; sa parole fut du plus grand poids dans leurs conseils, en sorte que, en plusieurs circonstances, ils

---

[1] ROBERT : D. FONTENEAU, T. XXX, p. 913 et suiv.
[2] COLLIN, *Vies des Saints*, p. 34.
[3] ROBERT, *ibid.*

prononcèrent, d'après son jugement, sur les affaires ecclésiastiques les plus importantes. Or, comme nul n'ignorait la part qui revenait à saint Israël dans les conseils de son évêque, il fut personnellement connu du roi, qui avait la plus haute estime pour ses qualités éminentes et pour sa sainteté [1]. Sa renommée se répandit bientôt dans toute la Gaule cisalpine [2].

Indépendamment de l'heureuse influence que saint Israël et Hilduin exercèrent sur les affaires ecclésiastiques, nous sommes autorisé à affirmer que leurs négociations pesèrent d'un grand poids dans l'affermissement de la paix entre les seigneurs de la Marche, du Périgord et du Limousin et la cour de France.

Si jamais il y eut en ce monde une maison royale dans

---

[1] « Virtutum et prudentiæ Israëlis permotus Aldoinus, episcopus Lemovicensis, illum in vicarium generalem officialemque sibi delectum, in aulam Roberti, Francorum regis, secum deduxit; cujus ope ac consilio usus, multa ex rege, qui Israëlis egregias animi dotes et sanctitatem colebat, impetravit. » (L'abbé LEGROS, *Vie de saint Israël*, ms.)

[2] « En ce meme temps, ledit evesque Aldoin, voulant aler a la court du roy de France, d'aultant que en ce temps la ville de Lymoges estoit de son domaine, il suplia par plusieurs prieres saint Israël qu'il alast avec luy, afin que, par sa sainteté et sagesse, il se delivrast et deffendist de tous ses ennemis, et, estant venu en France par la grace de Dieu, il n'y eust point aucun des aultres evesques estant en court qui fust trouvé plus celebre et plus favori du roy que icelui evesque Aldoin; mais c'estoit la bonté et la pieté de saint Israël qui lui causoit ce merite ou benefice par l'avis duquel le roy et la royne disposoient des ministeres et affaires de l'Eglise : a ces causes la renommee de saint Israël parcourust toute la Gaule sysalpine. » (ROBERT : D. FONTENEAU, T. XXX, p. 913 et suiv.)

laquelle notre Bienheureux dut se trouver à l'aise, malgré son aversion pour tout ce qui pouvait le porter, au détriment de la piété, vers les passions et les intérêts du monde, ce fut assurément celle de l'illustre fils de Hugues Capet, le roi Robert le Pieux. « Robert était pieux, charitable, indulgent et lettré, passablement philosophe et excellent musicien; il composa la prose du Saint-Esprit *Adsit nobis gratia*, les rhythmes *Judæa* et *Jerusalem*, qu'il offrit, mis en musique et notés, sur l'autel de Saint-Pierre à Rome. Il venait à l'église de Saint-Denys, dans ses habits royaux et couronné de sa couronne, pour diriger le chœur à matines, à vêpres et à la messe. Aussi, comme il assiégeait certain château le jour de saint Hippolyte, pour qui il avait une dévotion particulière, il quitta le siége pour venir à Saint-Denys diriger le chœur pendant la messe; et, tandis qu'il chantait dévotement avec les moines : « Agneau de Dieu, donnez-nous la paix! » les murs du château tombèrent subitement, et l'armée du roi en prit possession; ce que Robert attribua toujours au prières de saint Hippolyte, et avec raison, s'écrie naïvement un pieux chanoine, une oraison jaculatoire lancée comme il faut faisant ordinairement plus d'effet que cent volées de canon [1]. »

Le séjour et l'influence de saint Israël et de l'évêque Hilduin à Paris nous rappellent la prépondérance que les hommes d'Aquitaine exercèrent alors dans la cour de

---

[1] *Manuel de dévotion*, 1841, p. VI et VII; et le chanoine COLLIN, *Vie de saint Israël*, p. 35.

France. En possession d'une civilisation relativement plus avancée que celle du nord, les Aquitains frappèrent vivement l'esprit des Francs et des Bourguignons; par leurs allures, par leurs mœurs, par leur langage, ils furent un sujet d'étonnement pour les hôtes habituels de la cour de France, tout en provoquant parmi la jeune noblesse de chaleureux imitateurs.

C'est à la cour du roi Robert, au milieu des discussions historiques et théologiques qui y étaient fréquemment agitées, que saint Israël et l'évêque Hilduin firent la connaissance de l'Arverne Gerbert, d'abord précepteur du roi Robert, plus tard archevêque de Reims (992-997), et enfin pape sous le nom de Sylvestre II (999-1003). Ces rapports avec Gerbert nous permettent de déterminer approximativement l'époque de ce voyage en France, qui eut lieu de l'an 992 à l'an 996. Nous ne connaissons pas la durée du séjour de saint Israël à la cour de Robert : le Père Bonaventure affirme qu'elle fut très-courte [1]. Quoi qu'il en soit, Hilduin et son vénérable compagnon rentrèrent comblés d'honneurs et de marques d'estime dans le pays de Limousin.

---

[1] « L'évêque estant appelé en cour par le roy Robert, il n'oublia pas de mener avec soy saint Israël, comme son oracle et son conseil : mais *il* (saint Israël) *n'y demeura guères.* » (BONAVENTURE, *Annales*, p. 383.)

CHAPITRE IX.

—

Retour de France. — Malheurs de l'église de Saint-Junien; massacre d'Etagnac; mort d'Itier (992 ou 993). — Saint Israël, désiré par les habitants, est nommé prévôt de Saint-Junien par le pape Sylvestre II. — Il fonde un chapitre de chanoines, et désigne ses successeurs Amélius et Ramnulphe.

A peine saint Israël était-il de retour de son grand voyage à la cour de France que les habitants de cette partie du diocèse de Limoges qu'arrose la Vienne au sortir du Limousin, les grands seigneurs et tout le peuple [1], d'une commune voix, le demandèrent pour être le restaurateur et le premier prévôt de l'église de Saint-Junien [2]. Nul ne leur paraissait plus digne de veiller sur le tombeau du glorieux patron qui a donné son nom à leur ville, et

---

[1] ROBERT, T. XXX, p. 913.
[2] *Officium die* 30 *jan.*, lect. II.

plus capable de réparer les maux que, depuis longues années, avait endurés leur église [1]. Il ne s'agissait de rien moins, en effet, que de relever ce monastère d'une ruine totale, ainsi qu'il nous est facile d'en juger par sa lamentable histoire.

« Nul n'ignore, dit le chanoine Maleu [2], que les malheurs arrivés à la plupart des anciennes églises ne manquèrent point de fondre sur la noble église de Comodoliac : la discipline religieuse et l'esprit ecclésiastique s'éteignirent peu à peu dans ses murs ; il arriva, par la mollesse et par la lâcheté des abbés de ce lieu, que les biens de l'église, destinés aux usages ecclésiastiques, furent dissipés en prodigalités et en jouissances mondaines. Chose triste à

---

[1] *Proprium Sanctorum*, etc., 1758, p. 45.

[2] « Verum quod et plerisque aliis locis antiquioribus contigesse certum habetur in hujus Comodoliacensis ecclesiæ nobili abbatia noscitur evenisse : ut videlicet, deficiente ibidem paulatim religione ecclesiastica, per segnes ipsius loci abbates, bona ipsius ecclesiæ, quæ erant ecclesiasticis usibus deputata, in mundanis et voluptuosis prodigalitatibus sunt dispersa : et, quod audire grave, mihique recitare laboriosum, sed scribere gravissimum est, ipsi abbates bona præfatæ ecclesiæ propriis scutiferis et militibus erogabant, eaque in equitatu et equorum ornatibus expendebant : ea videlicet occasione, ut ipsi abbates, cum mundano ornatu et numerosa scutiferorum ac militum multitudine comitati, possent pompatice equitare. Sub talibus ergo abbatibus, qui patres erant tantum nomine, nulla interiori per eos ad ipsius abbatiæ regimen paterna subsequente pietate, abbatia ipsa declinavit, solum sibi nomen retinens abbatiæ : et in tantum abbatia ipsa et possessionibus, redditibus, et suis juribus dissipata ; et numerus canonicorum Deo inibi famulantium diminutus, quod pauci ibidem numero, sed pauciores vel nulli esse officio dicerentur. » (*Chronique de Maleu*, p. 29-30.)

entendre, et pénible à dire, mais que sa gravité me force d'écrire! les abbés eux-mêmes affectaient les biens de cette église à leurs propres écuyers et à leurs hommes d'armes, et ils les prodiguaient pour les écuries et pour les harnais de leurs chevaux, afin de chevaucher en grande pompe dans une mise et dans une tenue toute mondaine, au milieu d'une suite nombreuse d'écuyers et d'hommes d'armes. Sous de tels abbés, qui n'avaient du père [1] que le nom, l'autorité ne pouvant se concilier en leur personne le respect filial qui lui est nécessaire, l'abbaye elle-même déclina, et ne conserva bientôt plus d'une abbaye que le nom : ses possessions, ses revenus, ses droits, furent tellement dissipés, et le nombre des chanoines [2] qui y servaient Dieu tellement diminué, qu'ils se trouvaient incapables à tous égards de faire les cérémonies de l'office divin. »

Aussitôt que l'avènement des Capétiens eut mis un peu d'ordre dans la société, le vénérable Itier, dernier abbé de Saint-Junien, s'était efforcé de relever son monastère; il y était parvenu au milieu de difficultés de toute sorte, lorsque, contraint par Ebles ou Ebalus, évêque de Limoges, il donna malgré lui son consentement à ce qu'après sa mort l'abbaye serait dévolue de plein droit aux évêques de Limoges [3]. Vers l'an 993, l'église de Saint-Junien avait

---

[1] Le mot *abbé* signifie *père*.

[2] Maleu aurait dû dire les *religieux;* car c'est plus tard seulement que saint Israël établit les chanoines à Saint-Junien.

[3] « Iterius, Comodoliaci abbas ultimus, Ebulo, Lemovicensi præsule, cogente, assensum invitus præbuit ut post obitum suum hæc abbatia ad

— 125 —

donc cessé d'exister en qualité d'abbaye, pour être attribuée à l'évêque de Limoges : Adémar de Chabannes, toutefois, paraît insinuer que l'évêque s'en était emparé plus tôt.

Quoi qu'il en soit, une affreuse catastrophe, en privant tout à coup l'abbaye de ses habitants, la fit passer tout entière entre les mains de l'évêque de Limoges. Le vénérable Itier travaillait avec ardeur à réparer les brèches que ses prédécesseurs avaient faites dans la discipline comme aussi dans les biens temporels du monastère. Pendant qu'il poursuivait cette œuvre, de grands débats s'élevèrent entre lui et le vicomte de Chabanais au sujet des dîmes à prélever sur un champ ou sur un certain quartier de la paroisse d'Etagnac [8]. Itier ayant envoyé un

---

episcopos Lemovicenses pleno jure devolveretur, ut referunt litteræ Petri de Pierre-Buffière, præpositi Sancti Juniani, contra Bernardum de Bona Valle, episcopum Lemovicensem. Itaque, circa annum 993, hæc abbatia esse desiit, et episcopo Lemevicensi fuit attributa : quanquam et ea citius potitum fuisse innuere videatur Ademarus Cabannensis. » (*Gallia christ.*, Parisiis, M DCC XX, p. 553.)

« Littera Geraldi, episc. Lemovicensis. » (Estiennot, *Antiquitates benedictinæ in diœcesi Lem. — Bibl. nat.*, latin. 12, 746, p. 580.)

[1] « Il y eut autrefois grand débat entre les moines de cette église (Saint-Junien), pour lors chanoines réguliers de l'ordre de Saint-Augustin, et le vicomte de Chabanois, environ l'an 1006, pour les dixmes d'un champ proche d'Estaignat, lequel vicomte fit tuer et massacrer tous les moines, dont le lieu a porté depuis le nom de *Champ-des-Moines*. » (Robert : D. Fonteneau, T. XXXI, p. 337.)

De la cour de France Israël « s'en revint donc au païs le plus tost qu'il luy fut possible, et une avanture funeste, et fort extraordinaire, luy fit

jour, pendant la moisson, tous ses moines, afin de percevoir la dîme dont le monastère de Saint-Junien avait coutume de jouir, il arriva, soit par l'indiscrétion des moines, soit par la méchanceté des paysans moissonneurs et par les embûches du comte, que les religieux de Saint-Junien furent tous assommés et massacrés en un lieu qui porta depuis le nom de *Champ-des-Moines*.

Par suite de ce funeste évènement, le vénérable Itier mourut de chagrin le 29 septembre 992 ou 993 [1]. Cette perte mit le comble aux malheurs de l'église de Saint-Junien, en sorte qu'il ne se trouva plus personne qui voulût aller y faire le service divin. Bientôt la ruine fut

---

naistre une belle occasion d'employer dans son voisinage son zele et sa charité. L'abbé Itier, qui fut le dernier de tous ceux qui porterent ceste qualité dans l'eglise de Saint-Junien, apres avoir beaucoup travaillé à reparer les bresches que ses predecesseurs y avoient faites, envoya un jour pendant la moisson tous ses chanoines à la recolte des dixmes, qu'il avoit accoutumé de jouïr dans un cartier de la paroisse d'Estaignac; mais il arriva que, ou par leur propre indiscretion, ou par la malice des païsans moissonneurs, ou par la rage du démon, ils y furent tous assommes. Ce funeste accident fit d'abord mourir ce bon abbé; et cette belle eglise de Saint-Junien, par sa mort, tomba dans la mesme desolation d'où ce vertueux abbé s'estoit essayé de la retirer. Car il ne se trouvoit plus personne qui voulut y aller faire le service, tous les revenus en estans esgares par la nonchalance et le luxe des abbes, ou par l'injuste usurpation des seigneurs voisins. — Le pape Silvestre II eut pitié de l'estat miserable de cette pauvre maison, et, informé duëment des mérites et de la capacité de saint Israël, changeant le titre d'abbé en celuy de prevost, et secularisant les chanoines, il le fit le premier prevost, le chargeant du retablissement de cette eglise. » (COLLIN, p. 35.)

[1] Chanoine LABICHE DE REIGNEFORT, *Vies des Saints*, T. II, p. 185.

complète sous le rapport des biens comme sous celui des personnes ; et tous ceux des revenus qui n'avaient pas été perdus par la nonchalance et par le luxe des anciens abbés disparurent sous les usurpations et les violences des seigneurs voisins.

Pendant plusieurs années, la désolation et l'abandon furent le partage de l'église de Saint-Junien, au grand détriment de la ville, qui avait surgi, pour ainsi dire, des cendres du Saint, et à la grande douleur de toutes les populations accoutumées à venir le prier et le vénérer. Elles élevèrent la voix pour mettre un terme à cette douloureuse situation ; leurs plaintes et leurs supplications ne s'arrêtèrent pas à l'évêque de Limoges : elles montèrent jusqu'à l'illustre Gerbert, qui, sous le nom de Sylvestre II, venait de s'asseoir sur la chaire de Saint-Pierre.

En ce moment il y avait une tendance générale à remplacer, dans les abbayes, les moines de Saint-Benoît par des chapitres de chanoines réguliers, l'institution monacale semblant, aux yeux des réformateurs, avoir dégénéré par suite des bouleversements, des difficultés et des désordres de tout genre qu'avaient enfantés les invasions des Normands. Les moines étaient discrédités le plus souvent par les excès de leurs abbés laïques, et la discipline avait souffert de graves atteintes dans les monastères. Alors les évêques de Limoges, Hilduin surtout, déployèrent une grande vigueur pour substituer aux moines les chanoines réguliers de Saint-Augustin, qui n'avaient pas à porter à un égal degré le poids des souvenirs du passé, et qui peut-être n'étaient pas moins bien appropriés par leur esprit et par leur règle aux exigences de l'état social qui commençait.

Le pape Sylvestre II, parfaitement instruit non-seulement des tendances et des nécessités de son temps, mais des besoins particuliers du diocèse de Limoges, sécularisa l'abbaye de Saint-Junien, y remplaça les moines par des chanoines réguliers, et supprima, pour cette église, le titre d'abbé, qui fut échangé contre celui de prévôt [1].

---

[1] « Hinc etiam videas, quod ubi vir Dei e Francia, una cum suo antistite rediisset in patriam, accolæ regionis circa ripas fluminis Vigennæ, eum ad Sancti Juniani ecclesiam instaurandam regendamque votis omnibus postulaverunt.

» Quod cum ex consensu cleri plebisque Doratensis ægre admodum tandem obtinuissent, et dirutum templum brevi adjuvante divino numine, exsuscitatum exædificavit, et, præpositus electus, Dei domum optime gubernavit. » (*Officium die* XXX *jan.*, lect. II.)

« Cum Sancti Juniani Commodoliacensis ecclesia, sive priorum ministrorum negligentia, sive magnatum factionibus, ad miserrimum statum redacta esset, nullus Israele aptior visus est, qui omnia ejus damna resarciret. Illuc igitur missus, et præpositi dignitate insignitus, easdem ibi leges constituit quibus canonici Doratenses obtemperabant : atque ita, Deo adjuvante, laboravit ut sua ecclesiæ bona suum sacris nitorem et decus suum disciplinæ regulari vigorem restituerit. » (*Proprium SS.*, M DCC LVIII, p. 45.)

« A Sylvestro secundo papa Commodoliacum missus, et rogantibus canonicis Sancti Juniani, ejusdem ecclesiæ præpositus constitutus, regularem observantiam, quæ quorumdam magnatum factionibus collapsa erat, restituit, basilicam dirutam refecit, rebusque omnibus compositis, stabilitoque inter utriusque Ecclesiæ canonicos fœdere perpetuo, Doratum reversus est. » (*Proprium SS.*, M DC XCIX, p. 45.)

« Sa sainteté (de saint Israël), quelque soin qu'elle prit de se dérober à la vue des hommes, répandit sa suave odeur si loin qu'elle donna connaissance de ses mérites à Sylvestre II dans une assemblée qui se tint à Paris sous le règne du roi Robert, où il avait accompagné son prélat Hilduin. C'est là

Avisant ensuite aux moyens pratiques, il n'hésita pas un instant sur le choix de l'homme que la Providence destinait à l'église de Saint-Junien. En qualité de grand-chancelier du roi Hugues-Capet et d'archevêque de Reims, Gerbert avait fréquemment rencontré saint Israël auprès des deux rois Hugues-Capet et Robert, et il en avait grandement apprécié les mérites. Connaissant par lui-même la valeur personnelle du grand-chantre de l'église du Dorat, il se rendit avec empressement aux désirs des populations qui réclamaient saint Israël, et il le désigna pour être le restaurateur du monastère et le premier-prévôt des chanoines de Saint-Junien.

La décision du Souverain-Pontife ne s'exécuta point toutefois sans que de graves difficultés eussent été soulevées par les chanoines et par le peuple du Dorat, qui ne pouvaient consentir à se voir privés du prêtre pieux, du maître savant qui était le plus bel ornement de leur église. Aussi est-ce avec une peine extrême qu'ils se résignèrent à le voir partir pour le poste où la Providence avait ménagé une nouvelle carrière à son zèle et à ses talents.

Un souffle nouveau sembla ranimer aussitôt l'église

---

où, admiré de tout le monde, il reçut ordre de Sa Sainteté, si prévoyante aux affaires de la chrétienté, d'aller à Saint-Junien pour y faire revivre la discipline ecclésiastique, éteinte parmi les chanoines de cette église. » (*Manuel de dévotion*....., Limoges, 1806, p. 22.)

« Le pape Sylvestre II....., dûment informé du mérite d'Israël, avec lequel il se trouvait à la cour du roi Robert, le chargea, sous le titre de prévôt, du rétablissement de cette église (de Saint-Junien). » (*Id.*, 1841, p. IX.

expirante de Saint-Junien : des clercs et de jeunes disciples accoururent pleins d'ardeur autour du glorieux maître. Saint Israël s'empressa de rouvrir son école, de rétablir l'observance régulière, et de déployer sur le champ que Sylvestre II venait d'ouvrir à son activité toutes les ressources d'un esprit pénétrant, tout le zèle et toute la vigilance d'une âme infatigable.

Les prêtres qui, après le massacre d'Étagnac, avaient fait le service de l'église, les nombreux jeunes gens qu'avaient attirés sa parole et ses exemples, tous embrassèrent avec ardeur l'état canonial; et, sous la règle de Saint-Augustin, soutenus par le zèle et par la direction ferme et paternelle, animés par les brûlantes exhortations de leur saint prévôt, ils menèrent la vie la plus édifiante. L'église de Saint-Junien devint bientôt florissante à l'égal de l'église du Dorat, qui lui servait de modèle, et dont Israël avait apporté à Saint-Junien les statuts et les règlements.

En même temps qu'il dirigeait le personnel et qu'il veillait à la rénovation spirituelle de sa communauté, saint Israël relevait les murailles de l'ancienne église de Saint-Junien; car l'édifice matériel, lui aussi, avait été profondément ravagé et presque entièrement détruit. Un savant archéologue [1] pense que la nef et les collatéraux

---

[1] « (Israel) dirutum templum (Sancti Juniani) brevi, adjuvante divino numine, exsuscitatum ædificavit. » (*Office de* 1642, p. 21.)

« Nous pensons, dit M. l'abbé Arbellot, que la nef et les collatéraux, depuis le portail exclusivement jusqu'au transept, datent de cette époque. » (*Chronique de Maleu*, p. 135, note 1.)

de l'église de Saint-Junien, depuis le portail exclusivement jusqu'au transept, doivent être attribués à l'époque de saint Israël. Peut-être sont-ils les derniers témoins qui nous restent de l'activité du saint prévôt dont nous écrivons la Vie.

Quand il eut rétabli les murailles du sanctuaire, quand il eut fait refleurir l'ordre et la discipline, saint Israël s'occupa d'assurer l'avenir de son œuvre. Dans ce but, il rattacha par des liens étroits le chapitre de Saint-Junien à celui du Dorat, afin que, se servant mutuellement et d'exemple et d'appui, ces deux églises conservassent plus sûrement leur régularité et leur ferveur. Il ne négligea pour y parvenir aucun des moyens que la Providence avait mis à sa disposition, et, dans ce but, il préposa à la tête de l'une et de l'autre église deux frères, Amélius et Arnulphe, remarquables entre ses autres disciples par leur talent et par leur piété.

Amélius avait depuis longtemps attiré l'attention de saint Israël, qui, retenu auprès de l'évêque de Limoges ou résidant à Saint-Junien, n'avait pas néanmoins abandonné la dignité de grand-chantre dans l'église du Dorat. Malgré ses voyages en effet, malgré les grandes affaires qu'il eut à traiter au dehors, l'abbaye du Dorat était demeurée sa patrie, son séjour de prédilection : il y accomplissait avec zèle, chaque fois que les circonstances le permettaient, ses fonctions de grand-chantre. Obligé plus tard de résider à Saint-Junien, il consacra par une fondation l'usage où il avait été jusqu'alors de substituer un chanoine à sa place pendant ses absences momentanées. A cet effet, il créa un office de sous-chantre dans l'église du Dorat, et y affecta un dotation qui devait être prise sur ses revenus particuliers ; il le confia à son disciple Amélius, qui devint son remplaçant dans l'accomplissement des devoirs de grand-chantre. Il décida en outre que cette sous-chantrerie ne pourrait être possédée que par l'un des chanoines du Dorat [1].

---

[1] « ..... L'origine de la sous-chantrerie vient de l'institution qu'un chanoine et chantre de ladite eglise, nommé Israël, qui estoit aussi prevost de l'eglise de Saint-Junyen, et le plus souvent demeuroit pour sa doctrine et bonne vie *ad latus* de l'evesque de Limoges, et qui depuis a eté canonisé et tenu pour saint, fît, en ladite eglise, de la personne d'un nommé Amelius *ad sublevandum onus injuncti regiminis*, ainsi qu'il se trouve par escript en la Vie et legende dudit saint Israël, voulant que ladite soubs-chantrerie ne fust baillee qu'à l'ung des chanoines de ladite eglise. » (ROBERT : D. FONTENEAU, T. XXX, p. 706-707.)

« Israel igitur regimini duarum ecclesiarum intentus, duplici providentia, cura, prudentia ac sanctitate, duplici munere sic feliciter est perfunctus ut canonicos Sancti Juniani, non solum societati Doratensium, sed eorum etiam piis institutis, ut ea subsequerentur ac servarent adstrinxit. Ad sublevandum ergo onus impositum, recto ordine sic universa disposuit :

» Æmilium quemdam ecclesiæ Doratensi succentorem, et Arnulphum, Æmilii fratrem, Sancti Juniani præcentorem, sive cantorem, suffecit, præfecitque ea lege ut, post ejus obitum, hi duo germani ei succedentes in utroque munere, hic præpositus Sancti Juniani, ille Doratensis præcentor, sive præfectus chori, utriusque ecclesiæ canonicos arctissimis sempiternæ confraternitatis, sodalitii æternæ charitatis ac benevolentiæ vinculis devincirent. Quod factum perfectumque ad multa retro sæcula perseveravit. » (*Off. die* 31 *jan.*, lect. II.)

« Saint Israël et ledit evesque s'en estans retournes en leurs pays, soudain les grands seigneurs et tout le peuple les terres desquels arrose la riviere de la Vienne demanderent et heurent saint Israel pour docteur et restaurateur de l'eglise de Saint-Junien, contre la volonté et consentement du clergé et du peuple du Dorat. L'eglise de Saint-Junien, qui

En même temps saint Israël faisait nommer Arnulphe ou Ramnulphe, frère d'Amélius, chantre de l'église de Saint-Junien ; il espérait que la parenté si étroite d'Amélius et d'Arnulphe servirait à rendre plus puissant le lien qui unissait les chanoines des deux églises ; car, pour assurer l'avenir, il voulait qu'après lui elles restassent dans une étroite union, se soutenant l'une l'autre par des rapports de charité fraternelle, et il décida qu'à la mort de l'un d'entre eux le survivant serait le supérieur des deux églises. Ramnulphe succéda à saint Israël en qualité de prévôt de Saint-Junien et de grand-chantre du Dorat [1].

---

avoit esté entreprise par saint Israël pour estre gouvernee et restauree, bien qu'elle eust eté decoree et illustree des vertus et miracles de saint Junien et enrichie de plusieurs terres et facultes, toutefois en ce temps elle estoit quasi demeuree destruite et annullee; mais en peu de temps elle fust reedifiee, et le clergé d'icelle eglise desira non-seulement de suivre l'ordre et la societé des chanoines du Dorat, mais encore leur institution. Toutes choses ayant esté disposees par ordre, il mist Amelius souhs-chantre au monastere du Dorat pour supporter la charge, et constitua Arnulphus, son frere, chantre de l'eglise de Saint-Junien, afin que, apres son deceds, ils se succedassent l'un à l'autre, ce que saint Israël disposa avec grande raison, car il voulust que, comme Amelius et Arnulphus estoient proches parents et allies, aussi en l'une et l'autre eglise ils conjoignissent et ils aliassent spirituellement les chanoines par une societé et mutuelle dilection. » (ROBERT : D. FONTENEAU, T. XXX, p. 913 et suiv.)

[1] « Ramnulfus Israeli succedit et ipse Daurati præcentor, sed Israeli haud multum dissimilis. Societatem inire sategit inter Comodoliacenses et Scotorienses seu Daurati ascetas. Huic Jordanus, episcopus Lemovicensis, male sed frustra affectus fuit, nec hujusce viri constantiam usquam flexit. »

Telle fut l'origine des relations fraternelles qui ne cessèrent d'exister jusqu'au xviii® siècle entre les deux églises. Pendant longtemps leurs chanoines se comblèrent à l'envi de prévenances et de marques d'honneur. C'était même la coutume, quand les chanoines du Dorat allaient à Saint-Junien, ou quand ceux de Saint-Junien venaient au Dorat, que chaque chapitre offrît à ses visiteurs les plus honorables places du chœur d'après leur dignité et d'après l'ancienneté de leur réception ; on leur offrait aussi, au nom du chapitre, les vêtements de chœur, tels que le bonnet, l'aumusse et le surplis, comme symboles de l'unité parfaite qui régnait entre les deux églises de Saint-Junien et du Dorat [1].

(*Bibliothèque nationale*, Mss., fonds latin, 12,746, p. 219. — D. Estiennot.)

« Sepulto igitur B. Israële præposito, quidam nomine Ramnulphus in præpositum Comodoliacensis ecclesiæ concorditer est electus. »

« Il se montra vaillant défenseur des droits de son église contre Jordain, évêque de Limoges. » (*Chronique de Maleu*, p. 32.)

« Tumulato siquidem domino Ramnulpho, sublimatur in præpositum..... Amelius, vir providus, jurium Comodoliacensis ecclesiæ rigidus defensator. » (*Ibid*, p. 33.)

[1] « Cest employ fut un champ bien large et spacieux, pour y exercer les industries, le zele et la vigilance de notre Israël. Et, en effet, il s'y employa aussi courageusement qu'on eut sceu desirer. — Il y eut quantité de jeunes gens qui, attirés par les bons exemples d'Israël et par ses semonces, et mesme par le changement que la secularisation y avoit apporté, embrasserent l'estat canonical, et y vesquirent avec tres-grande edification, assistez du zele et des bonnes instructions qu'il leur donnoit. — Il leur donna mesme à observer les statuts qui se gardoient exactement dans son

eglise du Dorat, et establit une si grande alliance entre les chanoines de ces deux eglises qu'il y eut durant long-temps entre eux une sainte emulation, à qui se feroit plus de caresses et plus d'honneur quand ils s'entre-visitoient.

» C'estoit mesme la coustume que, quand les chonoines du Dorat alloient à Saint-Junien, ou ceux de Saint-Junien au Dorat, le chapitre leur offroit une des plus honnorables places du chœur, à peu pres du temps de leur reception, avec le bonnet, l'aumusse et le surplis, comme s'ils fussent eses d'un mesme corps. » (COLLIN, p. 36.)

CHAPITRE X.

—

Incendie de la ville et de l'église du Dorat, avant la mort de saint Israël, l'an 1013.

Nous avions cru jusqu'alors que Le Dorat n'avait été brûlé qu'une seule fois par les barons de Magnac : c'était assurément plus qu'il ne fallait pour sa gloire, même à cette époque de siéges et d'incendies; mais l'étude attentve des témoignages les plus anciens nous oblige à admetre deux attaques différentes, suivies chacune de l'incendie du monastère, de l'église et de la partie basse de la ville du Dorat. Il ne nous a pas été possible toutefois d'arriver, en nous appuyant sur les témoignages qui ont survécu, à affirmer en toute certitude qu'il faille attribuer à deux évènements distincts les deux récits d'incendie, qui néanmoins sont inconciliables entre eux. Partant donc de la supposition d'une double attaque du Dorat faite par les Magnazais, supposition qui nous paraît de beaucoup la plus probable, nous allons raconter, en la place que leur assignent des données chronologiques à peu près certaines, les deux incendies de l'église et de la ville du Dorat.

Le premier dut attrister profondément les derniers jours de saint Israël; car, d'après une inscription [1], il eut lieu vers l'an 1013, peu avant la mort de saint Israël, qui arriva en l'an 1014, et du vivant de son élève Bernard, qui fut comte de la Marche de l'an 1006 à l'an 1049.

Bernard faisait avec une grande vigueur le siége de Confolens; il avait pris le bourg et le barri; il avait tout incendié, fait du butin, capturé des hommes, et commis beaucoup d'autres déprédations, lorsque une puissante diversion fut opérée en faveur de la place par Etienne surnommé le Mutin, baron de Magnac.

Ce seigneur, dont nous ignorons les griefs contre les habitants du Dorat et contre Bernard, profita du moment où celui-ci, à la tête de ses principales forces, pressait le château de Confolens, pour se précipiter contre Le Dorat. « Il tua et assassina quantité et grand nombre des habitans dudict lieu..., et brula le monastere et la plupart des maisons [2] ». Bernard, en étant averti, accourut aussitôt

---

[1] « Anno Domini 1013, inchoata fuit ecclesia Sancti Petri Scotorensis, quæ antea cremata fuerat per Magnatenses. » (MM. ROBERT. — L'abbé TEXIER, *Manuel d'épigraphie*, p. 130.)

[2] « Mais iceux habitans ayant fait quelque deplaisir à Estienne surnommé le Mutin, baron de Maignac, du temps du comte Bernard de la Marche, et pendant que ledict Bernard razoit le chasteau de Confolent, icelui Estienne tua et assassina quantité et grand nombre des habitans dudict lieu, qui est à present Le Dorat, et brusla ledict monastere et la plupart des maisons. Dont ledict comte Bernard, estant adverti, vint incontinent secourir lesdicts habitans. Ledit Estienne s'enfuit, se jetta dans son chasteau de Maignac; mais il fut assiégé par ledict Bernard, qui le contraignit de reparer son doumaige; et, pour reparation de ce, pour s'eximer dudict siege dudict

au secours des habitants. A son approche, Etienne s'enfuit, et se jeta dans son château de Magnac, où il fut poursuivi par Bernard, qui le contraignit de réparer les dommages qu'il avait faits. En outre, pour se délivrer du siége que Bernard menaçait de lui faire subir dans son propre château de Magnac, « il donna, par contrat, au monastere du Dorat, cinq cents septiers de blé de rente annuelle et fonciere, qu'il possedoit tant sur la paroisse de Maignac que aultres lieux circonvoisins, ensemble quantité de moulins sur la riviere de Bran et aultres beaux debvoirs qui se payent encore pour le jourd'huy (1650) ».

« Bernard revint ensuite, à la tête des siens, contre Confolens, et ils y firent tant de mal que cinquante mille sous n'en eussent été qu'une compensation insuffisante [1]. »

Ces évènements furent, pour ainsi dire, le début du jeune comte Bernard; ils eurent lieu presque aussitôt après que Gérald Ier, neveu de l'évêque Hilduin, lui eut succédé sur le siége épiscopal de Limoges. Une inscription, ou plutôt une note latine conservée par P. Robert, dit que, « en l'an du Seigneur 1013, fut commencée l'église

---

Bernard, donna par contract audict monastere cinq cent septiers de blé de rente annuelle et fonciere qu'il possedoit tant sur la paroisse de Maignac que aultres lieux circonvoisins, ensemble quantité de moulins sur la riviere de Bran et aultres beaux debvoirs qui se payent encore pour le jourdhuy. Aldebert comte de la Marche, ayant succedé à Ildebert (*sic*), poussé de grand zele, à ses propres despens, commenda de rebastir ledict monastere; ce qui fust continué par apres par deux de ses enfans et aultres comtes de la Marche. » (ROBERT : D. FONTENEAU, T. XXX, p. 157.)

[1] « Conventio inter Guillelmum ducem et Hugonem chiliarchum. » (Ap. LABBE, *Bibl. nov.*, T. II, p. 187.)

de Saint-Pierre du Dorat, qui venait d'être brûlée par les Magnazais ».

Saint Israël avait donc eu, avant de mourir, la douleur d'être témoin de ce massacre des siens et de l'incendie de son monastère; il vit ensuite commencer les travaux destinés à relever de ses ruines l'église Saint-Pierre; et, l'année suivante, la paix entre l'évêque de Limoges, allié du seigneur de Confolens, et le comte Bernard, était si bien rétablie que ce prélat vint en personne assister dans la ville du Dorat aux funérailles de saint Israël. C'est ainsi néanmoins que les Normands dévastateurs étaient remplacés sur le sol de la France par ses propres enfants; c'est ainsi que la discipline des monastères et que l'ordre social tout entier étaient troublés, et que, malgré les efforts des saints, la civilisation se trouvait, par suite de misérables discordes privées, retardée pour des siècles.

CHAPITRE XI.

—

Ecole du Dorat. — Saint Israël docteur et maitre. Ses disciples : Amélius, Ramnulphe, Théobald, Bernard, Gautier, etc.

La foi et la piété aspirent naturellement vers la lumière: elles ne sauraient avoir d'autre fondement que la vérité. Aussi, à peine les religieux du Dorat, chassés et dispersés par les barbares, se furent-ils de nouveau réunis autour du sanctuaire fondé par Clovis, que la science germa comme d'elle-même avec la piété dans les cloîtres silencieux. Bientôt la réputation bien méritée des religieux rallia autour de l'abbaye les esprits avides du savoir et les cœurs amis de la vertu. Ils étaient nombreux, malgré les difficultés et les périls de tous genres, et « l'abbaye du Dorat, tres-bien fournie de chanoines savants et vertueux, servoit d'ecole et d'academie pour y elever les gens de condition, non-seulement aux bonnes lettres, mais encore en la profession de toutes les vertus [1] » ..

---

[1] COLLIN, p. 146.

Les parents pieux, le père de saint Gautier par exemple, venaient de loin confier leurs enfants aux chanoines. Dans cette jeune troupe de disciples se trouvaient quelques enfants du peuple, comme saint Théobald; mais les enfants les plus nombreux étaient ceux des familles nobles [1], que, d'après un préjugé aussi répandu que contraire à la vérité, on serait tenté de croire étrangers à ce mouvement. Ils étaient les plus empressés et peut-être les plus capables par leur position indépendante, sinon par leur intelligence, de raviver et de maintenir la tradition des bonnes études. Ces évêques, ces abbés, ces religieux des monastères, qui se sont distingués par leur amour des lettres et par leurs connaissances, étaient presque toujours de race libre, et souvent de noble et illustre origine.

Les disciples accoururent donc nombreux à l'école du Dorat, et plusieurs d'entre eux ne furent pas moins distingués par l'ardeur au travail et par la fermeté au devoir que par la naissance. Nous avons vu jusqu'à quel point saint Israël avait été lui-même le digne compagnon de cette vaillante jeunesse.

Quand il fut devenu maître à son tour, l'école du Dorat parvint tout à coup à son apogée; les disciples accoururent à l'abbaye plus empressés et plus nombreux. Aux jeunes enfants l'on donnait les premières notions de la grammaire et des lettres; aux adolescents on enseignait les arts libéraux et surtout l'Ecriture sainte et la théologie. Quand ils

---

[1] « Ingenuorum puerorum, quos ad virtutem informandos canonicis Doratensibus pii parentes commendabant...... » (*Proprium SS. : Parisiis*, M DCC LVIII, p. 44.)

avaient parcouru les divers cours de l'école, quand ils avaient épuisé le programme de l'enseignement de leurs maîtres, quelques-uns, comme saint Théobald, ne craignaient pas de porter ailleurs leur désir encore inassouvi de s'instruire : ils allaient dans une grande cité ou dans une abbaye célèbre se perfectionner dans les branches particulières de la science qu'ils avaient choisies ; puis ils revenaient auprès de leurs maîtres du Dorat, apportant au monastère le fruit de leurs lointaines études.

Saint Israël, malgré les longues absences auxquelles il fut plus d'une fois obligé, demeura cependant le maître aimé et vénéré de cette école. On peut dire que les évènements de son histoire qui ne se rapportent pas à l'enseignement ne furent dans sa vie que des incidents : ce qui en fait le fond c'est le zèle infatigable qu'il employa à l'instruction de la jeunesse : il fut avant tout instituteur et maître. Esprit vulgarisateur et expensif, de même qu'il savait rompre à propos le pain matériel, ainsi il distribuait d'une main généreuse et délicate le pain des intelligences. Des hommes remarquables ne tardèrent pas à sortir de l'école du Dorat ; quelques-uns ne sont pas encore oubliés, et leurs noms honorés, parvenus jusqu'à nous à travers plus de huit siècles d'obstacles et d'oublis de toutes sortes, sont un bel éloge de la science et de la bonne éducation qu'ils avaient reçues. Mais le caractère tout spécial de l'école de saint Israël, et que nous retrouvons chez presque tous ces hommes, d'ailleurs distingués par leur science, c'est la sainteté [1].

---

[1] « Ingenuorum puerorum, quos ad virtutem informandos canonicis

Le zèle du maître brillait d'un vif éclat dans l'exposition de la science; mais où il déployait toute son ardeur c'était dans la direction des généreux instincts qu'il s'étudiait à découvrir et à faire germer dans les cœurs de cette jeunesse d'élite. Saint Israël s'attachait de préférence à ceux des jeunes chanoines qui montraient les plus heureuses dispositions, et c'est avec une sollicitude et un amour tout paternels qu'il formait et façonnait ceux qui lui paraissaient les plus propres à devenir les colonnes vivantes de l'édifice spirituel pour lequel il affrontait de si grand cœur tant de privations et tant de fatigues. Les ayant discernés et choisis entre tous, il veillait sur leur conduite avec une vigilance infatigable, pendant que, dans son école, il leur enseignait les plus hautes maximes de la vertu [1].

Doratensibus pii parentes commendabant, peculiarem curam gessit; et, quanto cum pietatis fructu eo numere perfunctus fuerit, quorumdam ejus discipulorum sanctitas postea declaravit. » (*Proprium SS. : Parisiis*, M DCC LVIII, p. 44.)

[1] « Mais son zele se fit voir encore plus clairement dans le soin qu'il prenoit à former à la vertu ceux d'entre les chanoines qu'il jugeoit devoir estre plus propres pour servir d'appuis et de colonnes à l'edifice spirituel, pour lequel il prenoit tant de fatigue. Car, les ayant choisis entre les autres, il les faisoit à sa mode, et leur enseignoit les plus hautes maximes de la vertu :

» Tel fut le bon chanoine Amelius, qu'il fit, apres luy, chantre de l'eglise du Dorat;

» Tel fut Ramnoux qu'il establit, mesme de son vivant, prevost de celle de Saint-Junien;

» Tel fut saint Theobald ou Thibaud, qui merita pour ses rares vertus

Parmi ces disciples privilégiés dont le souvenir est parvenu jusqu'à nous, il ne sera pas sans intérêt de citer : le pieux chanoine Amélius [1], à qui saint Israël conféra la dignité de sous-chantre, en lui faisant l'honneur de le choisir pour son remplaçant dans les offices de sa charge chaque fois qu'il était obligé de s'absenter du Dorat. Il l'établit même un peu plus tard grand-chantre à sa place pendant le séjour qu'il fit à Saint-Junien [2]. Mais il eut la douleur de lui survivre, et c'est après la mort d'Amélius qu'il fut rappelé avec de grandes instances par les chanoines et par le peuple du Dorat, lorsque déjà sa mission à Saint-Junien était terminée, afin de reprendre sa place et d'exercer par lui-même les devoirs de sa charge de grand-chantre [3].

Ramnoux [4], frère d'Amélius, était, comme lui, pieux et instruit. Saint Israël, de sa propre autorité et en vertu de son droit, le mit à sa place en qualité de prévôt de l'église de Saint-Junien lorsqu'il quitta cette abbaye pour rentrer au Dorat, et il continua pendant les dernières années de sa vie d'être prévôt de droit à Saint-Junien, pendant que Ramnoux l'était de fait et administrait en son nom. A la

---

d'estre canonisé par les vœux et suffrages du peuple, c'est-à-dire par la voix de Dieu ;

» Tel fut saint Galtier, fondateur et premier abbé de l'abbaye de Leyter. » (COLLIN, p. 37.)

[1] Ou Æmilius.
[2] COLLIN, p. 37.
[3] *Manuel de dévotion*, 1841, p. IX.
[4] Arnulphus *ou* Ramnulfus.

mort de saint Israël, les chanoines de Saint-Junien rentrèrent dans le droit d'élire leur prévôt, et, d'une voix unanime, soit par respect pour la mémoire de saint Israël, soit à cause des mérites de celui qu'il avait formé et su discerner entre tous, ils conférèrent à Ramnoux l'honneur d'être, par leurs suffrages, le premier successeur de saint Israël et le second prévôt de Saint-Junien. Cette élection se fit pendant l'épiscopat de Gérald Ier, évêque de Limoges. Sous Jordain, successeur immédiat de Gérald, un chanoine de Saint-Junien, Iménéus, ayant manqué à son prévôt ainsi qu'au reste du chapitre, fut honteusement chassé. L'évêque Jordain ayant pris son parti, et s'efforçant par des prières d'abord, et ensuite par des menaces, de le faire réintégrer dans la congrégation, contrairement à la volonté du prévôt et du chapitre, Ramnoux et les chanoines résistèrent vigoureusement, de crainte que Jordain et les évêques ses successeurs ne fissent de cette réhabilitation un précédent pour introduire à leur gré de nouveaux chanoines dans l'église de Saint-Junien ou pour déposer les anciens. Le chanoine Maleu [1] raconte, à la louange de Ramnoux,

---

[1] « Sepulto igitur B. Israële præposito, quidam nomine Ramnulphus in præpositum Comodoliacensis ecclesiæ concorditer est electus, domino Geraldo adhuc Lemovicis præsulante..... Geraldo successit in pontificatu dominus Jordanus. Hujus etiam præpositi temporibus, quidam Comodoliacensis canonicus, nomine Imeneus, qui adversus ipsum præpositum et capitulum deliquerat, de consortio ipso viliter est ejectus : quem cum Jordanus episcopus, in ipsa congregatione, primo precibus, secundo per vim, contra voluntatem ipsorum præpositi et capituli, reducere niteretur,

comme un trait de courage méritoire, cet acte de résistance à la volonté épiscopale.

Amélius et Ramnoux paraissent devoir être mis au nombre des élèves qui fréquentèrent les premiers l'école de saint Israël. Après eux vinrent le comte Bernard de la Marche, saint Théobald et saint Gautier, qui furent les disciples de la maturité et presque de la vieillesse de saint Israël [1]. Le mérite éclatant de saint Théobald, devenu avec saint Israël le patron du Dorat, nous oblige à lui consacrer une biographie particulière : nous ne raconterons de saint Gautier que son séjour à l'école de saint Israël.

---

ipse præpositus et capitulum eidem Jordano episcopo viriliter resistentes, non restituerunt illum Imeneum ad præbendam suam, quanquam Imeneus eidem congregationi posset esse utilis in futurum. Idcirco enim eum ad inductionem episcopi restituere recusarunt, ne idem episcopus Jordanus et alii futuri Lemovicenses episcopi, ex hujusmodi restitutione, in posterum occasionem sibi assumerent ponendi de facto in ipsa Comodoliacensi ecclesia canonicos, vel etiam deponendi. Tandem idem dominus Ramnulphus præpositus, eodem domino Jordano Lemovicis pontificium exercente, solvit debitum naturale : ejusque corpus [1]..... v idus decembris traditum fuit ecclesiasticæ sepulturæ [2]. »

[1] « ..... Il s'estoit retiré dans son église du Dorat pour y passer le reste de ses jours en paix et en silence, ne s'occupant plus qu'au service de l'église et aux œuvres de charité, lorsqu'il eut pour disciple le jeune Théobald. » (COLLIN, p. 390.)

« Le bon saint Israël..... donna à notre saint garçon (Gauthier) les

---

1 En 1050 suivant quelques auteurs.
2 Chronique de Maleu, p. 32.

Saint Gautier naquit vers l'an 990, de l'une des meilleures familles de l'Aquitaine; plusieurs de ses ancêtres avaient été honorés de la dignité consulaire; son père, Raimond, et sa mère, Galburge, jouissaient l'un et l'autre d'une grande considération. Ils habitaient le château de Confolens, au *confluent* de la Vienne et du Goire. Son bisaïeul maternel, issu d'une noble famille franque, avait eu sous son commandement trois villes importantes de l'Aquitaine [1].

La jeunesse, l'enfance même du jeune Gautier, furent si bien inspirées par la sagesse que, dès l'âge le plus tendre, il pouvait servir d'exemple même aux vieillards. Après qu'il eut reçu de sa pieuse mère les soins et l'éducation de la première enfance, vint le moment de l'envoyer dans un monastère pour qu'il y étudiât les lettres, ainsi que le faisaient la plupart des enfants de familles nobles : c'est à l'abbaye du Dorat [2] qu'il fut confié, grâce à la réputa-

---

premières teintures de la vertu et des bonnes lettres, où il profita notablement, par les soins de ce saint *vieillard*. » (COLLIN, p. 146.)

« Theobaldus, Israelis discipulus, sicut et beatus Gaulterius, ecclesiæ Scothorensis canonicus (qui et postea Stirpensis abbas fuit), digni tanto patre et magistro filii spirituales, et scholastici auditores. » (*Officium*, lectio VI.)

[1] « Guatterius igitur, natione Aquitanus, genere consularis, ortus est ex parentibus honoratis, patre Raimundo, matre Gualburge : cujus maternus proavus, de Francorum nobilitate descendens, tribus non infimis Aquitaniæ urbibus imperavit. » (*Vita sancti Guatterii seu Gauterii*, auctore MARBODO. — *Patrol*. Migne, T. CLXXI, col. 1563.)

[2] « Hujus sanctissimi viri discipulus exstitit sanctus Gauterius, vir pietatis et misericordiæ operibus redundans : qui, cum Doratensis ecclesiæ

tion de saint Israël. A peine au milieu des chanoines du Dorat, le jeune Gautier brilla entre tous leurs élèves par sa vivacité d'esprit, par la douceur de ses mœurs et par l'élégance de ses manières. Saisissant avec facilité les sentences obscures, il les retenait avec une grande sûreté de mémoire. Ce n'était point assez pour son esprit que les assertions qui ne reposaient que sur la seule autorité du maître; mais, dans toute question, il recherchait l'évidence, il consultait les lumières de sa raison. Par cette méthode il dépassa avec une rapidité extraordinaire les limites des premiers éléments qui lui étaient enseignés et celles même de son âge. Faisant, à l'exemple de ses condisciples, de nombreuses questions sur les matières analogues à celles de l'enseignement, il apprit pour ainsi dire plus qu'on ne lui enseignait. Jamais, dit son biographe, il n'eut besoin, comme la plupart des autres enfants, d'être contraint au travail par le fouet; car son amour volontaire pour la science augmentait chaque jour son ardeur pour l'étude : ni les jeux ni la légèreté de l'enfance ne diminuèrent jamais son empressement pour ses livres et pour ses tablettes [1].

---

esset canonicus, Stirpensis abbas a Deo est institutus. » (*Vita B. Israelis*, apud LABBE, T. II, p. 567.)

[1] « ..... Ut a primis ejus annis exordiar, pueritiam ipsam ac juventutis tempora sic peregit, ut jam tunc fieri posset senibus in exemplum. Cum enim, post teneræ educationem infantiæ, sicut plerique nobilium liberi solent, in studium litterarum missus esset, ibi statim ingenii singularis vivacitas et elegans suavitas morum latere non potuit. Obscura sententiarum intellectu facili comprehendens, tenaci memoriæ commendabat : nec sola docentis auctoritate contentus, rationis consulebat examen de singulis,

Simple écolier, déjà il était par sa conduite un exemple vivant : il regardait comme une honte pour celui qui étudie les lois des mots d'être ignorant des règles beaucoup plus utiles qui doivent diriger la conduite, et il évitait avec soin tout ce dont on devrait rougir non-seulement dans ses actions, mais encore dans ses paroles : sa conversation ne roulait que sur des choses utiles. Il avait en horreur la colère et l'envie, ainsi que l'orgueil, qui est le père de l'une et de l'autre. Jamais il ne prêta la langue à la moindre médisance. Il cédait volontiers à ceux qui lui étaient inférieurs soit par la naissance, soit par le savoir, et il se conciliait l'amitié de ses rivaux. Toutes ses démarches portaient en elles-mêmes un tel caractère de perfection qu'on y sentait bien moins l'œuvre de la nature que celle de la grâce [1].

---

brevique post tempore tam rudimenti quam et ætatis mensuram excedens, cum ad auditorum exempla similia multa conquireret, ut ita dixerim, plus quam docebatur discebat. Neque vero, sicut fieri solet, indiguit aliquando verbere coerceri, cum ei spontaneus amor scientiæ studii plus augeret. Non illum avocavit ludus aut nugacitas puerilis, quo minus libris ant pugillaribus vellet incumbere. » (*Vita sancti Guatterii : ibidem.*)

[1] « Interea, sub professione discipuli, morum quoddam magisterium exercebat; turpe nimis existimans si, verborum leges addiscens, utiliores multo vivendi regulas ignoraret. Cavebat ergo turpia, non solum operum, sed et verborum, nec quidquam facile proferebat in quo non aliquid utilitatis attenderet. Iram et invidiam, ac, matrem utriusque, superbiam jam noverat abhorrere, et vel levi cujuslibet detractioni aurem negabat et linguam. Subdebatur inferioribus et genere et scientia, omniumque etiam in se æmulorum provocabat affectum. Satis omnibus jam patebat, hanc puero conversationem, non a natura, sed gratia sic disponi. » (*Vita sancti Guatterii : ibidem.*)

Un jour la communauté du Dorat fut mise en émoi par l'arrivée d'un grand personnage qui venait, en passant, lui demander l'hospitalité : c'était Hervée, trésorier du monastère de Saint-Martin de Tours, dont il rebâtissait la célèbre basilique. Tous les entretiens des chanoines et de leurs élèves roulèrent naturellement sur les qualités éminentes de Hervée, et principalement sur sa ferveur si connue que de toutes parts on se recommandait à ses prières, comme nous pouvons le voir encore aujourd'hui par plusieurs lettres de ses contemporains. Ces conversations enflammèrent l'ardeur et la curiosité du petit Gautier, qui, voulant devenir puissant lui aussi par ses prières auprès de Dieu, résolut de dérober à Hervée le secret de les rendre plus efficaces [1].

Au moment où ce personnage entrait dans l'église pour se prosterner devant le Saint-Sacrement, le petit Gautier se

---

[1] « Sensit Turonensis Hervæus, cujus tunc fama sanctitatis vigebat, cum forte transiret per locum, indicavitque astantibus quid in illa jam ætatula imitandæ perfectionis lateret. Nam, ut majora conjiciamus ex minimis, sub scamno, cui se idem Hervæus preces facturus acclinaverat, puer delituit, laudabili furto cupiens ex ore tanti viri sanctæ deprecationis formam subripere. Sed, sicut postea, ipso, judicante compertum est, absque ullo verborum strepitu, sanctus ille multo efficacius lacrymis et gemitibus exorabat : quam formam et istum postmodum secutum fuisse accepimus. In hoc ergo parvuli jam tunc non parvipendenda videtur intentio, quod dum aliorum licentia puerorum occasione venerandi hospitis abuteretur ad ludum; hic solus maturitate consilii religiosi viri, brevem licet præsentiam, sibi præterire non est passus inutilem. Gaudebat Scotorensis ecclesia tanto felix alumno, et quem erudiendum susceperat egregium sibi fore præsumebat doctorem ». (*Vita sancti Gualterii : ibidem.*)

glissa furtivement dans l'intérieur du prie-Dieu qu'on lui avait préparé dans le chœur, et de là il prêta une oreille attentive pour surprendre les paroles et les formules de prières que Hervée adresserait à Dieu. Mais le saint homme, pénétré d'émotion et de bonheur en se retrouvant dans le sanctuaire après plusieurs jours de voyage, versait d'abondantes larmes sans faire entendre aucune parole, sans émettre aucun son articulé. Gautier comprit par là que les soupirs et les larmes valaient mieux devant le Seigneur que les plus savantes paroles, et c'est ce genre de prières qu'il pratiqua dans la suite.

Cette pieuse espièglerie ne pouvait demeurer secrète : Hervée, en ayant eu connaissance, admira dans un âge si tendre ce désir ardent du progrès spirituel ; puis il montra à sa suite et à ceux des chanoines qui l'entouraient qu'un modèle de perfection se cachait sous l'extérieur modeste de ce jeune enfant, et il annonça de lui les plus grandes choses. « Combien n'est pas remarquable en effet chez un enfant une telle intention ! Pendant que la légèreté et la dissipation des autres écoliers abusaient, pour se livrer aux jeux, de la présence d'un hôte vénérable, Gautier seul, grâce à la maturité de son jugement, ne voulut pas que le passage, même rapide, d'un homme pieux fût inutile à son âme. » L'abbaye du Dorat était à juste titre heureuse et fière d'un tel élève, qui en effet devint plus tard, quand les leçons de son maître Israël eurent porté leurs fruits, un courageux apôtre, un docteur plein de distinction et enfin un saint canonisé par l'Église.

CHAPITRE XII.

—

**Dernières années de saint Israël; sa mort;
ses funérailles.**

En l'an 1006, saint Israël avait atteint sa cinquante-sixième année. Trop de liens rattachaient au Dorat le saint prévôt pour que le chapitre, qui naguère avait fait les plus grandes instances afin de le retenir, ne fît pas de nouveaux efforts afin de jouir au moins des dernières années de sa verte et féconde vieillesse. Amélius, qui le remplaçait en qualité de sous-chantre au Dorat, étant venu à mourir, cette perte renouvela toute la douleur que ressentaient le peuple et les chanoines de l'absence de saint Israël. Ils ne souffrirent plus qu'il s'acquittât par le ministère d'un chanoine délégué de ses anciennes fonctions, et ils réclamèrent la présence de leur vénérable chantre. Les instances réunies des habitants du Dorat furent si vives que saint Israël dut céder et venir habiter de nouveau le cloître qui avait abrité sa jeunesse, et

— 153 —

qui avait été le confident et le témoin de ses premiers travaux [1].

Avec quel bonheur il retrouva, auprès des pieux chanoines contemporains de son enfance, les religieux plus jeunes qu'il avait formés lui-même! avec quelle émotion il rentra dans cette école encore peuplée de jeunes gens dont il avait commencé l'éducation, qu'il venait si à propos terminer! Il retrouvait parmi eux le pieux Gautier, qu'il devait diriger jusqu'à l'âge de vingt-quatre ans, et le laborieux Théobald [2], qui, n'étant à peu près qu'à l'âge de Gautier, se trouvait néanmoins plus avancé dans ses études, et revenait de Périgueux, où il était allé se perfectionner en l'absence de saint Israël.

Quel beau spectacle que celui du chapitre du Dorat venant de recouvrer son vénérable chef! « En ceste saison, dit Collin, l'eglise du Dorat florissoit de merveilles en nombre de saints et vertueux personnages qui, joignant les bonnes lettres avec la pieté, vivoient comme des anges, et eclairoient toute l'eglise de la lumiere de leurs belles vertus. » Le retour de saint Israël parmi eux mit le

---

[1] « Le chantre de la collégiale du Dorat étant venu à trépasser, cette église réclama saint Israël pour lui confier cette dignité..... Les instances furent si vives que saint Israël dut y céder et revenir habiter le cloître qui avait abrité ses jeunes années. » (*Manuel de dévotion*, 1841, p. IX. — V. aussi *Histoire littéraire*, T. VII, p. 229.)

[2] « A vray dire, saint Theobald eut une grande obligation à la Providence divine, qui le fit entrer dans ceste société, lorsque saint Israël y florissoit en opinion de saincteté et d'une tres-haute vertu. » (Collin, p. 390.)

comble à cette prospérité spirituelle, et ce fut pour ces jeunes hommes une grâce inappréciable de la Providence que leur vie commune et leur liaison mutuelle sous la direction d'un maître qui portait si haut la vertu chrétienne et la sainteté.

Un évènement politique d'une certaine importance contribua peut-être à favoriser les vœux des habitants du Dorat, et à ramener à la fois de deux points différents saint Israël et saint Théobald, pour être, l'un le compagnon, l'autre le maître d'un illustre élève, Bernard, fils d'Aldebert, comte de la Marche, qui venait s'asseoir sur les bancs de l'école du Dorat.

Boson II, comte de la Marche et maître du Périgord, dont il s'était emparé par usurpation après la mort d'Aldebert, et au détriment du jeune Bernard, ayant été empoisonné par sa femme, fut enterré à Périgueux. Guillaume, duc d'Aquitaine, marcha alors contre cette ville, qu'il enleva de force, et s'empara de la tutelle des enfants d'Aldebert et de Boson, ces deux terribles vassaux dont l'esprit remuant avait créé tant de difficultés à son père et à lui-même. Il concéda à Elie, fils de Boson, la ville de Périgueux, et il rendit la Marche au jeune Bernard, fils d'Aldebert. Ensuite, afin de gouverner la Marche pendant la minorité du jeune Bernard, et de présider à son éducation jusqu'à ce qu'il eût atteint l'âge d'homme, il lui donna pour tuteurs deux vaillants seigneurs, deux frères, Pierre Drut, abbé des chanoines du Dorat, et Umbert Drut, dont le père, Abbon, avait si vaillamment défendu le château de Bellac contre le roi Robert [1].

---

[1] ADEMAR, *Patrologie* Migne, T. CXLI, col. 58.

Pierre Drut, chargé de la personne du jeune comte Bernard, et voulant lui procurer l'éducation la plus convenable à son rang, jeta nécessairement les yeux sur saint Israël, dont il connaissait par lui-même tout le mérite. Sa triple autorité de tuteur du comte, de représentant du duc Guillaume, et enfin d'abbé de Dorat, contribua puissamment à lever toutes les difficultés qui pouvaient retenir saint Israël loin de sa véritable patrie. C'est ainsi que le saint vieillard fut amené à passer les huit dernières années de sa vie (1006-1014) près de son berceau, et à consacrer toutes les forces de sa vieillesse à cet apostolat de l'enseignement dont rien n'avait pu le détourner durant le cours de sa vie entière. Au milieu de ces fatigues, en même temps qu'il veillait à l'éducation du jeune comte, il complétait, il perfectionnait chaque jour cette troupe de saints et savants jeunes hommes qui fut l'œuvre chérie de son cœur, l'objet de l'ambition de toute sa vie ; elle devait être au ciel le plus beau de ses titres, et elle fut sur la terre le plus noble héritage que pût laisser l'homme de Dieu aux églises du Dorat et de Saint-Junien, qui ne se lassèrent jamais, dans la suite de siècles, d'en célébrer le souvenir [1].

---

[1] « ..... Par ainsi l'on ne peut doubter quel merite a heu devant Dieu saint Israël vue les grands et saints personnages qui luy furent disciples, duquel les exemples et les œuvres admirables l'une et l'aultre eglise ci-dessus dite du Dorat et de Saint-Junien, en rememore assidulment en son honneur. Et le Createur de l'univers, apres un long age et belle vieillesse passee par ledict saint Israël, et employe toutes ses forces au service de Dieu, de cette vallee de larmes, de labeur et de tenebres l'apella

Après tant de travaux la mission de saint Israël touchait à son terme : la fin de ses jours approchait. Appesanti par les années qui l'avaient vu chaque jour accroître ses mérites, illustré par sa sainteté et par sa doctrine, l'homme de Dieu se trouva mûr pour le ciel. Son corps était amaigri par les fatigues et les privations, et toute sa chair, comme consumée ; mais son âme débordait encore d'ardeur et de vie. Enfin, accablé de vieillesse et surtout de veilles et de mortifications, admirablement préparé au dernier voyage, muni à l'avance des sacrements de l'Église, contenu par les prières de ses compagnons et absorbé continuellement dans la prière, il rendit à Dieu sa belle âme, la veille des calandes de janvier, trente-et-un décembre de l'an mil quatorze [1].

---

au repos, a la joye et vie eternelle, le 9 des calendes de janvier. » (ROBERT : D. FONTENEAU, T. XXX, p. 913 et seq.)

[1] « Tandem vir Dei, gravis annis et meritis, sanctimonia et doctrina clarus, maturus cœlo, terræ pœnitudine laboribusque macilentus, carne consumptus, spiritu tantum vivens, senio confectus, rite apparatus, sacramentis de more præmunitus, sociorum suffultus precibus, ad destinatum supernæ vocationis bravium accipiendum evocatus, defixus ipse etiam in oratione perseverans, beatam animam in osculo Dei, exemplo Mosis, efflavit pridie kalendas januarii, hoc est trigesimo primo et ultimo die decembris, anno salutis decimo quarto supra millesimum. Cujus memoriam festumque jure optimo, quoniam vivus mortuusque claruit miraculis, quotannis utraque recolit Ecclesia. » (*Off. die 31 jan.*, lect. II.)

« ..... Piissimam (Israël) animam Deo reddidit, pridie calendas januarii..... » (*Proprium SS.*, M DC XCIX, p. 45.)

Une autre version place la mort de saint Israël le onzième jour avant les calendes de janvier :

C'est ainsi que, après une admirable vieillesse et après de continuelles macérations corporelles au service de Dieu, le Père de toute créature, voulant donner le repos à Israël, son vieux et vaillant soldat, pour ses magnifiques états de service en ce monde, le délia des entraves du corps, et transporta son âme de la fatigue au repos, des ténèbres à la lumière, de l'exil à l'héritage bienheureux, et la conduisit aux joies du ciel qu'elle avait si ardemment désirées [1].

Son âme ayant été ainsi rendue au paradis [2], son corps

« ..... piissimam (Israël) animam Deo reddidit, undecimo calendas januarii..... » (*Proprium SS.*, M DCC LVIII, p. 45.)

Elle semble provenir de ce qu'on a lu comme chiffres arabes les chiffres romains II qui signifient *secundo*, comme dans le texte suivant de Maleu, p. 33, qui ignore l'année de la mort de saint Israël, qu'il place toutefois après celle de l'évêque Hilduin :

« Dominus vero Hilduinus, consummato agone vitæ suæ, obiit in Domino, IX kal. julii; et in festo S. Johannis Baptistæ, anno Domini MXIV, est traditus ecclesiasticæ sepulturæ in quadam capella a parte septentrionali S. Martini Lemovicensis basilicæ adjacenti. Huic episcopo Hilduino successit in episcopali sede Geraldus, nepos suus : ipsoque domino Geraldo feliciter præsulante, S. Israël in Domino requievit, fuitque in Scotorensi ecclesia tumulatus, II kal. januarii, anno mihi absconso, sed Dei scientiæ commendato. » (*Chronique de Maleu*, p. 32-33.)

[1] « Tandem Conditor universæ creaturæ, post bonam senectutem et assiduam in Dei servitio corporis macerationem, volens S. Israelem suum et emeritum militem pro bene peracta mundi militia quiescere, solutum vinculis corporis de labore ad quietem, de tenebris ad lucem, de exilio ad hæreditatem felicem S. Israelis animam undecimo kalendas januarii, anno Domini millesimo decimo quarto, transtulit et ad desiderata polorum gaudia usque perduxit. » (*Vita B. Israelis : apud* LABBE, T. II, p. 557.)

[2] « Reddita sic anima paradiso, corpus honorifice commendatum est tu-

fut déposé dans le tombeau avec tous les honneurs dus à son rang et toute la vénération due à sa sainteté. On célébra ses funérailles avec une solennité extraordinaire : Gérald Ier, évêque de Limoges [1], neveu et successeur de Hilduin, qui peut-être, dans le palais épiscopal, avait reçu les leçons de saint Israël, s'empressa d'accourir de Limoges à la cérémonie funèbre; il célébra, pour l'âme du serviteur de Dieu, une messe solennelle, et il accomplit par lui-même toutes les cérémonies prescrites pour les sépultures par les rites sacrés. Pressés autour de leur évêque dans ce triste ministère, tous les enfants spirituels de saint Israël, tous ses frères les chanoines, lui rendirent avec une touchante délicatesse les derniers devoirs. Son corps, déposé à l'orient du monastère, fut recouvert d'une tombe de pierre, qui ne tarda pas à être illustrée par d'éclatants miracles [2].

---

mulo, cujus tumulationi Geraldus, Lemovicentium episcopus, interfuit, et obsequium præstitit persolvens Deo Patri pro requie sui famuli missarum solemnia, ad cujus sepulchrum statim celeberrima visa fuerunt miracula ad laudem et gloriam Dei Patris, cujus regnum et imperium permanens non deficiet in æternum. » (*Vita B. Israelis : apud* LABBE, T. II, p. 567.)

[1] « Defuncto beato Israële, sacrum ejus corpus debito cum honore et peculiari quadam reverentia sepulturæ mandatum.

» Adfuit enim Gerardus, hujus nominis primus, Lemovicensis episcopus, Aldoini nepos, qui et missarum solemnia, et exsequias ex sacris ritibus, justa juste persolvendo celebravit.

» Parentarunt et optimo parenti fratrique in spiritu omnes filii fratresque canonici. » (*Off. die* 1 *febr.* : lect. IV.)

[2] « Apres son deceds, son corps fust honorablement inhumé en un tombeau; et à ses obseques assista Geral, evesque de Lymoges, qui ce-

lebra la messe. A son tombeau et sepulture furent faits plusieurs miracles à la louange et gloire du Dieu tout puissant. Et, comme, pour la reverence et honneur d'un tel personnage, un tombeau de pierre eust este mis sur son corps, l'ennemi du genre humain tascha de passer soubs cette pierre et se rompit par moitié; ce qu'ayant veu, l'on edifia une chapelle à l'honneur de Dieu et de saint Israël, et meist son corps dans une fierte et chasse de bois. Auquel lieu une grande multitude de personnes oppressees d'infirmites y accourent voyant les grands miracles qui s'y faisoient, de telle fasson que la chapelle qui avoit este edifiee ne pouvoit suffire pour les recepvoir..... » (ROBERT : D. FONTENEAU, T. XXX, p. 913 et suiv.)

CHAPITRE XIII.

Miracles qui suivirent la mort de saint Israël : miracle du serpent ; — chapelle construite sur la tombe de saint Israël; — miracle en faveur de Bernard de Montmorillon ; — miracle en faveur de Jean le fiévreux; — miracle en faveur du pauvre aveugle. — Commencement du culte de saint Israël.

Trop éclatante avait été la vertu de saint Israël, trop grande sa charité, pour qu'on les pût croire éteintes avec lui. En même temps qu'un profond sentiment de vénération et de reconnaissance conduisait sur sa tombe ses anciens amis, une grande confiance dans son crédit auprès de Dieu y attirait également les déshérités de la santé et de la fortune, ceux qui naguère avaient coutume de chercher auprès de lui un allégement à leur douleur et à leur détresse. Ils venaient avec confiance près des restes mortels de celui dont la parole et les soins affectueux leur étaient ravis, mais dont la puissance se trouvait, aux yeux de leur foi, grandie par la place qu'il occupait désormais dans un monde meilleur. De la tombe de saint Israël, comme d'un nouveau sanctuaire, chaque jour, de ferventes prières montaient vers Dieu, qui, plus d'une fois, les eut pour agréables. Il prit soin lui-même de confirmer, par de miraculeux événements, l'opinion qu'avait le peuple de la sainteté d'Israël et de son crédit dans le ciel. Nous allons raconter, d'après les leçons de l'Office des chanoines, les prodiges qui, peu de temps après sa mort, s'accomplirent sur son tombeau, et qui furent considérés par les contemporains comme des témoignages assurés de l'intervention divine.

Le trait caractéristique de la vie de saint Israël était sans contredit son amour pour la vérité, son horreur profonde pour l'erreur et pour le mensonge, qu'il avait combattus pendant toute sa vie. Le peuple crut reconnaître dans un événement singulier qui arriva peu après la mort du saint comme une manifestation surnaturelle de cette répulsion. On avait érigé un tombeau de pierre sur le lieu où reposaient les restes de saint Israël : un serpent[1] étant venu à passer en rampant sur ce tombeau éclata par le milieu

---

[1] « Nec longius abfuerent miracula, quæ sanctitatem Israelis indicarent. » Nam serpens, super ejus tumulum dum reperet, crepuit medius, et confestim in duas direptus dissectusque partes, quæ utrinque ceciderunt, non sine quodam mysterio, quasi res ipsa per se loqueretur, cum qui nullum hostis callidi sibilum ad cor vel ad aures vivens admisisset, nec gressum ejus super sepulchrum pati posse mortuum, sed ipsum semper infensum fuisse, ejusque vel cineres lethales esse communi omnium adversario. » (*Off. die* 1 *febr.*, lect. IV.)

du corps, et fut instantanément brisé et divisé en deux parties qui tombèrent séparément de chaque côté, comme s'il eut été frappé par une puissance invisible; de telle sorte que, ne pouvant attribuer cet événement à aucune cause naturelle, ceux qui en furent les témoins crurent y voir un enseignement symbolique d'une évidente clarté. Israël, vivant, n'avait jamais laissé pénétrer jusqu'à son cœur, ni même jusqu'à son oreille, sans les repousser avec force, les suggestions du père du mensonge : mort, il ne pouvait souffrir que le serpent, qui en est la vivante image, vînt ramper sur son tombeau. Il avait voué au démon une guerre implacable, et pendant toute sa vie il l'avait combattu sans paix ni trêve; ses cendres mêmes ayant été funestes au serpent, on se crut autorisé d'en conclure que le culte et le souvenir de saint Israël devaient être pour le pays du Dorat, dans le cours des siècles à venir, comme un antidote et une préservation contre les erreurs que ne cesse de répandre à profusion l'auteur de tout mal.

Peu de temps après, les pieux habitants du Dorat élevèrent sur ce tombeau une chapelle en bois en l'honneur du Saint [1]. Le souvenir tout récent encore de ses vertus et de ses œuvres, ravivé par les prodiges qui s'accomplissaient dans ce modeste sanctuaire, attira un grand concours de malades; et cette chapelle devint bientôt le théâtre de

---

[1] « Quod cum vidissent pii Scothorenses, parvulum sacellum ex ligno in honorem Sancti construxerunt, quod statim magno infirmorum concursu frequentatum, et pluribus illustratum miraculis. » (*Off. die 1 febr.*, lect. IV.)

nombreux miracles, qui la rendirent populaire dans toute la province de la Marche.

Un jeune homme du château de Montmorillon [1], en Poitou, se trouvait depuis deux ans cruellement travaillé par la fièvre quarte. En vain il avait fait de grandes dépenses et appelé de tous côtés à son secours l'art des médecins et l'efficacité des remèdes, lorsqu'un jour, plein de la foi la plus vive, il approche du tombeau de saint Israël, il prie avec ferveur, puis il s'endort sur la pierre qui recouvre les précieux restes. A son réveil, il se relève entièrement guéri. Comme témoignage de sa reconnaissance, et dans le dessein de consacrer le souvenir de ce bienfait, il offrit à la chapelle de Saint-Israël une tapisserie exécutée avec le plus grand art, et destinée à recouvrir le tombeau.

Un autre malade, nommé Jean [2], torturé par la fièvre,

---

[1] « Bernardus quidam cognomine juvenis, e castro Montis Morilii apud Pictones, ubi quartana biennium graviter laborasset, et frustra medicorum arte remediisque multas impensas fecisset, ecce, plenus viva fide, accedit ad sarcophagum, orat, obdormit super illud, sanus et incolumis experrectus assurgit; atque in tanti beneficii perpetuum monimentum, pannum offert, magnæ et multæ artis elaboratum, ad contegendum monumentum. » (*Off. die 1 febr.*, lect. IV.)

[2] « Alius, nomine Joannes, febribus vexatus, cum ibidem ad valetudinem recuperandam, quadam sacræ lucis dominicæ prævia noctis vigilia vigilans oraret, ecce, ibi ventus validus, magno perflans impetu, ostium aperit, duas candelas cereas lucentes semel et iterum extinguit, quæ tamen toties accensæ divinitus ardent. Mox curatus, Joannes miratur stupefactus; omnia nuntiat ædituo, nomine Emalrico, qui Deo suppliciter, ut par erat, gratias egit immortales. » (*Off. die 1 febr.*, lect. V.)

veillait et priait dans la chapelle du tombeau pendant la vigile du samedi soir, demandant avec instance de recouvrer la santé. Or voici que tout à coup un vent impétueux, soufflant avec violence, ouvre la porte, et éteint les deux flambeaux de cire qui brûlaient dans le sanctuaire. Plusieurs fois ils sont successivement éteints, après avoir été rallumés comme par une puissance divine. A cette vue, le malade est plongé dans un extrême étonnement. Mais bientôt il se sent guéri, et, tout hors de lui-même, il court faire part de ce prodige au gardien de la chapelle, nommé Emalricus, qui ne peut assez témoigner à Dieu sa reconnaissance pour ce nouveau miracle opéré par l'intercession de saint Israël.

Un jour, un pauvre manœuvre [1], devenu aveugle et obligé de mendier, avait inutilement demandé l'aumône à ceux qui, selon la coutume, allaient passer dans la prière les nuits des vigiles sacrées auprès du tombeau du bienheureux Israël. Se voyant négligé par les hommes, il prie avec un redoublement de ferveur le Dieu de bonté et de miséricorde; il le supplie que, par les prières et les

---

[1] « Cæcus et mendicus quidam opericus, cum eos qui sacras vigilias ad beati Israelis sepulchrum de more pernoctando et precando celebrant, eleemosynam frustra rogasset, liberaliorem Deum impensius orat, ut per servi sui sancti preces et merita aut visum sibi restituat, aut suam aliqua ratione depellat egestatem. Exaudit benignus Dominus orationem supplicantis, facies ejus protinus rubere cœpit, videre sibi visus est, et revera videns, coram omnibus Deo grates persolventibus abiit, prædicans ubique quandiu vixit sanctum Israelem suæ salutis secundum Deum auctorem, et visionis instauratorem, ut testatus est Petrus de Malo Tornaco, locupletissimus testis oculatus. » (*Off. die* 1 *febr.*, lect. V.)

mérites de son glorieux serviteur, il lui rende la vue, ou du moins qu'il daigne, par un autre moyen, écarter de lui l'indigence et la misère. La bonté du Seigneur exauce ses prières et ses supplications : son visage reprend la teinte vermeille de la santé ; il lui semble qu'il a recouvré la vue. En effet il voit, et, en présence de tous les assistants, qui rendent grâces à Dieu, il reprend sans guide le chemin de sa demeure. Durant tout le reste de sa vie, il disait partout que saint Israël était, après Dieu, l'auteur de sa guérison, et qu'il lui était redevable de la vue. Pierre de Mal-Tornac, témoin oculaire des plus dignes de foi, confirma plus tard l'authenticité de ce miracle.

Un grand nombre de faits analogues [1] étant venus attester la sainteté d'Israël, les chanoines du Dorat commencèrent, peu après sa mort, avec le consentement des évêques de Limoges, de célébrer sa mémoire par un culte religieux.

---

[1] « Sed cum ejus sanctitatem plurima miracula declararent, canonici Doratenses, ex episcoporum Lemovicensium consensu, memoriam ejus religioso cultu prosequi non multo post cœperunt, et corpus in capsa reconditum supra altare majus collocarunt. » (*Proprium SS.*, M DCC LVIII, p. 45.)

DEUXIÈME PARTIE.

VIE DE SAINT THÉOBALD.

CHAPITRE IER.

Le village du Chaix. — Naissance de saint Théobald ; ses parents ; ses premières études à l'école du Dorat. — Voyage à Périgueux ; son retour. — Il est admis parmi les chanoines du Dorat.

En quittant Le Dorat pour se diriger vers le nord, par la route du Blanc, le voyageur aperçoit bientôt devant lui le petit bourg et le clocher noir de La Bazeuge. Deux kilomètres plus bas, derrière le vieux pont de la Brame, il laisse à droite, non loin du domaine du Chaix, un monticule rocheux, de forme arrondie et couvert de bruyères. Près de ce monticule, sur les terres du Chaix, paroisse de La Bazeuge, se trouvait, au xe siècle, d'après la tradition, une humble demeure de laboureurs. Quoiqu'il n'y reste plus aujourd'hui trace d'habitation, on se souvient encore dans le pays qu'il y avait là des restes de constructions, en un temps qui n'est pas encore très-éloigné de nous.

Dans ce village du Chaix, « situé, dit le biographe [1], en cette partie de la province du Limousin qui, voisine du pays du Poitou, est appelée Marche à cause de sa situation sur les confins des deux pays, » naquit, vers l'an 990 ou peut-être 995 [2], un enfant qui reçut le nom de Théobald [3]. C'était, nous dit le même historien [4], « aux temps où, le monde vieillissant » et épuisé par les calamités de toute sorte, voyait approcher avec terreur la date de l'an mil, que beaucoup d'esprits croyaient amener avec elle, pour l'univers entier, la dernière catastrophe annoncée par les Évangiles.

Ses parents ne possédaient qu'une modeste aisance, si toutefois l'on peut dire qu'ils jouissaient d'une condition

---

[1] « Theobaldus autem in eadem comitis Marchiani satrapia, ex pago prope Basilicam oriundus. » (*Officium SS.*, lect. VI.)

La famille du Chalard a possédé de temps immémorial le domaine du Chaix. Mlle du Chalard, dame Audebert des Ambaumas, avait quatre-vingt-quatorze ans en 1814, année de sa mort. Elle affirmait qu'il était de tradition dans sa famille que saint Théobald était né au Chaix. (Témoignage de M. Alfred de Mascureau.)

[2] « Il vivoit..... environ l'an neuf cens nonante, ou nonante cinq. » (COLLIN, *Vies des Saints*, p. 388.)

[3] Le nom de Théobald, d'où est venu Thibaud, a été commun au moyen âge. Nous en avons d'autres exemples à la même époque : « Theobaldus, filius Odonis comitis, captus est XIJ cal. septembris a Gaufrido Martello, et, sequenti die, urbem Turonis reddidit M XLIV. » (*Chronica Andegavensia*, apud LABBE, *Bibl. nov.*, T. I, p. 276.)

[4] « Senescentis mundi temporibus, vir sanctissimus Theobaldus, Lemovicensium provinciæ oriundus, extitit, ejus videlicet regionis quæ Pictaviensi pago contigua propter utriusque confinium Marchia vocatur. » (*Vita B. Theobaldi*, apud LABBE, T. II, p. 683.)

aisée : c'étaient des agriculteurs [1], occupés à demander aux rudes travaux des champs leur pain de chaque jour. Leur situation n'était pas sans analogie avec celle de nos cultivateurs : libres et descendants d'hommes libres, n'étant ni serfs ni attachés à la glèbe, ils pouvaient, à leur gré, disposer de leurs personnes, et changer de domicile ; ce qui donna au jeune Théobald la faculté de se livrer aux études libérales, de passer une partie de sa jeunesse à l'école du Dorat, de se rendre plus tard dans la ville de Périgueux, et enfin d'être admis aux ordres sacrés ; honneur que les saints canons interdisaient formellement à quiconque n'avait pas la libre disposition de sa personne et de ses actes.

Cependant la culture du sol n'était ni l'unique ni le principal souci des parents du jeune Théobald : chrétiens avant tout, ils s'adonnaient de préférence à l'étude et à la pratique des vérités et des préceptes de la loi divine. Malgré l'humilité et l'ignorance naturelles à leur condition, ils s'étaient élevés par leur intelligence et par leurs vertus chrétiennes à un degré remarquable, qui leur valut l'inappréciable bonheur de donner le jour à un saint. Pénétrés de leurs devoirs envers cet enfant que Dieu leur avait confié, ils ne négligèrent aucun soin pour former son esprit et son cœur.

A trois quarts d'heure de marche du village du Chaix florissait, à l'abri des agitations et des passions du monde,

---

[1] « Oriundus a parentibus tenuis quidem fortunae agricolis et operis (licet ab ingenuis genus duxissent), sed eximiis divinae legis cultoribus. » (*Officium Mss.*, lect. VI.

la congrégation des chanoines réguliers [1] au milieu de laquelle saint Israël occupait alors, dans l'esprit de tous, la place la plus éminente. Depuis plusieurs années déjà, il se faisait autour des clercs de l'église du Dorat un concours d'âmes d'élite qui, rejetant les préoccupations du siècle, venaient y recueillir avec empressement la double science des vérités de la foi et des connaissances humaines. Les parents de Théobald n'eurent garde de fermer les yeux à ce foyer de lumière que la Providence avait mis si heureusement à leur disposition : aussi, dès qu'il fut en état de profiter des leçons de ces excellents maîtres, le jeune Théobald fut-il présenté en qualité de disciple à l'école du Dorat.

« Son heureux naturel, les belles vertus de son enfance, le firent accueillir avec joie par les chanoines, qui jetèrent dans son âme, avec les semences des vertus cléricales, les premiers principes des lettres divines et humaines [2]. » Admirablement doué sous le rapport de l'intelligence, il fit, dans les éléments de la grammaire et de la littérature, de tels progrès, qu'il surpassa facilement tous les enfants de son âge [3] : marchant avec ardeur dans les voies que lui traçaient les saints exemples et les doctes

---

[1] « Locus autem nativitatis ejus ecclesiæ Doratensi proxime erat, in quo erat congregatio clericorum socialiter Deo famulantium. » (*Vita B. Theobaldi*, apud LABBE, T. II, p. 684.)

[2] *Manuel de dévotion*, 1841, p. XIII.

[3] « Puer optimæ indolis, in primis litterarum elementis et rudimentis tanto profectu tyrocinium posuit, ut omnes coævos suos facile superaret. » (*Officium Mss.*, lect. VI.)

enseignements du maître, le disciple reproduisait si parfaitement en lui-même toutes les vertus dont il avait sous les yeux l'éclatant exemple que, de l'aveu de tout le monde, le jeune Théobald fut bientôt la vivante image d'Israël [1].

A l'âge de l'adolescence, au moment où il aspirait avec le plus d'ardeur à développer les connaissances déjà acquises, se voyant privé tout à coup de son digne maître, qui venait de quitter l'école du Dorat pour se rendre à la cour de Robert le Pieux, et de là à l'abbaye de Saint-Junien, Théobald résolut de quitter sa patrie, et d'aller chercher au loin de nouveaux maîtres et de nouveaux livres. Voyager était une nécessité inévitable de cette époque : les maîtres étaient dispersés, les livres étaient rares et chers, et la science n'allait pas, comme de nos jours, trouver d'elle-même et à peu de frais les hommes studieux jusque dans leur demeure : il fallait se porter de sa personne vers les maîtres, et ne pas se borner à l'enseignement d'une seule école ; car les connaissances, personnifiées dans les maîtres, plutôt que fixées dans les livres, étaient alors fort loin de cette centralisation qui les distingue aujourd'hui

La ville de Périgueux attira les pas de l'humble pèlerin. Toutefois les centres intellectuels plus rapprochés ne faisaient pas défaut. Outre Poitiers, Limoges offrait plusieurs maîtres savants et habiles, entre autres le

---

[1] « Sanctissime descriptam ab optimo magistro semitam insistens, sic virtutum omnium illius formam in se ipso expressit, ut redivivum in Theobaldo Israelem omnes prædicarent. » (*Proprium SS.*, M DC XCIX, p. 47.)

chantre Roger, de l'illustre abbaye de Saint-Martial. Il est donc permis de supposer que, indépendamment de la science des maîtres, des raisons toutes particulières durent solliciter saint Théobald à préférer la capitale du Périgord.

Plusieurs faits nous suggèrent sur ce point une supposition plausible : d'intimes relations existaient depuis longtemps entre la ville de Périgueux et le château du Dorat, résidence habituelle des comtes de la basse Marche. Par suite d'alliances matrimoniales entre les deux familles de la Marche et du Périgord, et par la minorité des enfants d'Aldebert Ier, l'une et l'autre province étaient alors sous la main du même maître, de Boson II, fils de Boson le Vieux, comte de la Marche et du Périgord. De plus, le siége épiscopal de Périgueux venait d'être occupé depuis peu par Martin, frère de Boson II, qui avait, pendant neuf ans (991-1000), gouverné ce diocèse. Il mourut en l'an mil. Sa mère, femme de Boson le Vieux, était sœur de Bernard, dernier comte de Périgord. Toutes ces relations avaient naturellement appelé sur Périgueux l'attention de Théobald ; peut-être même le concours des fils de Boson le Vieux lui avait-il aplani les difficultés du voyage, et grandement facilité le séjour qu'il fit dans cette ville. Théobald s'y livra avec une ardeur et une attention infatigables à l'étude de la grammaire, c'est-à-dire de tous les secrets de la littérature ; et bientôt, par le secours de la grâce du Saint-Esprit, nous dit son biographe [1], il y devint l'égal des plus grands génies de cette époque.

---

[1] « Factus autem adolescens, ad plenioris scientiæ gradum anhelans, Petragoricam penetravit ad urbem, ibique aliquandiu commoratus, artis

Après quelques années, Théobald, passé maître dans la connaissance et dans la pratique des arts libéraux, se sentit le cœur ému de regret au souvenir de sa patrie : il voulut revoir ses pieux parents, les bords tranquilles de la Brame, sur lesquels il avait jadis conduit le modeste troupeau de son père, et cette abbaye du Dorat où il avait reçu avec tant de distinction les premiers éléments des sciences et de la piété. En reprenant le chemin de sa patrie, il ne rêvait point de s'y livrer aux douceurs du repos; car cette science qu'il venait d'acquérir, il la

---

grammaticæ studiis attentissimus invigilavit : animum autem suum circa hujusmodi curam totum applicans summa illius temporis ingenia, cooperante gratia Spiritus sancti, æquiparavit.

» Elapso autem aliquanti temporis spatio, cum jam in liberalibus exercitiis admodum esset promotus, revisendæ patriæ suæ compunctus amore, ad locum ubi natus fuerat reverti decrevit, non ut diuturnas ibi moras innecteret, sed ut salutatis parentibus ab eisdem missionem expetens, aliquibus viris Deo servientibus se consortem exhiberet. » (*Vita B. Theobaldi, apud* LABBE, T. II, p. 683.)

« Adolescens, studiorum causa, Petragoram missus, grammaticæ et humanioribus litteris tam sedulo navavit operam, ut doctores ipsos præcellens, reversus in patriam, missionem a progenitoribus in perpetuum Dei famulatum impetravit. » (*Officium Mss.*, lect. VI.)

« Incontinent que ses parens le virent capable d'apprendre quelque chose, ils l'envoyerent à Perigueux, ou pour lors les lettres estoient en vogue; et il y travailla si heureusement, que dans peu de temps il s'en revint en son pays remply de science, honoré de l'approbation de tous les scavants..... » (COLLIN, *Vies des Saints*, p. 388.)

« On l'envoya étudier à Périgueux, où il devint dans peu maître de grammaire et d'humanité. » (L'abbé LEGROS, *Vie de saint Théobald*, n° 1.)

considérait, non comme le moyen de mener une vie oisive, mais comme un talent précieux confié par le Père de famille à son industrieuse vigilance. Il avait hâte de s'enfermer avec elle dans un sûr asile, pour l'augmenter encore par la méditation et par l'étude, et surtout pour la répandre autour de lui et la faire fructifier au centuple.

Saint Théobald reprit le chemin de la basse Marche; il vint tout d'abord saluer ses parents, se jeta à leurs pieds, et leur demanda avec instance la permission de se retirer dans une maison religieuse où il pourrait s'associer à des hommes pieux et instruits, afin d'y travailler pendant tout le reste de ses jours au service de Dieu.

Décidé en principe sur le genre de vie qu'il devait embrasser, Théobald hésitait néanmoins sur le choix de la maison religieuse à la porte de laquelle il irait frapper. Tout près de lui cependant florissait alors cette église du Dorat qui lui était si chère, et dans laquelle il était personnellement connu et apprécié des saints personnages qui passaient leur vie à y servir Dieu dans la pratique de toutes les vertus. Cette hésitation, dont les motifs nous sont inconnus, ne s'explique pas facilement à nos yeux. Peut-être le nombre des chanoines était-il complet; peut-être encore de graves difficultés matérielles s'étaient-elles dressées devant lui, et la pauvreté faisait-elle obstacle à son entrée dans le collége des chanoines.

Pendant qu'il mûrissait avec une anxieuse sollicitude la décision qui devait à jamais fixer son avenir, les chanoines de l'église du Dorat [1], connaissant la probité, la science et la

---

[1] « Locus autem nativitatis ejus ecclesiæ Doratensi proxime erat, in quo

sainteté de ce jeune homme, crurent qu'il serait honorable et utile à leur église de l'attirer à eux et de l'incorporer à leur collége. Ils s'empressèrent de lui en faire la proposition, que Théobald accueillit avec une grande joie; et il embrassa la règle des chanoines dans cette pieuse compagnie. Cet évènement, qui fixa l'avenir de saint Théobald, fut déterminé surtout par le consentement empressé et par les conseils persuasifs d'Abbon, chanoine aussi remarquable par sa distinction personnelle que par sa naissance, et qui exerçait alors une grande et légitime influence sur l'église du Dorat [1].

Jamais le chapitre du Dorat ne fut plus brillant qu'à l'heure où saint Théobald y fut admis. Saint Israël, entouré du respect et de l'admiration de tous, revenait alors

---

erat congregatio clericorum socialiter Deo famulantium : qui cum sanctissimi viri Theobaldi probitatem cognovissent, virum sanctissimum intra consortium devotissime susceperunt. » (*Vita B. Theobaldi*, apud LABBE, T. II, p. 684.)

« Dum vero pium propositum animo revolveret, ecclesiæ Doratensis canonici comperta optimi juvenis pietate rem ecclesiæ suæ honorificam utilemque facturos se existimarunt, si eum in collegium suum adducere possent : quod ille, summo cum gaudio accipiens, regularem et canonicam vitam in sancta illa societate amplexus est. » (*Proprium SS.*, M. DCC LVIII, p. 48.

[1] « ..... lesquels (clercs du Dorat) ayant cogneu la probité du tres-saint homme Theobal, du consentement et de la persuasion d'un homme fort honorable, Abbon, de la prudence duquel et de la puissance toute la prudence de l'eglise despendoit, le receurent devotement en leur compagnie. » (ROBERT : D. FONTENEAU. T. XXX, p. 919. et *Officium Mss.*, lect. VI.

de Saint-Junien, après plusieurs années d'absence, finir ses jours dans sa patrie. Il avait le bonheur de retrouver la communauté florissante et la règle canonique pratiquée dans toute sa rigueur, avec un filial et scrupuleux empressement [1]. C'est dans les sentiments de la joie la plus vive qu'il accueillit son ancien élève comme le continuateur et le soutien de son œuvre de réformation. Plus que tous les autres chanoines, en effet, il sentait combien Théobald était véritablement animé de son esprit. Pour clore le récit des affectueux rapports qui existèrent entre nos deux saints, nous ne saurions mieux faire que de citer une page du chanoine Collin :

« Ce bon vieillard, dit-il, voyant ce jeune enfant qui promettoit, par ses deportemens extraordinairement modestes et innocens, quelque chose de grand, le print en affection, et print un plaisir particulier de luy enseigner fidellement tous les plus hauts secrets de la conversation clericale, dans laquelle on pratique tout ce qu'il y a de plus saint et de plus relevé dans le repos de la vie contemplative, aussi bien que dans les penibles travaux de l'active.

» Il eut donc un grand soin de le former au service de Dieu, et saint Theobald profita merveilleusement de ces bons advis. De là vint cette grande et modeste retenue dans laquelle il passa tout le temps de sa jeunesse, que les

---

[1] « Theobaldus, parentum cura pie ac religiose ab infantia institutus, eo tempore inter canonicos Doratenses adscriptus est, quo sub sancto Israele ibidem regularis ordo maxime florebat. » (*Proprium SS.*, M DC XCIX, p. 47.)

hommes du monde ont accoutumé d'user malheureusement dans les emportemens de leurs brutales passions.

» Et ce fut cette si rare et charmante modestie qui fut cause qu'on le commit à la garde du tresor et de la sacristie; duquel office il s'acquitta tres-dignement, car, pour s'en acquitter plus exactement, il se retrancha de la frequentation des compagnies, qu'il ne hantait qu'autant que la necessité le requeroit [1]. »

---

[1] Collin, *Vies des Saints du Limousin*, p. 390, 391.

CHAPITRE II.

—

Saint Théobald gardien du trésor de l'église du Dorat. — Vertus qu'il déploie dans la charge de trésorier et d'édile. — Sa modestie lui fait refuser le sacerdoce. — Miracle de la Vraie Croix.

C'est avec l'inexprimable satisfaction du voyageur longtemps égaré au milieu des ténèbres et des précipices, et touchant enfin au seuil de sa demeure, que Théobald, sûr de ne les plus quitter jamais que pour la céleste patrie, pénétra de nouveau dans ces cloîtres qui avaient abrité son enfance, dans cette église témoin des premiers élans de son cœur et des premières grâces versées dans son âme par la prière et par les sacrements.

Sa vie dès lors fut fixée. Il ne franchit plus ce seuil, il ne sortit plus de la sainte demeure que pressé par son cœur d'aller visiter les infortunes ou les infirmités qui ne pouvaient venir jusqu'à lui. Heureuse, mais insensible à toutes les joies de la terre, son âme se chantait à elle-même, dans la paix et le bonheur de la solitude, cette parole du psalmiste : « Heureux ceux qui habitent votre maison, Seigneur ! ils rediront vos louanges dans les siècles des siècles [1]. »

Le caractère essentiel de la sainteté, qui la distingue de toutes les autres prérogatives de l'homme, c'est l'union intime avec Dieu par la prière. Les saints ne peuvent se contenter de penser à Dieu dans de stériles méditations : ils y pensent avec cet amour et cette confiance en sa bonté qui sont la respiration naturelle de l'âme chrétienne, soit qu'elle se traduise au-dehors par la parole, soit qu'elle demeure contenue dans le recueillement et dans le silence.

Théobald s'était donné tout entier à Dieu : sa vie dès lors ne fut plus qu'une continuelle aspiration vers la Vérité et la Beauté suprêmes. Il ne lui suffit plus de rester la journée entière dans la contemplation et la prière, d'assister avec une assiduité infatigable aux vigiles et à l'office des nocturnes, que les chanoines du Dorat, comme presque toutes les congrégations de frères, avaient coutume de célébrer au milieu de la nuit, vers le chant du coq ; mais il employait les nuits entières à prier, et ses larmes non moins que ses paroles témoignaient des élans de son cœur [2].

---

[1] « ..... Nusquam extra ecclesiasticas officinas egressus, nisi cum infirmos visitandi necessitas ingruebat : habebat enim inde consensum Psalmographi dicentis : « Beati qui habitant in domo tua, Domine..... » (*Vita B. Theobaldi*, apud Labbe, T. II, p. 684.)

[2] « Vigiliarum quoque ea sedulitate devotionem exercebat, ut non solum eas quas pene omnes fratrum congregationes sub gallicinii tempore celebrare solent frequentaret, verum etiam totas noctes orationibus et lacrymis

Il ne donnait au repos que le temps indispensable à la nature; et, de crainte que la douceur de sa couche ne fût une sollicitation trop pressante au sommeil, il s'était fait lui-même un lit dont la couche était mince et dure, et dont la couverture n'était composée que de misérables lambeaux d'étoffe. Délivré des entraves du bien-être matériel, il se trouvait néanmoins gêné dans ses prières, et obligé de contenir ses soupirs et ses larmes, dans la crainte de troubler le sommeil et le repos de ses frères; désireux enfin de conquérir à tout prix la sainte liberté de la prière extérieure et des larmes, il établit son lit dans un lieu séparé du dortoir commun où reposaient les autres chanoines [1].

L'oraison éclaire l'esprit; elle trempe le caractère, et donne du ressort à toutes les facultés. Le fervent Théobald ne pouvait donc, malgré sa modestie, demeurer caché dans la foule des âmes vulgaires. Chacun sut reconnaître bientôt, chacun sut apprécier hautement ses mérites, et

---

incumbendo consumebat. » (*Vita B. Theobaldi*, apud LABBE, T. II, p. 684.)

[1] « ..... Hac de causa lectulum suum vilibus panniculis et tenuissimis stramentis obsitum, a dormitorio fratrum sequestrem fecerat. » (*Vita B. Israelis*, apud LABBE, T. II, p. 684.)

« Theobaldus non minus divinis commentationibus et rebus spiritualibus affectus, non inferior magistro discipulus, totas ferme noctes insomnes precibus traducebat, in oratione Dei pernoctans.

» Ea propter lectulum vilissimis linteis et tenuissimis stragulis obsitum, a communi conclavi sive dormitorio loco dissitum, sibi construxerat, ne fragore seu strepitu surgendo, ut somnum sodalium abrumperet, et in chorum citius advolaret. » (*Officium die* 29 *jan.*, lect. III.)

l'on ne tarda pas à vouloir les utiliser pour le bien du chapitre. Mais l'humilité de Théobald se refusait aux dignités qui pouvaient le distinguer des autres chanoines et aux emplois qui étaient de nature à distraire son esprit de la méditation. Un jour [1] cependant, toute la communauté réunie le supplia avec instances de vouloir bien se laisser établir gardien du lieu saint, conservateur des ornements sacrés, et enfin administrateur du trésor de

---

[1] « ..... Unde factum est ut omnis ecclesiæ conventus obnixis ab illo precibus exposceret quatenus ejusdem loci sacrarium et omnia ad illud pertinentia in custodiam susciperet et ecclesiastici thesauri curam gereret. Ad quam petitionem ipse, animo consternatus, hujus ministerii difficultatem eis exposuit; sed tandem, suscepto obedientiæ præcepto, quanta illud strenuitate, quantave diligentia administraverit, nullius lingua sufficienter expediet. » (*Vita B. Theobaldi*, apud LABBE, T. II, p. 684.)

« Ædilis igitur sacrarii, aut, ut vulgo dicitur, thesauri præpositus, communi canonicorum consensu electus, ut externis distraheretur occupationibus, præfecturam illam munusque fortiter diu detrectavit quod indignum sese rerumque gerendarum imperitum vir scilicet humilis profiteretur.

» Victus tamen precibus, imo lacrymis et geniculationibus reverendi tunc abbatis Gauffredi seu Godefridi suscepit tandem sustinuitque pro dignitate et sanctitate. » (*Officium die 28 jan.*, lect. III.)

« En ce negoce y eust un abbé de ladite eglise, en son nom Godefroy, homme de grande noblesse et de grande puissance, n'estant ignorant des actes seculiers et de ce qui estoit de la conservation ecclesiastique, luy, prenant conseil de ceux qui illec estoient parents, se jetta à genoux aux pieds de saint Theobal, et, la larme aux yeux, par prieres, obtint ce qu'il demandoit; et, ayant pris son precepte d'obedience, avec quel soin et quelle diligence il se porta en son administration, nul par sa langue ne le sçauroit suffisamment racompter. » (ROBERT : D. FONTENEAU, T. XXX, p. 919.)

l'église. Théobald, consterné et troublé jusqu'au plus profond de l'âme, se mit à exposer à ses confrères toutes les difficultés de cette charge, pour leur faire bien comprendre qu'il en était indigne, et qu'il leur serait facile de trouver parmi eux des sujets mille fois plus capables de s'en acquitter avec fruit. Il craignait que ces préoccupations nouvelles, que le souci de la richesse et de l'ornementation matérielle du temple n'altérât trop vite en son cœur ses élans d'amour pour son Dieu, et rien ne pouvait ébranler sa résolution.

A la tête de la communauté des chanoines se trouvait alors l'abbé Geoffroi, personnage d'une illustre naissance et d'une grande autorité; fort instruit dans les connaissances du siècle, il possédait à un degré éminent les diverses branches de la science ecclésiastique. Convaincu lui aussi des services que pouvaient rendre les éminentes qualités de Théobald, il se jeta à ses pieds, le supplia avec larmes, et parvint à force d'instances et de prières à obtenir ce que refusaient obstinément la modestie et la piété du saint chanoine [1].

---

[1] L'abbé Godefroy était neveu de Barthélémy, archevêque de Tours. (*Gall. christ. nov.*, T. II, col. 549.)

« Il fut d'une insigne libéralité envers les pauvres, et donna beaucoup de biens à l'église (Ecclesiæ Anjerensi (?)); il avait une grande admiration pour saint Théobald, comme on le voyait dans les manuscrits de l'église du Dorat. » (ESTIENNOT, *Bibl. nov.*, — *Bibl. nat.*, latin, 12, 746, p. 236.)

« En l'an 1061, du temps de Humbaud, évêque, et de Philippe Ier, roi de France, Geoffroy, abbé de l'église du Dorat, donna à cette abbaye

C'est ainsi que, malgré sa résistance, saint Théobald fut promu à la charge de trésorier, et, en cette qualité, investi d'attributions particulières, dont plusieurs étaient d'une réelle importance. Elles comprenaient l'édilité ou le soin de l'édifice et du mobilier destiné au culte, la surveillance intérieure de l'église et la garde du précieux trésor du chapitre, composé principalement des manuscrits, des vases sacrés et des reliques des saints [1].

Attaché par amour et par devoir au sanctuaire où l'appelait sans cesse et où le retenait longuement le besoin de prier, Théobald n'en sortait jusqu'à ce jour qu'avec la plus grande peine et le plus vif regret; devenu l'intendant

---

plusieurs terres et plusieurs propriétés situées sur la paroisse d'Asnières. » (ROBERT : D. FONTENEAU, T. XXX, p. 726.)

« Exstat me vita Godefridi in fragment. nostr. hist. Aquit., parte II. » (D. ESTIENNOT, *ibid.*)

[1] Deux places dans l'église du Dorat étaient consacrées à la conservation des objets précieux : dans le tombeau du grand autel on avait renfermé les exemplaires manuscrits des saints Évangiles avec les chartes et les documents historiques les plus importants, les joyaux du plus haut prix, les saintes reliques et tous les objets de valeur qui méritaient d'être gardés avec un soin particulier :

« Quem librum Evangeliorum in præsentia prædictorum fidelium juratorum et commissariorum nostrorum, a scriniis et loco thesauri ipsius ecclesiæ infra majus altare ipsius reconditi et reclusi, quo preciosa jocalia, reliquia et cetera conservata et custodia digna ad ipsam ecclesiam spectantia, custodiri, reponi et conservari consueverant, in publicum exhibuit..... » (Pièce de 1495 : LEYMARIE, *Bourgeoisie*, T. I, p. 341.)

Le trésor du chapitre avait, en 1650, une autre cachette, dérobée dans la voûte, à la base du grand clocher, et fermant avec une porte de fer. (ROBERT : D. FONTENEAU, T. XXX, p. 625.)

de la maison de Dieu, il s'enchaîna au sanctuaire de la manière la plus étroite : rien n'était petit à ses yeux dans les devoirs et dans les attributions de sa charge, parce que chacune de ces fonctions, même les moins importantes, intéressait directement le service de Dieu. Aussi avait-il soin de veiller à ce que chaque chose fût à sa place, à ce que les meubles et les ornements de la sacristie fussent conservés avec soin dans une décence et dans une propreté dignes de leur auguste destination. Il rangeait lui-même les saintes images, il dressait les autels, il s'acquittait de ces mille fonctions avec tant d'empressement et de soin que tous en étaient profondément édifiés. Pendant que ses mains travaillaient, son cœur adressait à Dieu cette aspiration du prophète : « Seigneur, je fais mes délices de la beauté de votre maison! » et il ne cessait de répéter à ceux qui l'entouraient qu'on ne saurait prendre trop de peine à orner et à embellir le lieu où la Majesté souveraine a daigné choisir son séjour [1].

Loin de borner sa sollicitude à veiller sur le temple, à travailler à ce qu'on vît jusque sur les murailles resplendir

---

[1] « Il ne sortoit que peu ou presque point de son église, ayant soin que les meubles de la sacristie fussent conservés et gardez decemment, et chacun en son lieu. Il rengeoit les images, et dressoit les autels avec tant d'adresse et de soin qu'un chacun en estoit excité à la devotion. Il s'estudioit particulierement à tenir l'eglise nette et dans la bienseance, disant, avec le prophete, qu'il aimoit passionnement la beauté de la maison de Dieu, et qu'on ne sçauroit prendre trop de peine à orner et embellir le lieu ou cette Majesté souveraine a choisi son sejour. » COLLIN, *Vies des Saints*, p. 39.

cet éclat, cette propreté et ce bon goût qui dénotent dans le cœur des ministres du sanctuaire un amour filial et empressé du saint lieu, Théobald exerçait en outre la police de l'église : il veillait à ce que, pendant l'office, les cérémonies liturgiques fussent accomplies avec la plus scrupuleuse exactitude; il avertissait les ministres de l'autel et du chœur; il dirigeait à propos celui qui était chargé de la sonnerie des cloches, non-seulement pour avertir les fidèles de l'heure des offices aux différentes saisons, mais encore pour indiquer au dehors chaque partie de l'office qui était célébré, afin que les fidèles retenus dans leurs maisons fussent invités à s'y unir par la pensée et par le cœur. Au xie siècle, le culte extérieur était entouré d'une grande pompe : il y avait nombreuse assistance aux offices du jour et même de la nuit; le peuple mariait sa voix aux chants et à la psalmodie. Afin que tout se passât dans l'ordre, Théobald faisait alternativement agiter une sonnette au côté du chœur qui devait commencer, et une sonnerie particulière avertissait les deux chœurs lorsqu'ils devaient unir leurs voix. Il prévenait ceux dont les noms étaient portés sur le tableau des cérémonies, soit pour lire, soit pour chanter, et il mettait le plus grand zèle à former à ce ministère les jeunes élèves qui manquaient d'expérience ou d'habileté. Ses connaissances liturgiques, sa prévoyance et sa présence d'esprit étaient telles que les docteurs et les maîtres se reposaient volontiers sur lui de la direction générale du chœur et des avis qui pouvaient être utiles à chaque particulier [8].

---

[8] « Nam in templi procurando cultu et ornatu, in divinis officiis rite

— 188 —

Ce serait une erreur de croire que Théobald, par cela même qu'il était chanoine, fût déjà prêtre ou sur le point de le devenir : il était simplement religieux, c'est-à-dire consacré à Dieu par ses vœux, et destiné à mener une vie pénitente au sein de l'étude et de la prière. Dans les maisons religieuses, les prêtres étaient le petit nombre : les sujets les plus distingués de la communauté [1], présentés à

---

celebrandis, in unoquoque administro seu monendo, seu continendo, vel ipso æris campani agitatori, ad diversa signa pro varietate temporum ac officiorum edenda, nunc ad incusso altera parte cymbalo canendum, nunc ad incitato ære campano concrepandum, tam impensum ejus erat studium ut singulos quorum nomina ad legendum vel cantandum titulis præsignata erant optime præmonitos efformaret, ita ut merito in ejus providentia doctores ac magistri tuto conquiescere possent. » (*Off. Mss. die* xxviii *jan.*, lect. III.)

[1] XXI. — *De sacerdotio monachi.*

Gregorius Lucio (*al.*, Lucido) episcopo (Greg., lib. X, ep. 54).

« Filius noster Joannes, abbas, presbyterum sibi in monasterio suo ex congregatione eadem petiit ordinandum. Ideoque Fraternitatem vestram præsenti auctoritate duximus adhortandam, quatenus virum, quem vobis de congregatione sua ad ordinationem obtulerit consecrandum, sicut est consuetudo, quæque sunt discutienda, subtiliter perquiratis ; et, si nihil in eo repertum fuerit quod ei possit obviare, canonice, sicut mos est, consecretur. Nihil autem aliud ei privilegii concedentes, nisi ut in congregatione sua, quoties opportunum fuerit, sacra missarum debeat tantummodo celebrare mysteria. »

Et sanctus Benedictus, in Regula sua, cap. LXII :

« Ordinatus autem caveat elationem aut superbiam, nec quidquam præsumat, nisi quod ab abbate suo ei præcipitur, sciens se multo magis disciplinæ regulari subditum..... » (*S. Abbonis, abbatis Floriacensis, Collectio canonum. — Patrologie* Migne, T. CXXXIX, col. 487.)

l'évêque par les supérieurs, étaient seuls, par une faveur particulière, promus au sacerdoce, après qu'on s'était assuré qu'ils avaient la science et toutes les qualités nécessaires. Devenus prêtres, ils ne pouvaient exercer les fonctions sacrées au dehors du monastère sans autorisation spéciale, ni célébrer au dedans les saints mystères sans la permission des supérieurs.

Les qualités éminentes de Théobald, l'influence qu'elles lui permettaient d'exercer autour de lui, portèrent ses supérieurs à désirer qu'il fût élevé au sacerdoce. Mais l'humilité du saint religieux opposa à ce désir un obstacle insurmontable. Ni les supplications de ses confrères [1], ni les instances du vénérable recteur Abbon, ne purent ébranler sa résolution : il ne fut possible de lui faire accepter que les degrés inférieurs des saints ordres, les charges de portier, d'acolyte, de lecteur et d'exorciste, dont il remplissait avec tant de soin les fonctions dans son

---

[1] « Ille vero, magnis virtutibus pollens, a fratribus summopere rogatus est ut ad sacerdotis dignitatem per sacros ordines pro diversitate temporum gradatim ascendendo provehi consentiret : quorum piis petitionibus ipse pius, ex parte satisfacere non refugiens, ad sacros ordines accessit...... » (*Vita B. Theobaldi*, apud LABBE, T. II, p. 681.)

« Admissus igitur in celebrem illam canonicorum Doratensium societatem, assensu maxime persuasuve rectoris venerabilis Abbonis, gradatim ad diaconatus ordinem evectus, culmen tamen sacerdotii, præ humilitate veritus attingere, quod imparem se tanto oneri pro dignitate ferendo judicaret, levita semper Deo sanctissime ministravit. » (*Officium*, lect. VI.)

« Quamvis Theobaldum tanta virtutum gloria commendaret, in eo quoque essent plurimæ litteræ, nec eæ vulgares, nusquam tamen adduci potuit ut ad sacerdotium promoveretur. » (*Proprium canonicor. regular.*)

église, et la dignité de diacre qui lui était nécessaire afin de s'acquitter avec plus de convenance des devoirs de sa charge d'édile du sanctuaire et de gardien du Saint-Sacrement. Jamais on ne put lui faire accepter les redoutables fonctions du sacerdoce ; et, pendant toute sa vie, il demeura simple diacre de la sainte Église.

Pendant que le pieux diacre accomplissait avec zèle ses fonctions de gardien de l'église du Dorat, il se passa dans ce sanctuaire un fait miraculeux qui se trouvait autrefois raconté dans une Vie de saint Théobald en latin, malheureusement perdue aujourd'hui [1]. Nous allons le reproduire dans la présente Vie, en supposant avec toute sorte de probabilité que saint Théobald en fut le témoin oculaire :

Avant l'année 1029, des rixes fréquentes éclatèrent entre les gens de l'abbé du Dorat Pierre Drut et ceux de Bernard, comte de la Marche. Un jour ceux-ci vinrent trouver leur maître, et se plaignirent amèrement d'avoir été maltraités par les hommes du chapitre. Le comte, dans les veines duquel bouillonnait le sang d'Aldebert, entra en fureur, et assembla ses gens de guerre pour en finir avec les chanoines, et saccager le couvent. Comme ces préparatifs étaient presque terminés, la comtesse Émilie, femme de

---

[1] Le fragment de cette histoire dans lequel était raconté le miracle de la Vraie Croix commence ainsi :

« Cum inter clericorum servientes et quosdam milites tunc temporis locum illum incolentes orta seditione, apud aures comitis Bernardi milites se male multatos a clericis lacrymosis vocibus conquesti fuissent, etc. » (*Vita de Theobaldo*. — ROBERT : D. FONTENEAU, T. XXX, p. 219.)

Bernard, qui, malgré une piété assez vive, s'était laissé emporter à la colère contre le chapitre, descendit de grand matin du château, selon sa coutume, pour entendre la messe à l'église de Saint-Pierre. Elle priait, prosternée au milieu des fidèles, qui assistaient en grand nombre au saint sacrifice, lorsque tout à coup une croix dans le fût de laquelle se trouvait un morceau de la Vraie Croix de Notre-Seigneur se détacha de sa place, tomba avec fracas, parcourut en bondissant une partie de l'église, et vint se heurter contre la comtesse. Celle-ci, extrêmement émue de ce prodige, manda aussitôt près d'elle son mari, qui se trouvait encore couché dans le château, situé au sommet de la ville. Aussitôt que le comte eut appris ce qui se passait, il accourut à la hâte, la tête et les pieds nus. Bernard et Emilie se jetèrent aux genoux de l'abbé et des chanoines, et demandèrent pardon des cruelles menaces qui avaient été un instant sur le point de recevoir leur exécution. Le monastère et les religieux furent ainsi miraculeusement épargnés par l'intervention de la croix du Sauveur [1].

---

[1] Les divers récits de ce miracle se trouvent dans : P. ROBERT : D. FONTENEAU, T. XXX, p. 219, — 712, 713, — 911, et dans le P. BONAVENTURE DE SAINT-AMABLE, *Annales du Limousin*, p. 385.)

CHAPITRE III.

Saint Théobald, ses vertus : modestie; charité fraternelle; amour du travail; mortifications; chasteté; esprit d'oraison; extases.

Chez l'homme au cœur droit, le corps est le miroir de l'âme : chez Théobald, l'attitude générale, l'expression du visage, le son de la voix, tout faisait rayonner au dehors la pureté de son cœur, la droiture de sa volonté, la paix et la force puissante qui composaient le fond de son caractère. Traduite d'elle même sur tout son extérieur, cette vertu intime gagnait à leur insu les âmes qui en étaient les témoins; sa vue inspirait la piété, et plus d'une fois une parole, un regard, le silence même lui suffit pour ramener au devoir les plus égarés et les plus dissolus [1].

---

[1] « Il avoit cela d'excellent et de remarquable qu'il retenoit les plus dissolus dans le devoir par sa rare modestie ou par un seul de ses regards. » (COLLIN. *Vies des Saints*, p. 392.)

Il y avait parfois d'immenses difficultés à courber au joug de la règle et du devoir les rudes caractères de cette époque : la sauvage indépendance du barbare se réveillait trop souvent, même après les plus sincères et les plus solennels engagements. Lorsque la prédication muette et l'ascendant tacite de la vertu ne suffisaient pas; lorsqu'il fallait en venir aux conseils et aux paroles sévères pour corriger quelqu'un des chanoines, Théobald mettait si bien sa personnalité de côté, il désintéressait avec tant de délicatesse l'amour-propre des coupables, et il parlait avec tant d'humilité, de prudence et de douceur que les esprits les plus difficiles et les caractères les plus intraitables acceptaient souvent ses réprimandes comme un véritable service. Plus d'une fois on les vit le remercier de ses avis, et se corriger efficacement de leurs défauts. Dieu avait donné à Théobald la science qui excelle entre toutes, l'art difficile de conduire les âmes [1].

Il l'employait à combattre l'esprit de division et de discorde, le plus grand fléau des sociétés, même lorsqu'elles sont composées d'âmes qui ont fait profession de tout abandonner pour ne rechercher que la justice et la vérité. Tôt ou tard l'ambition, l'orgueil, toutes les mauvaises passions se réveillent : n'ayant point le champ libre au dehors, elles ne trouvent que trop facilement

---

[1] « Que s'il estoit question de reprendre ou de corriger quelqu'un de ses confreres, il le faisoit avec tant d'humilité, de prudence et de douceur que les plus revesches et insolens prenoient ses reprimendes en tres-bonne part, le remercioient de ses salutaires avis, et se corrigeoient efficacement de leurs defauts. » COLLIN, *Vies des Saints*, p. 392.

l'occasion de s'exercer au-dedans. Plusieurs années après la mort de saint Israël, ce malheur vint fondre sur la communauté du Dorat par les emportements de l'abbé commendataire, Pierre Drut. Plus heureux que Gautier, dont la vertu n'était pas moins grande, mais dont le caractère était plus inflexible, Théobald travailla à la paix du monastère avec un remarquable bonheur, sans être obligé, comme son jeune confrère, de fuir devant la persécution. Pendant tout le reste de sa vie, il ne cessa de lutter pour étouffer dans leur germe les différends et les contestations qui s'élèvent trop souvent, pour les plus futiles prétextes, entre personnes obligées de mener la vie commune : les maisons les plus saintes ne sont pas toujours exemptes de payer ce tribut à la faiblesse humaine. Aussitôt qu'entre confrères il apercevait un refroidissement, sa charité ingénieuse entrait en lice : il ne prenait point de repos qu'il ne fût parvenu à rétablir la concorde [1]. Comme il n'était chargé d'aucune direction sur le personnel, il agissait dans toutes ces démarches en qualité de messager volontaire de la paix, n'ayant pour moyen d'action que la persuasion, la douceur et l'humilité, mais jamais l'autorité ni le commandement.

Il y a un défaut que cette âme vaillante ne pouvait supporter : toujours occupé, toujours trouvant trop courtes les heures du travail et de la prière, Théobald haïssait

---

[1] « Il ne pouvoit souffrir les differens et les contestations qui naissent bien souvent entre les gens d'eglise assez legerement; et, s'il voyoit quelque refroidissement entre ses confreres, il ne cessoit jamais qu'il ne les eut reconcilies. » COLLIN, *Vies des Saints*, p. 393.

mortellement la fainéantise. Il disait que Satan, au contraire, ne restait jamais oisif; que son occupation ordinaire était de donner de l'occupation à ceux qui n'ont pas l'adresse d'en prendre d'eux-mêmes, et que l'oisiveté était la peste des communautés [1]. Certes on ne pouvait traduire avec plus de vigueur une vérité plus évidente, ni donner tout à la fois, mieux que ne le faisait Théobald, le précepte et l'exemple. Son activité dépassait prodigieusement celle des hommes ordinaires, qui ne portent pas dans un corps vigoureux une âme fortement trempée. Comme il avait eu la précaution de dresser son lit en dehors du dortoir commun, il profitait de cet isolement volontaire pour se lever au milieu de la nuit afin de travailler et de prier: il devançait au chœur les autres chanoines, sans les déranger et sans être pour eux une occasion de fatigue ou d'ennui.

Ce n'était certes pas sans avoir soutenu de rudes combats et remporté de pénibles victoires que la volonté de Théobald avait acquis sur le corps un si grand empire. Loin de céder aux instincts de la chair, il les avait combattus par la disette; il les avait émoussés par le jeûne, par les veilles et par les privations de sommeil; il était parvenu à les maintenir et à les diriger pour ainsi dire à son gré; toute son attitude respirait la sobriété, le respect de soi-même et

---

[1] « Surtout il haïssoit mortellement la feneantise, disant que Sathan donne ordinairement de l'occupation à ceux qui n'ont pas l'adresse d'en prendre d'eux-memes; et que l'oisiveté estoit la peste des communautez. » Collin, *ibid*.

d'autrui, la bienveillance et la bonté; il était l'objet de l'admiration universelle [1].

Jamais il ne prit des demi-mesures quand il s'agit de s'affermir et de progresser dans la pratique de la vertu. Pour n'être pas troublé par les passions et par les sollicitudes mondaines, il fuyait avec le plus grand soin la conversation des séculiers et surtout des femmes : d'une chasteté angélique, il savait se prémunir contre les tentations par les veilles, par les jeûnes et par la surveillance la plus étroite sur soi-même, réduisant son corps en servitude pour établir en souveraine la vertu dans son âme [2].

Quelque minutieuses que fussent les occupations de Théobald, son esprit ne se bornait pas à diriger les œuvres de ses mains : il sanctifiait jusqu'aux plus humbles par des aspirations continuelles vers un ordre plus élevé. C'est pour Dieu seul qu'il faisait chacune de ses actions : jamais son esprit ne cessa de les lui offrir dans l'adoration et dans la prière. Cette union étroite avec Dieu est le trait principal de l'âme de Théobald. Tout le temps qui lui restait après

---

[1] « Corpus inedia, jejuniis et vigiliis domitum ita sub rationis jugo continebat, ita freno virtutis regebat, ut in omni vita sobrietas, pudicitia, verecundia, mansuetudo, benignitas, et aliter solidæ perfectionis cytatissima indicia omnibus admirationi. » (*Off. die 28 jan.*, lect. III.)

[2] « ..... sæcularium, præsertim feminarum colloquia studiosissime fugiebat : angelica enim pene in eo erat castitas, quam vigiliis, jejuniis, sensuumque omnium arctissima custodia, ab omni labe servavit, curans, omni genere castigationis ut corpus in servitutem redigeretur. » (*Propr. canon. regular.*, 10 febr. — Cité par l'abbé Legros, *Vie de S. Théobald.*)

l'accomplissement des devoirs extérieurs, il l'employait à se remettre en la présence de Dieu, à prier ; il cherchait les lieux écartés et obscurs afin de fuir les distractions et de conserver toute sa liberté d'âme [1]. Le véritable repos de ses nuits était la prière. Parfois il fut environné, en priant, comme d'une céleste atmosphère ; l'émotion de son cœur était si vive qu'elle se traduisait sur son visage, et deux ruisseaux de larmes coulaient de ses yeux. Il les dérobait avec soin, ne montrant, au sortir de la prière, qu'un visage serein, miroir d'une âme tranquille [2]. Plus d'une fois encore les consolations qu'il éprouvait furent si vives, et son union avec Dieu si étroite qu'il fut ravi en extase ; son âme alors était absorbée en Dieu et comme séparée du monde, au point qu'il semblait ne respirer plus, et qu'on avait beaucoup de peine à le faire revenir à lui [3].

---

[1] « Nec tamen propter illa ministeria a rerum divinarum contemplatione ita sevocabat animum, quin totum quod ex opere superabat externo, tempus in angulis et subobscuris locis orationi impenderet. » (*Off. die* 28 *jan*, lect. III.)

[2] « Orando autem ita cœlesti rore perfundebatur, ut juges lacrymarum rivuli præ cordis teneritudine, vi amoris manarent ex oculis, quos tamen vultus hilaritate velut abstersos post orationem humiliter, quantum poterat, abscondebat. » (*Off. die* 29 *jan.*, lect. III.)

[3] « Il vivoit dans la retraite en silence, s'adonnant totalement à la méditation, dans laquelle il étoit souvent si absorbé que, ravi en extase, il sembloit ne respirer plus, et on avoit beaucoup de peine à le faire revenir à soi. » (*Manuel de dévotion*, 1806, p. 31.)

CHAPITRE IV.

—

Saint Théobald. — OEuvres de miséricorde corporelle : empressement auprès des chanoines malades; sollicitude pour les pauvres et pour les malades du dehors.

La piété ne saurait vivre sans la charité : Théobald, aimant Dieu dans ses perfections infinies, l'aimait aussi dans la créature qui en est l'image; toute sa vie fut la mise en pratique de cet amour : serviteur empressé des petits et des humbles, il était le père des employés inférieurs de l'église du Dorat, auxquels toujours il s'efforçait d'être utile [1]. Son cœur ne pouvait demeurer

---

[1] « Theobaldus vero, pietatis et misericordiæ operibus maxime conspicuus, omnium si fieri posset, inopiam aut sublevare aut propellere nitebatur ex fructibus et bonis ecclesiæ ; ea animi gratitudine erga benefactores, ut gratia gratiam redderet, aut procuratoribus ex quibus beneficium beneficio rependerent elargiretur : ea charitate erga domesticos fidei fratres omnes, ut vel minimis inservire et prodesse vellet. » (*Off. dic* 30 *jan.*, lect. III.

insensible au spectacle ni au récit d'aucune douleur : à ses yeux, exercer la charité sous ses mille formes diverses était tout à la fois le meilleur usage de ses facultés personnelles et le plus précieux emploi du trésor de l'église; toujours prêt à rendre service, il n'en savait pas moins apprécier dignement les services rendus. Sa reconnaissance effective envers les bienfaiteurs de l'église ne fut jamais tardive ni incomplète: rendant bienfait pour bienfait, il ne manquait jamais, lorsqu'il ne pouvait s'en acquitter en personne, de remettre entre les mains des intendants tout ce qu'il fallait pour reconnaître les services rendus.

Sa tendre sollicitude pour les pauvres et pour les malades était seule capable de lui faire abandonner ce cloître où tout respirait la solitude et le silence, et de lui faire porter ses pas hors de l'enceinte du monastère [1]. Quand il avait dans sa cellule un instant de repos, quand les devoirs de sa charge ne l'appelaient pas à l'église ou à l'école [2], il sortait du monastère et allait à travers la ville, demandant avec sollicitude s'il n'y avait point des pauvres malades; et, aussitôt qu'il les avait découverts,

---

[1] « Theobaldus, verus Israelita, diaconus, sedulus ad altare Dei administer, sacris officiis semper intentus, solitudinis ac silentii adeo rigidus custos ut extra claustrum et religiosæ domus ambitum vix unquam pedem efferret, nisi ad pauperes et morbo afflictos (quorum illi cura maxime cordi erat) invisendos et adjuvandos. » (*O.J. die* 28 jan., lect. III.)

[2] « Comme la charité est tres ingenieuse à chercher des emplois, quand il manquoit d'occupation dans sa celle, dans l'eglise ou dans son escole, il les visitoit (les malades), leur fournissant avec un empressement extraordinaire tous les soulagements necessaires, soit pour l'âme, soit pour le corps. » (COLLIN. *Vies des Saints*. p. 395.)

il les visitait dans leurs demeures et leur prodiguait avec un empressement admirable toutes les consolations spirituelles et tous les soulagements corporels qui étaient en son pouvoir.

Si au contraire quelqu'un des chanoines tombait malade, Théobald accourait près de son lit; il le consolait, l'encourageait, lui procurait tous les soins que réclamait son état [1]. Il ne pouvait pas plus être insensible à la souffrance qu'il ne pouvait demeurer oisif chaque fois qu'il y avait du bien à faire; peu importait même à ses yeux qu'il n'eût pas mission spéciale pour l'accomplir, et que ce devoir semblât incomber de préférence aux autres chanoines ou à ses supérieurs. Si parfois il s'élevait contre lui des murmures; si de dures paroles lui étaient adressées, loin de répliquer, il gardait le silence, et ne se sentait animé qu'à prier Dieu pour ses contradicteurs. Du reste il agissait avec tant de simplicité et de modestie qu'il savait presque toujours désintéresser la vanité ou même la légitime délicatesse de ceux qu'il devançait dans l'accomplissement de leur mission : à la vue de cet homme inspiré par le seul amour du bien, toutes les passions restaient désarmées; elles venaient échouer contre ce cœur d'une patience et d'une douceur inaltérables, et contre ces lèvres d'où ne tombait jamais contre personne une parole désobligeante.

---

[1] « ... Si quis canonicorum in morbum incideret, ad ejus stratum statim advolans, decumbenti adesset obsequium præstaturus, et necessaria subinde illaturus; ea erga omnes benevolentia et patientia, ut etiam maledicentibus non malediceret, sed pro illis Deum seorsim enixe deprecaretur. » (*Off. die* 30 *jan.*, lect. III.)

Malgré l'ardeur de son zèle, loin de concevoir de l'aversion ou de l'aigreur pour ceux qu'il ne pouvait gagner, Théobald ne faisait que les recommander chaque jour à Dieu avec plus de ferveur.

Nous ne saurions comprendre la charité de Théobald si nous n'empruntions, pour compléter ce récit, quelques traits à l'histoire générale : d'horribles famines venaient périodiquement décimer les populations, et rendre tout à la fois plus difficile et plus nécessaire la pratique de la charité : l'une de ces calamités, plus affreuse que toutes les autres, éclata pendant la quarante-deuxième année de l'âge de saint Théobald, en l'an 1031, sous le règne du roi Henri Ier.

Les saisons furent tellement bouleversées que les pluies continuelles ne permettaient plus de trouver un temps convenable aux semences, ni une température favorable à la maturation des blés et à l'enlèvement des récoltes ; la pluie ne cessait de tomber, et pendant trois ans il fut impossible de préparer les sillons pour la semence. Quand l'on était parvenu à jeter quelques grains dans la terre, on ne trouvait plus, au moment de la moisson, que de l'ivraie et des herbes sauvages couvrant seules toute la superficie du terrain ensemencé.

Bientôt le blé s'éleva à un prix excessif, la population fut affamée ; les visages des grands et des gens de condition moyenne se couvrirent d'une pâleur mortelle ; les rapines mêmes des puissants cessèrent devant la misère commune. Aucun aliment n'eut désormais de prix : sa valeur dépendait uniquement du bon plaisir de ceux qui pouvaient encore vendre ; on s'attaqua aux racines des forêts, aux herbes des rivières ; on s'arracha les restes des cadavres des animaux et les objets les plus répugnants. Enfin, horreur presque inouïe dans les temps antérieurs! dit Raoul Glaber [1], la rage de la faim poussa des hommes à se mettre en chasse de chair humaine; à s'en repaître, et à l'étaler dans les ventes. La mortalité fut si grande que les personnes craignant Dieu qui s'imposaient le devoir d'ensevelir les morts furent souvent obligées de les entasser par centaines dans des fosses communes. Cette horrible situation dura trois années entières. Les ressources, mais non le dévoûment de la charité, furent au-dessous de la tâche. Pour soulager les indigents on distribua les trésors des églises, on aliéna jusqu'aux ornements et aux vases sacrés. Tous les rangs de la hiérarchie ecclésiastique, tous les religieux, rivalisèrent de privations, de commisération et de dévoûment pour les malheureux. C'est dans ces horribles circonstances que nous devons nous représenter saint Théobald pratiquant jusqu'à l'héroïsme la charité envers le prochain, et suppléer nous-même aux détails que la plume trop sobre de ses biographes ne nous a point transmis.

---

[5] Voyez pour plus de détails le chapitre : *De fame validissima quæ contigit in orbe terrarum.* — *Rodulphi* GLABRI *historiarum*, lib. IV, c. IV. — *Patrologie* Migne, T. CXLII, col. 675.)

CHAPITRE V.

Saint Théobald enseigne les lettres et le chant liturgique. — Il se dévoue aux jeunes gens les plus ignorants et les plus dépourvus d'esprit.

A l'exemple de saint Israël, Théobald se regardait comme le dépositaire de la science ; il avait soif de la communiquer autour de lui. Se livrant avec un zèle empressé à l'accomplissement de ce précepte du Seigneur : « Enseignez toutes les nations », Théobald y mit ce cachet d'abnégation et d'humilité, d'amour du travail et du sacrifice que nous retrouvons dans toute sa conduite. Quoique saint Israël lui eût confié, de préférence à tous les autres chanoines, le soin de terminer l'éducation de saint Gauthier [1], l'élève le plus distingué de l'école du

---

[1] « Saint Israël, passant à une meilleure vie, consigna notre saint Gautier au chanoine saint Thibaut, qui, pour son grand zele et capacité extraordinaire, etoit une des plus eclatantes lumieres de cette tres honorable communauté. » (COLLIN, p. 146.)

Dorat, il n'adressait pas d'ordinaire ses leçons aux enfants dont l'intelligence vive et prompte, les saisissant avec facilité, compensait aux yeux du maître les peines de l'enseignement par les joies du succès : pour de tels enfants les maîtres ne manquaient point dans le chapitre du Dorat.

Mais les esprits incultes et rebelles, et dont nul ne voulait se charger, les disgraciés de la nature et de la science, ceux-là furent le lot de Théobald [1]. Plus rétive était leur intelligence, plus Théobald s'attachait à eux avec amour, et même avec reconnaissance, tant il s'estimait heureux, en augmentant sa peine, d'acquérir ainsi de nouveaux mérites. Loin d'exiger de ses élèves, comme le faisaient les autres maîtres, la rémunération des services rendus, il suivait à la lettre ce conseil du Seigneur : « Vous avez reçu gratuitement : donnez gratuitement », étant bien assuré qu'il recueillerait au centuple dans le royaume des cieux la récompense que lui faisait négliger

---

[1] « Nec minor ejus charitas erga quosdam clericos rudes et idiotas enitebat, quos litteras et psalmodiam edocebat, quique propter ingenii tarditatem, ei multum negotii facessebant. Sed tales eo animo susceperat erudiendos ut, plus operæ ponens in eis, magis arduam laborandi merendique viam inveniret : nec ab eis stipendium aut mercedem, ut solemne est præceptoribus, exigebat; sed, ut gratis acceperat, gratis etiam dabat, juxta Domini consilium, centuplum in cœlo dignus accepturus; quinimo post exantlatos lectionum labores, eis etiam victum suppeditabat. » (*Off. die* 29 *jan.*, lect. III.)

« Durant toute une saison, son divertissement le plus agreable fut d'instruire quantité de jeunes garçons qui avoient intention de se dedier au service de Dieu. » (COLLIN, *Vies des Saints*, p. 394.)

sur la terre le désir de porter la lumière dans l'esprit des ignorants.

A ces jeunes gens qui, pour la plupart, voulaient entrer dans la cléricature, il enseignait les lettres, la sainte Écriture, la psalmodie, le plain-chant et la musique sacrée [1]. Par un dévoûment dont nous ne trouvons d'exemple que chez Théobald, tout en dépensant de longues heures à ce rude et ingrat labeur, il nourrissait à ses frais ces jeunes gens des revenus de sa prébende, pourvoyant ainsi de ses propres mains à la nourriture corporelle, afin de pouvoir mieux servir le pain de l'intelligence.

Il ne se rebuta jamais dans cette œuvre admirable ; et cependant les déceptions ne lui étaient point ménagées. Il lui arriva souvent [2] de jeter la semence sur une terre

---

[1] « Reliquum tempus ponebat in canonicis junioribus instruendis, quos, non modo sacris litteris, sed et arte modulate canendi divinorum quoque officiorum legibus informabat. » (*Proprium canon. reg.*)

Les successeurs de saint Théobald n'ont jamais interrompu l'enseignement de la jeunesse :

En 1654, il y avait dans le chapitre du Dorat « le *maître d'école*, qui a la prébende preceptoriale, puis une (prébende) pour la psallette, avec un maître de six enfents de chœur, qui font et composent la musique de ladite eglise. » (ROBERT : D. FONTENEAU, T. XXX, p. 629.)

[2] « Ce qui est plus admirable en la personne de ce grand serviteur de Dieu c'est qu'il ne se rebuta jamais de ce saint exercice : quoyqu'il arrivat bien souvent qu'il jettat son grain sur une terre ingrate et sterile, qui, au lieu de luy produire de bon fruict, ne luy produisoit que de tres piquantes epines et de rudes chardons. Car bien souvent elle ne repondoit pas a la peine qu'il prenoit à la cultiver ; et puis, comme la vertu fait ordinaire-

ingrate et stérile, qui, au lieu de lui donner de bons fruits, ne produisait que de piquantes épines et de rudes chardons. Ces difficultés néanmoins, ces échecs prévus, dont la faute ne pouvait être imputée à personne, n'étaient pas ce qui devait affliger le plus une âme comme celle de Théobald, qui faisait le bien pour le bien, et non pour un triomphe de vanité. Quand il ne pouvait réussir, il ne goûtait pas moins au fond du cœur la satisfaction d'avoir essayé le bien, et d'en avoir poursuivi l'accomplissement dans la mesure de ses forces.

Une seule chose affligeait ce noble cœur : c'est que son zèle admirable rencontrait souvent dans le chapitre du Dorat plus d'envieux que d'imitateurs. On dirait que, par une triste tendance de l'humanité, la vertu éclatante, quel que soit le lieu où elle se produit, doit se trouver en butte à la contradiction : c'est comme une des conditions nécessaires de sa grandeur. Les entraves et la calomnie ne manquèrent donc pas à saint Théobald ; mais, comme on ne pouvait s'en prendre à ses actions excellentes et même héroïques, on attaqua ses intentions, qui furent défigurées : l'envie et la malignité les interprétèrent de la façon la plus défavorable, accusant le Saint de ne chercher,

---

ment plus d'envieux que d'imitateurs, ce sainct homme ne manqua pas de calomniateurs, qui, ne s'en pouvant prendre à ces glorieuses actions, parce qu'elles donnoient dans la veüe de tout le monde, glosoient malicieusement ses intentions, y faisant des commentaires a leur mode, et les interpretant le plus sinistrement qu'ils pouvoient. Mais le Saint, qui travaillait plus pour Jesus-Christ que pour les hommes...... » (COLLIN, p. 395.)

par tant de travaux, que l'approbation des hommes et la satisfaction de sa vanité. Mais Théobald, ne travaillant que pour Dieu, ne voulant d'autres applaudissements que le témoignage de sa conscience, loin de se décourager, puisait dans son humilité et dans son amour sans bornes pour Dieu la plus invincible constance.

CHAPITRE VI.

—

Deuxième incendie de la ville et de l'église du Dorat, vers l'an 1060.

Vers l'an 1013, saint Théobald avait vu l'église du Dorat consumée par les flammes : avant de fermer les yeux à la lumière, il eut, pour la seconde fois, la douleur de voir ses concitoyens moissonnés par le fer, et cette église de Saint-Pierre que, depuis son adolescence, il avait servie avec tant d'amour, dévorée par les flammes. Pendant toute la période écoulée depuis la mort de saint Israël, l'église, brûlée une première fois par le baron de Magnac, s'était relevée de ses ruines : elle venait de reprendre son ancien éclat, grâce aux efforts de son infatigable trésorier, saint Théobald, lorsque, dans une horrible guerre qui se déchaîna en basse Marche, elle fut tout à coup renversée. Privations, sacrifices, veilles et travaux de deux générations de Saints consacrés à la splendeur de la maison de Dieu, tout fut compromis en quelques heures, tout fut anéanti. Écoutons, dans la naïveté de son vieux langage, le dernier historien de ces désastres :

« Quelques noises et differends etant arrives entre Aldebert second du nom, comte de la Marche, et Etienne, baron de Magnac, qui s'etoit revolté contre son maître et seigneur, l'on vit à l'instant ces deux maisons de Dorat et de Magnac embrasees de flames et de feu, d'emotions etranges et de guerres civiles qui menassoient tout le haut et bas pays de la Marche de sa ruine totale et destruction entiere. Et, d'autant que la ville du Dorat etoit fort proche et voisine du chateau de Magnac, plus facilement et souvent elle etoit attaquee avec furie et impetuosité par le baron Etienne à chaque jour. Lequel, ayant epié l'absence de notre comte de la Marche, qui tenoit le château de Confolent assiégé, et ayant assemblé et mis sur pied grande compagnie de gents de guerre, vint avec furie investir la ville du Dorat pendant les chaleurs des jours caniculaires, et, faisant elancer et jetter des feux d'artifice sur les maisons, les brula non seulement, mais encore le sommet et couverture de l'eglise ; de façon que plusieurs des pauvres habitans, tant hommes que femmes, ayant eté consumes par le feu tant es maisons que par les rues, les autres, comme à un assuré asile s'enfuyants et refugiants à l'eglise, la trouverent toute enflammee et embrasee : les autels bruloient et le metal des cloches fondoit de toutes parts ; rien ne resta qui ne fut reduit en cendres, fors et reservé une sainte croix en laquelle il y avoit du bois de la vraye et salutaire Croix de Notre Sauveur, laquelle, par miracle et au grand etonnement d'un chacun, demeura parmi la flame et le feu saine et entière, sans aucun dommage et detriment. Cette histoire est recitee amplement par les cartulaires du chapitre du Dorat [1].

» Notre Aldebert [2] ayant eu avis de ce forfait et outrage, ramassant soudain troupes de toutes parts, poursuivit vivement le baron de Magnac, qu'il assiegea dans son chateau, et le contraignit de le reconnaitre son maître et son seigneur ; et, pour reparation de sa felonie et delits par lui commis, donna aux religieux du monastere brulé, tant sur le château de Magnac que autres lieux circonvoisins et dependants, plusieurs belles rentes, terres et domaines, quantité de moulins sur la riviere de Breth et autres beaux devoirs qui se payent encores pour lejourd'hui annuellement. Tous ceux aussi de la noblesse et autres du pays qui se trouverent à cette malheureuse journee furent aussi contraints de bailler et fonder, pour l'expiation de leur offense sur leurs châteaux et maisons, plusieurs autres rentes et devoirs à ce monastere. Et plusieurs encores desquels, poussés de juste repentance et penitence, par leurs testaments, firent à ce lieu plusieurs autres bienfaits et legats pies. Finalement mourut notre Aldebert l'an mil quatre-vingt-huit [3]. »

D'après le Père Bonaventure [4] de Saint-Amable, un

---

[1] « En cette forme, continue P. Robert : Peccatis nostris exigentibus, in regione nostra tantus inter comitem Aldebertum et Stephanum Magnacensem bellorum tumultus inhorruit ut tota pene Marchia hac occasione ad vastitatem redigeretur, etc. (*In Vita D. Israel, canon. Dorat.*)

[2] Ex veteribus chartis.

[3] P. ROBERT : D. FONTENEAU, T. XXX, p. 225.

[4] BONAVENTURE, *Annales du Limousin*, p. 385.

témoin oculaire rapporte en ces termes le miracle de la vraie Croix et du Crucifix du Dorat :

« Nous avons vu de nos yeux ce que nous allons coucher par écrit. Le comte de la Marche Audebert et Etienne de Maignac, estant en querelle, par ensemble detruisirent presque toute la Marche. Le fonds principal de l'eglise du Dorat estoit plus proche du château de Maignac : c'est pourquoy les soldats de ce seigneur estoient a tous momens en ce lieu, pillans, bruslans et menans les hommes prisonniers. Un jour que leur nombre et leur furie estoient dans l'exces, ils vinrent, aux grandes chaleurs de l'esté, jusqu'aux possessions de saint Pierre, jettans des brandons de feu et des torches allumees sur le toit des maisons, sans epargner l'eglise, qui fut consumee des flammes. Or les pauvres habitans du lieu ne pouvans se preserver dans leurs maisons que le feu embrasoit, dont plus de trente de l'un et de l'autre sexe furent brules et massacres, le reste courut vers l'eglise du Dorat pour y trouver un asile; mais, la voyans embraser, il regarderent par les ouvertures des portes brulees, et contemplerent un spectacle étrange. Car tout etoit consumé : il n'y resta que la croix ou crucifix susdit attaché à une poutre, qui ne reçurent aucune lesion. Mais, par une nouvelle merveille, un linge qui estoit suspendu au derriere de la croix passa au devant d'icelle, et, estant developpé, contregardoit l'image de Jesus-Christ depeinte en la croix de la fureur et insultes des flammes, qui avoient mis en cendres tout ce qui estoit attaché à cette poutre : les cloches meme estoient fondues, et decouloient en ruisseaux de métal. »

Il n'est point facile de préciser la date de ces évènements. Toutefois, comme ils sont rapportés dans la Vie de saint

Théobald, nous nous croyons suffisamment autorisé à les placer entre l'avènement d'Aldebert II (1047) et la mort de saint Théobald (1070). En second lieu, la consécration solennelle du maître-autel de l'église Saint-Pierre du Dorat [1] ayant été faite au mois d'octobre de l'an 1075, l'état de reconstruction de l'église brûlée concorde suffisamment avec cette date pour lui donner toutes les apparences de la certitude. D'autre part cependant, une assertion de Pierre Robert [2] reculerait l'incendie jusqu'à l'an 1080; mais nous ne saurions l'admettre sans preuves, car la

---

[1] « Anno Domini 1075 quinto idus octobris, vacante sede Lemovicensi, Philippo, rege Francorum, regnante, consecratum fuit majus altare, in honorem beatorum apostolorum Petri et Pauli, a reverendo patre Lexoviensi episcopo. » (M. ROBERT. — L'abbé TEXIER, *Manuel d'épigr.*, p. 130.)

[2] « Seigneurs de Maignat :

» L'an 1055, Stephanus major, dominus de Magnaco ;

» L'an 1080, Stephanus junior, dominus de Magnaco, eust guerre contre Aldebert, comte de la Marche, ruina et brusla l'eglise et la ville du Dorat. » (*Vita S. Theobaldi.* : *Tract. de miraculo S. Crucis Dorat.* — ROBERT : D. FONTENEAU, T. XLV, p. 531.)

« 1047. Aldebert II. — Aldebert, fils aîné de Bernard, fut son successeur au comté de la Marche. L'an 1059, il assista au sacre de Philippe Ier. La chronique de Maillezais met sa mort en 1088. Ponce, sa deuxième femme, lui donna Boson..... et Almodis, femme de Roger II de Montgomeri, fils de Roger de Montgomeri et de Mabile, comtesse de Belcème et d'Alençon. » (*L'Art de vérifier les dates*, Paris, 1770, p. 717.)

« Elle (Almodis) fist deffenses en l'an 1119 faire aulcun destourbier au clergé du bourg du Dorat, parce qu'ils avoient souffert pour elle et ses enfants en la guerre qu'elle eust contre Estienne, baron de Maignat ; elle donna au prieuré de Chastain quelques domaines, et apres elle Audebert et

première date se concilie beaucoup mieux avec les documents.

Boson, ses enfants. Boson peu apres mourut. » (ROBERT : D. FONTENEAU, T. XXX, p. 295.)

La conquête de Confolens paraît avoir été la préoccupation constante d'Aldebert I·r et d'Aldebert II. Cette ambitieuse pensée ne réussit pas mieux à Boson III :

« Boson III, fils d'Aldebert II, et son successeur (1088) au comté de la Marche, fut tué, l'an 1091, devant le château de Confolens, dont il faisait le siége, suivant la chronique de Maillezais, sans laisser d'enfants. » (*L'Art de vérifier les dates*, Paris, 1770, p. 717.)

CHAPITRE VII.

—

Dernière maladie de saint Théobald. — Il donne sa ceinture à un de ses amis. — Sa mort. — Traces de macérations. — Ses funérailles.

Comblé des grâces visibles du Seigneur, Théobald poursuivit pendant une longue carrière le cours de ses mortifications et la pratique de ses vertus : avec une infatigable persévérance, il avançait chaque jour dans les voies de la sainteté lorsqu'enfin le Dieu tout-puissant résolut de mettre un terme aux travaux de ce vaillant soldat, et de l'arracher, dans sa miséricorde, aux misères de cette vie. Saint Théobald venait d'entrer dans sa quatre-vingtième année lorsque son corps, exténué par les jeûnes et par les veilles, et semblant ne s'être maintenu jusque là que par miracle, commença tout-à-coup à s'affaiblir d'une manière inquiétante [1].

---

[1] « Multas præterea gratiarum donationes vir Dei Theobaldus Domino obtinebat, quibus vitæ suæ cursum in utram partem fortunatum declinans,

Peu de temps après, miné par la fièvre, en proie à une violente maladie d'entrailles, il résista jusqu'au bout de ses forces par la puissance de la volonté ; succombant enfin sous le poids de la vieillesse et sous les ravages de la maladie, il mourut pour ainsi dire debout. Le corps exténué de saint Théobald fut porté par les chanoines sur la couche austère d'où il ne devait plus se relever [1]. Comme ils se pressaient autour de lui pour lui faire leurs derniers adieux, l'un des plus anciens demanda avec instances à saint Théobald de vouloir bien lui céder, en souvenir de leur vieille amitié, la ceinture qu'il avait portée jusqu'alors. Le mourant s'empressa d'acquiescer à son désir, et cette ceinture, accueillie avec joie, et conservée comme une précieuse relique, ne tarda pas à être l'occasion dont il plut à Dieu de se servir pour opérer des miracles [2].

---

cum perseverantia direxit, quousque omnipotenti Deo visum est emerito militi suo laborum finem ponere et ab ærumnis hujus sæculi miserescendo separare, accedente tempore quo Deus omnipotens servo suo cœlestium gaudiorum præmia pro mercede bonorum operum rependere decreverat, viri Dei corpus jejuniis, vigiliis, orationibus maceratum debilitari cœpit. » (*Vita B. Theobaldi*, apud LABBE, T. II, p. 684.)

[1] « Theobaldus Israeli suo magistro per quinquaginta sex annos superstes angelica puritate, mentis et corporis munditia summa, morum integritate, vitæ innocentia, assidua rerum divinarum meditatione, proximus jam cœlo, febribus et lienteria correptus decumbit. » (*Off. die 31 jan.*, lect. III.)

[2] « Cingulum quo præcingebatur, cuidam canonico ardenter id efflagitanti, in veteris amicitiæ pignus et mnemosynon dat libenter, quod cum gaudio acceptum, et omni diligentia asservatum, edidit postea miracula. » (*Off. die 31 jan.*, lect. III.)

Cependant, sous l'action violente de la maladie, le corps du saint vieillard ne pouvait plus s'assimiler aucune nourriture, et il ne trouvait un peu de rafraîchissement que dans quelques gouttes d'eau froide qui lui étaient servies. Mais, quoiqu'il fût réduit à une faiblesse extrême, son esprit et sa langue ne cessaient pas un seul instant de proclamer les louanges de Dieu [1].

Persévérant dans son amour pour la mortification, il ne souffre pas, malgré les vives instances de ses collègues, qu'on échange son misérable grabat pour une couche plus molle, et il refuse d'y laisser mettre des draps de lin qu'on lui avait préparés. Néanmoins le mal continue ses ravages, et la faiblesse augmente de plus en plus; mais le Saint ne songe nullement à appeler le secours des remèdes corpo-

---

[1] « Tunc servus Dei, vi febrium ac lienteriæ morbo correptus, ad lectulum deportatus est a fratribus, cibum omnibus modis respuens, solo aquæ frigidæ potu refrigerabatur; et, quamvis pure ad extrema deduceretur, mens tamen illius ac lingua a divinis laudibus nunquam cessabat. Accepto itaque corporis et sanguinis Christi viatico, ipse in Dei laudibus et oratione perseverans, præsente caterva fratrum qui ejus exitum psalmodia et letaniis tuebantur, sanctam Creatori et Redemptori suo lætus animam reddidit 8 idus novembris anno Domini M LXX. » (*Vita B. Israëlis*, T. II, p. 684.)

« Vi morbi cibum penitus omnem respuit; sola frigida recreatur; asperioris tamen propositi semper tenax, nec mollius solito stratum componi, nec lina lintea supponi, nec melius in stragulum imponi patitur, licet a collegis instantibus multum diuque rogatus, sed potius omnia duriora reposcit repetitque. Urget acrius ægritudo, nullam tamen corpori medicinam admovet, animæ saluti tantum intentus. » (*Off. die 31 jan.*, lect. III.)

rels : uniquement occupé du salut de son âme, il se confesse pour la dernière fois avec la plus vive contrition ; il reçoit en viatique le corps du Sauveur, et enfin le sacrement de l'Extrême-Onction [1]. Autour de lui se tiennent, dans le recueillement et dans la douleur, tous ses frères les chanoines, qui récitent des psaumes et des litanies afin de le soutenir dans le suprême combat ; sa bouche ne cesse de publier les louanges de Dieu et de prier, lorsque enfin, après une longue agonie, il rend avec joie sa belle âme à son Créateur le 8 des ides de novembre (6 novembre) de l'an 1070, la dixième année du règne de Philippe Ier, roi de France, et sous le pontificat d'Alexandre II.

D'après la coutume de ces temps, le corps de saint Théobald fut lavé avant de recevoir la sépulture [2]; il

---

[1] « Tandem rite confessus et expiatus, sacro dominici corporis viatico refectus, oleo infirmorum inunctus, omnium fratrum orationibus, psalmis ac litaniis adjutus, ut vixerat ita moritur in Domino sanctissime, octavo idus, id est, die sexto novembris, anno Redemptionis humanæ septuagesimo supra millesimum [1]. » (Off. die 31 jan., lect. III.)

« Post obitum beati Theobaldi, multa non obscura in corpore patuere pietatis, et asperæ pœnitentiæ signa, assiduitate orandi callus in genibus sic abductus ut duritie cameli pellem imitaretur [2], maceratæ carnis insignia cilicia et vestis hirsutæ impressa vestigia. » (Off. die 11 febr., lect. VI.)

[2] « ..... Cujus corpusculum lotum, et ut moris est, cilicio contextum,

---

[1] « Il mourut le 6 novembre 1070, l'an dixiesme du regne de Philippe Ier, roy de France, sous le pontificat d'Alexandre II. » (COLLIN, p. 396.)

[2] Comme il est dit de saint Jacques-le-Mineur.

portait les traces évidentes de sa piété et de ses austères pénitences : pendant les heures passées en prières, ses genoux s'étaient durcis au point qu'ils semblaient, comme ceux de saint Jacques-le-Mineur, couverts d'une peau de chameau ; tout son corps gardait les empreintes du cilice et de ses rudes vêtements. On l'ensevelit dans le cilice qu'il avait porté toute sa vie [1].

Les chanoines du Dorat enterrèrent le corps de saint Théobald avec toute la pompe que méritait sa sainteté, pour laquelle ils n'avaient tous qu'une voix, au milieu d'un grand concours de peuple accouru non moins pour le vénérer que pour lui rendre les derniers devoirs. Dès ce moment, Dieu accorda, et il accorde encore aujourd'hui, dit son biographe [2], de grands bienfaits et d'innombrables miracles à ceux qui viennent se prosterner au tombeau de saint Théobald pour se recommander auprès de Dieu par les mérites de son glorieux serviteur.

---

ejusdem ecclesiæ canonici, magno populi conventu, qui ad ejus exitum undique devotus concurrebat, cum digno honore sepelierunt. » (*Vita B. Theobaldi*, apud LABBE, T. II, p. 684.)

[1] « Saint Théobald fut enterré avec le cilice qu'il avoit porté toute sa vie. » (BONAVENTURE, *Annales*, p. 384.)

[2] « Hinc forte colligas sacrum hoc tabernaculum cilicio coopertum (ut moris erat valde notandi) a canonicis magna funeris pompa, et honorario omnium civium comitatu elatum et humatum. » (*Off. die 1 febr.*, lect. VI.)

« Ad cujus tumulum jacentibus et viri Dei merita deposcentibus innumerabilia Deus omnipotens contulit, et usque hodie confert beneficia et miracula. » (*Vita B. Theobaldi*, apud LABBE, T. II, p. 684.)

CHAPITRE VIII.

Miracles après la mort de saint Théobald : Miracle de l'enfant épileptique ; — Délivrance miraculeuse de deux femmes en danger ; — Guérison du chanoine Hugues.

Dieu glorifia aux yeux des hommes celui qui, pendant une longue vie, n'avait travaillé que pour la gloire de son Créateur ; il se plut à faire éclater par de nombreux miracles la puissance extraordinaire qu'il venait d'accorder dans le ciel à son serviteur Théobald. On accourut bientôt de toutes parts au modeste tombeau du Saint avec le même empressement qu'auprès des sanctuaires les plus célèbres, et les nombreuses guérisons opérées par son intercession venaient chaque jour justifier et accroître cette confiance.

En effet, à peine le Saint eut-il rendu le dernier soupir, à peine son âme fut-elle entrée en possession de la gloire qu'une grande espérance s'empara de tous les cœurs : les pauvres qu'il avait secourus, les malades qu'il avait soignés, ne s'arrêtèrent point à pleurer sa mort comme une perte irréparable ; mais, pleins de confiance dans le protecteur qu'ils avaient près de Dieu, ils vinrent de tous côtés lui adresser leurs prières.

Pendant qu'on faisait les préparatifs pour les funérailles de saint Théobald, un enfant [1] de la ville du Dorat, dont les parents habitaient à une faible distance de l'église, fut conduit par son père près de la tombe nouvellement creusée. Ce malheureux était sujet à des attaques d'épilepsie ou de mal caduc. Arrivé sur le bord de la fosse encore vide, il se prosterne, et il prie longtemps sur la terre fraîchement remuée ; puis, sans changer de place, il se couche, et s'endort bientôt d'un profond sommeil. Pendant ce temps, l'on célébrait dans l'église, au milieu d'un grand concours de peuple, les cérémonies funèbres devant le corps de saint Théobald. L'office terminé, le cortége se met en marche et pénètre dans le cimetière : éveillé par le chant des clercs et par le bruit du cortége

---

[1] « Hinc tot signa et prodigia, tot virtutes virtutis admirandæ testimonia.
» Puer Doratensis dictionis, nec longe distans ab ecclesia, epilepsia, seu caduco morbo agitatus, ad Sancti sepulchrum a patre deducitur, orat, super humum recens effusam accumbit, tota die dormit, sub vesperum excitatus a parente sanus omnino suscipitur, et, post debitam gratiarum actionem, domum reducitur. (*Off. die* 1 *febr.*, lect. VI.)

« ..... fut conduit par son pere au lieu où l'on creusoit la terre pour faire la fosse où l'on devoit enterrer ce saint corps. Ce pauvre malade s'assit sur la terre qu'on avoit tirée de la fosse, où il s'endormit pendant que les prestres chantoient l'office des morts..... S'esveillant comme les prestres approchoient pour mettre ce precieux depost dans la terre, se trouva tout a fait guery..... (COLLIN, p. 397.)

qui accompagnait les restes de saint Théobald, l'enfant se trouva complètement guéri; et, après avoir témoigné publiquement de sa reconnaissance, il fut ramené sain et sauf par son père dans sa demeure.

Peu de temps après [1], deux femmes en couches, tourmentées par de cruelles douleurs, se trouvaient dans un pressant danger. Les personnes qui les entouraient, pleines de confiance dans l'intercession de saint Théobald, leur appliquèrent la ceinture dont le bienheureux avait fait don en mourant à l'un des membres du chapitre. Aussitôt qu'elles en eurent été entourées, les douleurs cessèrent, et furent bientôt suivies d'une heureuse délivrance.

Plus tard, Hugues [2], chanoine du chapitre du Dorat, et

---

[1] « Duæ mulieres prægnantes, et partui proximæ, quarum una periclitabatur, quoniam fœtus in alvo volutabatur, ubi beati Theobaldi zona illa (quam sub exitum datam, et diligenti cura custoditam diximus) præcinctæ fuerunt, feliciter exinde puerperæ fructus suos diversis temporibus effuderunt. » (*Off. die* 1 *febr.*, lect. VI.)

[2] « Hugo, canonicus Doratensis, collega et consanguineus sancti Theobaldi, febribus totus adustus et semiexhaustus, cum de valetudine sua ferme desperaret, rogat per nuntios alios sodales suos ut sibi moribundo et mox morituro confestim assistant, et quæ possidebat bona disponant. Interim venit ei in mentem cognati et amici sui Theobaldi; ad ejus tumulum, ut potest, procedit : ibi suppliciter Deum precatur, procumbit, somno corripitur; expergefactus, invenitur a fratribus salvus et incolumis, non sine congratulatione, et divinæ bonitatis grati animi debita significatione. » (*Off. die* 1 *febr.*, lect. VI.)

« S'estant reveillé, il s'en retourna de son pied, sans aucune incommodité, au grand estonnement de tous ceux qui ne songeoient plus qu'à son enterrement. » (COLLIN, p. 397.)

qui non-seulement avait été le confrère de saint Théobald, mais encore se trouvait être membre de la même famille, Hugues le chanoine était miné et exténué par la fièvre. Un jour, désespérant de recouvrer la santé, il envoie des messagers à ses collègues les chanoines pour les prier de venir assister à ses derniers moments et disposer de ses biens. Après le départ des envoyés, sa pensée se reporte vers le souvenir de saint Théobald, son parent et son ami; il se dirige comme il peut et en chancelant vers le tombeau. Là il supplie Dieu avec instance par l'intercession du Saint; il se prosterne sur le sol, et bientôt le sommeil s'empare de lui. A son réveil, il est retrouvé complètement guéri par les chanoines accourus dans le cimetière, et qui l'entourent en lui offrant leurs félicitations; tous ces religieux, qui, quelques instants auparavant, ne songeaient guère à autre chose qu'à lui rendre les derniers devoirs, s'unissent à lui pour remercier Dieu de sa guérison. Puis il regagne à pied sa demeure, sans éprouver aucune incommodité, au milieu des acclamations de tous les assistants.

Plusieurs miracles analogues furent accomplis à différentes époques et dans les mêmes circonstances sur le tombeau de saint Théobald : aussi Pierre Robert disait-il de saint Théobald près de six siècles plus tard (1640) : « Ceux qui se couchent sur son tombeau, et qui intercedent le bienheureux Saint, le Dieu tout puissant leur a toujours octroyé jusques à present plusieurs graces et bénéfices [1]. »

---

[1] P. Robert : D. Fonteneau, T. XXX, p. 919.

TROISIÈME PARTIE.

HISTOIRE

DES

RELIQUES ET DU CULTE

DE SAINT ISRAEL
ET DE SAINT THÉOBALD.

NOTICE SUR L'ÉGLISE DU DORAT.

CHAPITRE 1ᴱᴿ.

Visions célestes sur la tombe de saint Israël et de saint Théobald. — Translation des saintes reliques du cimetière commun dans l'église Saint-Pierre (1130).

L'oratoire élevé par la piété des fidèles sur les tombeaux de saint Israël et de saint Théobald garda jusqu'à l'année 1130 leurs précieuses reliques. Les restes de saint Israël y reposèrent pendant cent seize ans, et ceux de son glorieux disciple saint Théobald, pendant soixante ans.

Ce modeste sanctuaire, rendu illustre dans tout le pays par la présence des saintes reliques, par les nombreux et éclatants miracles qui y furent opérés, et par le concours incessant des fidèles qui venaient invoquer saint Israël et saint Théobald, a été depuis remplacé par une chapelle en pierre plusieurs fois reconstruite. Il était situé à l'orient et au-dessous des cloîtres du monastère, au milieu des tombes du cimetière commun : huit siècles n'ont pu le faire oublier ; et, malgré les changements qui se sont accomplis tout autour, une chapelle s'élève encore à la même place dans le cimetière dont l'enceinte a été plusieurs fois modifiée.

Vers 1130 [1], il fut agréable à la divine Majesté de montrer par des signes évidents que les restes de ses serviteurs devaient recevoir un asile plus convenable dans la grande basilique de Saint-Pierre, dont la construction touchait à son terme : Ramnulphe, abbé du monastère, et deux de ses vénérables collègues, Aimeric de Saint-Hilaire et Boson d'Asnières, entendirent au même instant un merveilleux concert. C'était au milieu de la nuit, à l'heure où le chant du coq annonçait l'office des

---

[1] « Jacebant sacra beatorum confessorum Israelis et Theobaldi corpora inter cetera cadaverum monumenta, in communi cœmeterio sepulta, illius quidem a sexdecim supra centum, istius vero a sexaginta annis sub illo ligneo tuguriolo, coruscante tamen frequentibus signis et virtutibus : cum visum est divinæ Majestati non obscure indicare e beneplacito suo et majori gloria fore si intra ecclesiam translata decentius et honorabilius collocarentur. Nam a Ramnulpho, ea tempestate abbate, duobusque ejus comitibus canonicis, Aimerico de Sancto Hilario, et Bosone Asininio, nocte intempesta, ante Gallicenium auditæ voces suavissimæ beatorum spirituum concentu plane cœlesti et angelico per cœmeterium procedentium, et psalmum octuagesimum quartum, cujus initium : *Benedixisti, Domine, terram tuam*, ita concinentium, ut ab uno velut præcentore et magistro chori inchoatus, non solum ab angelis, sed etiam ab excitatis e cœmeterio defunctis, ad modulationem sexti toni decantaretur; agebat scilicet diem festum prius Cœlum, indicabatque magnum gaudium cœlestis curiæ : si illa pretiosissima pignora solemni ritu extracta devectaque terræ honorificentius colerentur. » (*Off. die 3 febr.*, lect. IV.)

nocturnes; les voix des esprits bienheureux, avec une harmonie céleste et une suavité angélique, chantaient le psaume quatre-vingt-quatrième : « *Benedixisti, Domine, terram tuam; avertisti captivitatem Jacob* : Vous avez béni votre terre, Seigneur, vous avez détourné de Jacob la captivité, etc. ». Elles semblaient se mouvoir avec lenteur : on eut dit une procession se déroulant à travers le cimetière, dirigée par le maître du chœur, et faisant retentir alternativement les versets du psaume, que se renvoyaient les voix des anges unies à celles des morts du cimetière réveillés de leur sommeil. Le Ciel, préludant à la fête qu'on préparait déjà, montrait par avance la joie que devait procurer aux habitants de la céleste patrie la translation solennelle des précieuses reliques dans un lieu moins indigne de la gloire des Saints et de la piété des fidèles. Les témoins de cette merveilleuse scène laissèrent, sous une forme authentique, le témoignage et le récit de leur vision.

Le 27 janvier 1130, jour marqué pour la cérémonie, les corps des Saints furent levés de terre au milieu d'un grand concours de peuple, et transportés processionnellement dans la basilique dédiée au prince des Apôtres. Ils ne furent pas immédiatement déposés au lieu qui leur était destiné [1]; mais, pour faciliter la dévotion des fidèles, et

---

[1] Deportantur igitur primum in divi Jacobi, deinde in beatæ Mariæ sacellum, ubi licet arctius recondita, patentibus prodebant se virtutibus, postremo in sanctæ Magdalenæ sacram cellulam ad latera aræ in crypta seu testudine subterranea (quam ideo modo sepulchrum vocant) in basilica principis apostolorum, ut hodie conspiciantur. » (*Off. die 3 febr.*, lect. IV.)

pour honorer les saints qui avaient déjà des autels dans l'église, on fit faire aux reliques de saint Israël et de saint Théobald deux stations : la première, à la chapelle de l'apôtre saint Jacques; la seconde, à celle de la sainte Vierge. Là, quoique profondément cachées à tous les regards dans les châsses qui les contenaient, elles traduisirent fréquemment au-dehors leur puissance par d'éclatants miracles. Enfin, descendues et déposées dans la crypte souterraine, elles furent placées aux deux côtés de l'autel déjà dédié à sainte Madeleine : à partir de ce moment, la crypte prit le nom de *Sépulcre*.

La pompe de cette translation fut relevée par la présence d'Eustorge, évêque de Limoges [1], qui célébra le saint sacrifice, et présida les différentes cérémonies. Il avait été invité à cette pieuse solennité par le clergé et par le peuple du Dorat. C'est ainsi que les reliques de saint Israël et de saint Théobald, déjà en grande vénération auprès des fidèles, furent exposées canoniquement sur les autels par l'évêque de Limoges pour y recevoir les prières et les hommages religieux du peuple chrétien.

---

[1] « Hunc diem festum translationis, qui fuit vigesimus septimus januarii anni Domini millesimi centesimi trigesimi, cohonestavit sua præsentia, suis sacrificiis precibusque sacris præsul Lemovicensis Eustorgius a clero plebeque Doratensi, ad agendam solemnitatis pietatem et celebritatem evocatus. » (*Officium die* 3 *febr.*, lect. IV.)

« Ejus sanctitas, cum per crebra quæ ad ejus tumulum facta sunt miracula innotuisset, Eustorgius, Lemovicensis episcopus, sacrum illius corpus in ædiculam subterraneam, intra Sancti Petri templum substructam, translatum, venerandum populis exposuit, quod postea, procurantibus canonicis et tota urbe Dorati, in deaurata capsa decentissime depositum est. » (*Proprium SS.*, M DC XCIX, p. 48, 49.)

CHAPITRE II.

Miracles opérés à la suite de la translation des saintes reliques (1130) : — 1° Miracle en faveur de Stéphanie; 2° Miracle en faveur de Le Gros (Crassus), maître tailleur de pierres.

L'office de saint Israël et de saint Théobald contient le récit de plusieurs miracles opérés le jour de la translation de leurs reliques :

« Qui donc osera nier, dit-il [1], qu'elle soit bénie, cette

---

[1] « Quis igitur neget terram illam, urbem ecclesiamque Doratensem benedictam cui benedixit Dominus? Quam angeli et beatæ defunctorum animæ, vivi et mortui beatam prædicant canuntque benedictam? quam sanctorum confessorum ortus, vita, mors sacra, reliquiæ virtutesque commendant? Nam hanc etiam diem festum, sacrumque locum multa exornaverunt miracula : mulier cui nomen Stephana annos nata septemdecim, pauper et mendica, victum ostiatim quæritans, infra lumbos adeo contortis membris deformis ut ejus tibias inversas fœmoribus junctas, eamque

terre, cette ville, cette église du Dorat que le Seigneur lui-même a bénie; que les anges et les âmes bienheureuses des défunts, que les vivants et les morts proclament et chantent comme bénie; que recommandent la naissance, la vie, la mort, les reliques sacrées et les vertus des saints confesseurs? car ce jour de fête, ce lieu saint, ont été favorisés de nombreux miracles. Une femme du nom de Stéphanie, âgée de dix-sept ans, pauvre et mendiante, et qui demandait sa nourriture de porte en porte, avait tout le bas du corps difforme et les membres tellement tourmentés que les jambes étaient repliées et fortement appliquées en arrière, en sorte que, rampant sur les mains et ne pouvant marcher sur les pieds, elle ressemblait plutôt à un monstre qu'à une créature humaine. Cependant, douée d'une foi droite et entière en Dieu, d'une ferme confiance, et soutenue contre le doute et les incertitudes de quelques personnes par les salutaires avis

---

reptare manibus, non incedere pedibus, monstro quam fœminæ similiorem vidisses. Recta tamen et integra fide in Deum, fiducia firma, et salutaribus præsertim monitis admodum reverendi pontificis auxilium solatiumque a sanctis confessoribus ei promittentis contra quosdam dubitantes et obnitentes obfirmata, ad utriusque sepulchrum prosternit sese, implorat, plorat, orat, exorat : quæ erat incurvata erigitur, recta tantisper progreditur, sed quoniam nondum pedibus firmiter ingredi poterat, dum ibidem noctu Deum deprecatur, apparet angelus gloriosus, monetque ad divi Michaelis archangeli templum proximum ascendat. Paret, superat montem ad æris campani pulsum, supplicat, et mox ad divi Petri descendit ecclesiam mane pedibus firmis, toto erecto corpore, et omnino sana ad majorem Dei sanctorumque gloriam. » (*Off. die* 3 *febr.*, lect. V.)

de notre très-révérend pontife, qui lui promettait secours et consolation de la part des saints confesseurs Israël et Théobald, elle se prosterne devant le tombeau de chacun des deux Saints, elle implore, elle pleure, elle prie, elle supplie. Enfin la malheureuse ainsi pliée se redresse ; elle se tient debout et fait quelques pas en avant. Mais comme elle ne pouvait marcher encore que d'un pied mal affermi, pendant que là, devant ces tombeaux, elle supplie Dieu durant la nuit, un ange tout rayonnant lui apparaît, et l'avertit de monter jusqu'à l'église toute voisine de l'archange saint Michel [1]. Elle obéit : elle gravit la colline au premier son de la cloche, elle prie avec instance, et bientôt, dans cette même matinée, elle redescend à l'église de Saint-Pierre d'un pas ferme, tout le corps redressé et entièrement guéri à la plus grande gloire de Dieu et des Saints »

Un autre miracle non moins admirable [2] fut opéré le même jour par l'intercession des Saints. Un maître tailleur

---

[1] L'église Saint-Michel occupait l'emplacement du couvent du Carmel. On voit, place Saint-Michel, le linteau de la porte de cette église détruite, engagé dans une muraille. Il est couvert d'une inscription latine, éditée par l'abbé Texier dans son *Manuel d'épigraphie*.

[2] « Nec minus admirandum miraculum quod factum est in gratiam lapidicæ Crassi nomine, viri pii et devoti. Cum enim utriusque Sancti Sepulchrum, sine ulla spe lucri, solo pietatis motu, affabre mirum quantum expoliisset, accidit ut ejus gener in febrim gravissimam inciderit. Quid faciat socer pientissimus? Divos orat obtestaturque tam ardenter genero suo pristinam impetrens a Deo valetudinem, ut statim, exaudita ejus deprecatione, æger, ad sinistram soceri sedens, penitus convaluerit, ac si Deus ipse febri comminans imperasset. » (*Off. die 3 febr.*, lect. VI.)

de pierres, nommé Le Gros, homme plein de piété et de dévotion, probablement l'un des plus habiles représentants de cette école d'excellents ouvriers qui travaillaient à la basilique de Saint-Pierre du Dorat, s'était chargé d'exécuter les tombeaux des deux Saints, destinés à la chapelle souterraine. Voulant faire une œuvre de piété plutôt qu'un travail lucratif, il accomplit sa tâche avec une grande perfection, et il polit d'une manière admirable la pierre du tombeau. Or, au moment de la translation des saintes reliques, son gendre se trouvait en proie à une fièvre violente et dangereuse. Que fait ce père plein de piété? il prie les Saints, il les supplie avec tant d'ardeur d'obtenir de Dieu que son gendre soit rendu à la santé que sa demande est sur-le-champ exaucée : le malade, qui, pendant cette fervente prière, était assis à la gauche de son beau-père, se trouva tout-à-coup entièrement guéri. On eût dit que Dieu lui-même venait de commander impérieusement à la fièvre de se retirer.

Plusieurs autres miracles [1] furent opérés par les mérites et par les suffrages des bienheureux confesseurs, soit le jour même de leur translation, soit à diverses autres époques. Saint Israël et saint Théobald ne manquèrent point en cette occasion et ils n'ont jamais manqué de venir au secours de ceux qui les invoquent avec foi et avec piété.

---

[1] « Plures alias virtutes operata sunt beatorum confessorum merita et suffragia, cum illo ipso translationis die, tum aliis temporibus, nec defuerunt nec desunt unquam auxilio suorum clientum Doratensium, qui tam bonos, tam potentes patronos, ea qua par est fide pietateque colucre coluntque invocantes. » (*Off. die 3 feb.*, lect. VI.)

CHAPITRE III.

De 1130 à 1659. — Saintes reliques. — Confrérie des saints Israël et Théobald.

De 1130 à 1659, peu de témoignages nous parlent du culte et des reliques de nos Saints : néanmoins, vers la fin du XIIIe siècle, leur présence dans l'église du Dorat est constatée par un témoignage important : le dominicain Bernard Guidonis, né en Limousin l'an 1260, mort évêque de Lodève l'an 1331, qui passait pour l'un des hommes les plus savants de son siècle, composa un « Traité des Saints dont les reliques décorent les églises du diocèse de Limoges ». Il y parle en ces termes de saint Israël et de saint Théobald [1] :

---

[1] « XXXIX. — Sanctus Isilus et sanctus Theobaldus quiescunt in ecclesia Damacensi, qui vita et miraculis pariter claruerunt : quorum primus S. Isilus B. Gatterium, abbatem Stirpensem, enutrivit et docuit. » (*Tractatus de Sanctis qui ornant Lemovicensem diœcesim*, apud LABBE.)

N. B. Nous ignorons si Isilus, cette forme très-insolite du nom de saint

« Saint Israël et saint Théobald reposent dans l'église du Dorat. Tous les deux ils furent également illustres par leur vie et par leurs miracles. Le premier d'entre eux, saint Israël, fut comme le nourricier et le précepteur du bienheureux Gautier, abbé de Leiterps. »

※

En 1417, on fit un inventaire des *reliques* et des ornements du chapitre du Dorat qui serait extrêmement précieux pour nous. Ce document, aujourd'hui égaré ou détruit, était, avant la Révolution, conservé dans la Ire cassette des titres du chapitre du Dorat, sous le n° 56. Nous le rappelons comme une indication utile.

※

En 1495, l'évêque de Limoges Jean Barthon de Montbas I, qui, deux années plus tard, fut nommé archevêque de Nazareth, voulut être enrôlé dans la *frérie* ou confrérie des saints Israël et Théobald. Le Manuel de dévotion dit [1] qu'il en fut le fondateur; l'abbé Legros affirme seulement, d'après les manuscrits de l'évêché de Limoges [2], qu'il *voulut* en faire partie, donnant ainsi à entendre qu'il faut rapporter à une date plus ancienne l'établissement de cette confrérie, dont les registres portent les noms de toutes les familles les plus honorables

---

Israël n'est pas une faute d'impression dans un texte qui en renferme beaucoup d'autres : par exemple, *Damacensi* est mis évidemment pour *Dauracensi*.

[1] Edition de 1806, p. 48.

[2] Mss. episcopatus Lemovicensis. (LEGROS.

du Dorat. M. Maurice Ardant en parle en ces termes :
« Il existe au Dorat une Confrérie..., composée des personnes les plus honorables de la ville, qui portent l'ancien costume (tunique de lin blanc, ceinture rose et verte frangée d'argent), et se relèvent pour veiller en priant auprès des reliques pendant la durée de l'Ostension [1] ». La Confrérie comprend un grand nombre d'associés appartenant soit à la ville du Dorat, soit à des contrées éloignées.

※

Le pape Alexandre VII *confirma*, le 22 juillet 1659, la Confrérie des saints Israël et Théobald [2].

※

Elle fut approuvée de nouveau par Mgr de Lafayette [3], évêque de Limoges, dont l'épiscopat embrasse la longue période qui s'étend de 1627 à 1676. C'est d'après l'autorisation de ce prélat qu'eut lieu la translation dont nous allons parler au chapitre suivant.

※

Notre Saint-Père le pape Pie IX vient d'enrichir la Confrérie de précieuses indulgences par un bref dont voici la teneur :

---

[1] *Des Ostensions*, 1848, p. 128.
[2] *Manuel de dévotion*, 1841, p. xx.
[3] *Ibid.*

PIE IX, PAPE [1].

Pour en perpétuer le souvenir.

Ayant appris que dans l'église paroissiale du « Dorat », au diocèse de Limoges, il existe, sous le vocable des saints Israël et Théobald, une pieuse et dévote Confrérie érigée canoniquement à ce que l'on pense, et dont les confrères ont pour coutume ou pour but de pratiquer des actes nombreux de piété et de charité ;

Nous appuyant avec confiance sur la miséricorde du Dieu tout-puissant et sur l'autorité des bienheureux Pierre et Paul, ses apôtres, afin que cette Confrérie prenne chaque jour de plus grands accroissements, Nous accordons une indulgence plénière à tous les chrétiens fidèles,

---

[1]   PIUS P P. IX.

Ad perpetuam rei memoriam.

Cum sicut accepimus in ecclesia parociali loci vulgo « Dorat » nuncupati, Lemovicensis diœcesis, pia et devota confraternitas, sub titulo SS. Israelis et Theobaldi, canonice, ut putatur, erecta existat, cujus sodales quamplurima pietatis ac charitatis opera exercere consueverunt, seu intendunt;

Nos, ut confraternitas hujusmodi majora in dies suscipiat incrementa, de omnipotentis Dei misericordia, ac beatorum Petri et Pauli, apostolorum ejus auctoritate confisi, omnibus christifidelibus qui dictam Confraternitatem in posterum ingredientur die primo eorum ingressus, si vere pœnitentes et confessi sanctissimum Eucharistiæ Sacramentum sumpserint, plenariam;

Ac tam descriptis, quam postea describendis in dicta Confraternitate sodalibus in cujuslibet eorum mortis articulo, si vere quoque pœnitentes et

le jour même de leur enrôlement dans ladite Confrérie, si, vraiment pénitents et confessés, ils reçoivent le très-saint Sacrement de l'Eucharistie.

Nous accordons de même une indulgence plénière, à l'article de la mort, à tous ceux qui font partie de ladite Confrérie, ou qui en feront partie dans la suite, si, vraiment pénitents, contrits et confessés, ils se nourrissent de la sainte communion ; ou bien, dans le cas où ils ne pourraient remplir ces conditions, si, repentants de leurs péchés, ils invoquent dévotement de bouche, ou au moins de cœur, le nom de Jésus.

Nous accordons de même, miséricordieusement dans le Seigneur, pour le présent et pour toute la durée de ladite Confrérie, une indulgence plénière et la rémission de tous leurs péchés, à ces mêmes confrères, si, vraiment

---

confessi ac sacra communione refecti, vel quatenus id facere nequiverint, saltem contriti, nomen Jesu ore si potuerint, sin minus corde devote invocaverint, etiam plenariam ;

Necnon eisdem nunc et pro tempore existentiæ dictæ Confraternitatis sodalibus etiam vere pœnitentibus et confessis ac sacra communione refectis, qui præfatæ Confraternitatis ecclesiam, seu capellam vel oratorium die festo principali dictæ Confraternitatis per eosdem sodales semel tantum eligendo, et ab Ordinario approbando, vel uno ex septem diebus continuis immediate subsequentibus, cujusque sodalium arbitrio sibi eligendo singulis annis devote visitaverint, et ibi pro christianorum principum concordia, hæresum extirpatione ac S. Matris Ecclesiæ exaltatione pias ad Deum preces effuderint, quo die præfatorum id egerint, plenariam similiter omnium peccatorum suorum indulgentiam et remissionem misericorditer in Domino concedimus.

Insuper dictis sodalibus corde saltem contritis ecclesiam, seu capellam, vel oratorium hujusmodi in quatuor aliis anni feriatis, vel non feriatis,

pénitents et confessés, et nourris de la sainte communion, ils visitent dévotement l'église, ou la chapelle, ou l'oratoire de ladite Confrérie, le jour de la fête principale de la Confrérie, qui sera choisi, une fois pour toutes, par les

---

seu Dominicis diebus per memoratos sodales semel tantum eligendis et ab eodem Ordinario approbandis, ut supra visitantibus, et ibidem orantibus, quo die præfatorum id egerint, septem annos totidemque quadragenas.

Quoties vero missis et aliis divinis officiis in ecclesia, seu capella, vel oratorio hujusmodi pro tempore celebrandis et recitandis interfuerint, aut quascumque processiones de licentia Ordinarii faciendas, sanctissimumque Eucharistiæ sacramentum tam in processionibus quam cum ad infirmos, aut alias quocumque et quandocumque pro tempore deferetur, comitati fuerint, vel si impediti, campanæ ad id signo dato, semel Orationem dominicam et Salutationem angelicam dixerint, aut etiam quinquies Orationem et Salutationem easdem pro animabus defunctorum sodalium hujusmodi recitaverint, aut quodcumque aliud pietatis vel charitatis opus exercuerint, toties pro quolibet prædictorum operum exercitio sexaginta dies, de injunctis eis seu alias quomodolibet debitis pœnitentiis, in forma Ecclesiæ consueta relaxamus.

Quas omnes et singulas indulgentias, peccatorum remissiones ac pœnitentiarum relaxationes, etiam animabus christifidelium, quæ Deo in charitate conjunctæ ab hac luce migraverint per modum suffragii applicari posse misericorditer in Domino indulgemus.

Præsentibus perpetuis futuris temporibus valituris. Volumus autem ut, si quodcumque aliud indultum huic simile alias concessum fuerit, illud sit revocatum prout per præsentes revocamus; vel si alias dictis sodalibus præmissa peragentibus aliqua alia indulgentia similis perpetuo vel ad tempus nondum elapsum duratura concessa fuerit, illa revocata sit, prout per præsentes Apostolica Auctoritate revocamus; atque, si dicta Confraternitas alicui archiconfraternitati aggregata jam sit, vel in posterum aggregetur, aut quavis alia ratione uniatur, vel etiam quomodolibet instituatur,

confrères, et approuvé par l'ordinaire [1], ou l'un des sept jours qui suivront immédiatement, et que chaque confrère choisira librement tous les ans, à condition qu'ils répandront devant Dieu des prières ferventes pour la concorde entre les princes chrétiens, l'extirpation des hérésies et l'exaltation de notre mère la sainte Eglise.

De plus, pour quatre jours fériés ou non, ou quatre dimanches, qui seront choisis, une fois pour toutes, par les confrères, et approuvés par l'Ordinaire [2], Nous accordons sept ans et sept quarantaines à tous lesdits confrères qui, au moins contrits de cœur, visiteront, comme il a été dit plus haut, l'église, ou la chapelle, ou l'oratoire.

En outre, chaque fois qu'ils assisteront aux messes qui seront célébrées et aux autres divins offices qui auront

---

priores et quævis aliæ Litteræ apostolicæ illis nullatenus suffragentur, sed ex tunc eo ipso nullæ sint.

Datum Romæ, apud Sanctum Petrum, sub annulo Piscatoris, die XVI februarii MDCCCLXIX, pontificatus nostri anno vigesimo tertio.

Pro D° card. PARACCIANI CLARELLI :

FELIX PROFILI, substitutus.

Vidimus et executioni Mandavimus.

Lemovicis, die 23 februarii 1869.

FELIX, Ep. Lemovicensis.

[1] La fête principale de la Confrérie est la fête des saints Israël et Théobald, qui tombe le 13 septembre.

[2] Les quatre jours choisis et approuvés sont les fêtes de l'Invention de la Sainte-Croix (3 mai), de saint Pierre et saint Paul (29 juin), de saint Pierre-ès-Liens (1er août), et de l'Exaltation de la Sainte-Croix (14 septembre).

lieu dans l'église, ou dans la chapelle, ou dans l'oratoire de la Confrérie, ou bien qu'ils suivront les processions autorisées par l'Ordinaire, et toutes les fois qu'ils accompagneront le très-saint Sacrement de l'Eucharistie porté en procession ou aux malades, ou en quelque temps que ce soit; ou si, en étant empêchés, ils disent, au signal de la cloche donné dans ce but, une fois l'Oraison dominicale et la Salutation angélique; ou même quand ils réciteront cinq fois de suite cette même oraison et cette salutation pour les âmes des confrères défunts; ou chaque fois qu'ils feront une œuvre quelconque de piété et de charité, autant de fois et pour chaque exercice des œuvres susdites, nous leur accordons, dans la forme accoutumée de l'Eglise, rémission de soixante jours des pénitences qui leur auraient été imposées, ou de toute autre pénitence dont ils seraient autrement, et de quelque manière que ce soit, les débiteurs.

Toutes ces indulgences, ces rémissions de péchés et rélaxations des pénitences, Nous accordons miséricordieusement dans le Seigneur qu'elles puissent être appliquées par voie de suffrage aux âmes des chrétiens fidèles qui ont quitté cette vie en union avec Dieu dans la charité.

Ces indulgences sont valables pour le présent et pour l'avenir à perpétuité; mais Nous voulons que, si un autre Indult semblable à celui-ci a été accordé autrefois, il soit révoqué, comme Nous le révoquons par les présentes, ou si quelque autre indulgence perpétuelle ou temporaire, mais durant encore, a été accordée aux confrères, qu'elle soit révoquée, comme nous la révoquons par ces présentes, en vertu de l'autorité apostolique, et que, si ladite Confrérie était déjà agrégée à quelque Archiconfrérie, ou si plus tard elle devenait agrégée ou unie de quelque manière que ce soit, ou si sa constitution venait à être modifiée, que les premières lettres apostoliques et toutes autres ne lui soient en aucune manière favorables, et que par là même, dès ce moment, elles soient nulles.

Donné à Rome, à Saint-Pierre, sous l'anneau du Pêcheur, le xvi février mdccclxix, l'an vingt-trois de notre Pontificat.

Pour son Eminence le cardinal Paracciani Clarelli :

Félix Profili, substitut.

Nota. — D'après le règlement de la Confrérie, approuvé par Mgr l'Évêque de Limoges, toutes les personnes de l'un et de l'autre sexe, quel que soit leur âge, peuvent faire partie de la Confrérie de Saint-Israël et de Saint-Théobald, et, par conséquent, participer aux messes, aux indulgences, aux prières et aux bonnes œuvres de la Confrérie. — Une messe est dite chaque jour de l'octave de la fête de saint Israël et de saint Théobald, et chaque mois pour les vivants et les défunts de la Confrérie. — On donne 60 centimes l'année où l'on est inscrit dans la Confrérie, et 30 centimes chacune des années suivantes, pour contribuer aux frais du culte de saint Israël et de saint Théobald.

CHAPITRE IV.

Translation des saintes Reliques de la crypte dans le sanctuaire de l'église du Dorat (1659).

En 1659, les corps des bienheureux saints Israël et Théobald étaient renfermés, depuis l'an 1130, dans les deux tombeaux en granit bleuâtre dit pierre de grison, dur comme l'acier, qu'avait exécutés avec tant de soin et d'intelligence maître Le Gros. Ils y avaient reposé pendant cinq cent vingt-neuf ans, entourés du respect, de l'amour et de la reconnaissance des populations d'alentour, dont la pieuse affluence avait usé la double série de marches de granit qui, de chaque bras du transept, descend dans la crypte. La crypte elle-même ou église souterraine avait changé de nom : elle s'appelait le sépulcre à cause des corps saints qu'elle renfermait.

Indépendamment de l'autel situé au milieu, et qui subsiste encore, il y avait trois chapelles ; les quatre autels [1] de la

---

[1] « La crypte de l'eglise est appelee le Sepulcre parce qu'elle renferme les saints corps des bienheureux Israël et Theobald. Elle renferme quatre

crypte étaient dédiés à sainte Anne, à saint Blaise, à saint Laurent et à sainte Marie-Madeleine. Aux deux côtés de ce dernier autel se trouvaient les tombeaux de granit renfermant les corps de saint Israël et de saint Théobald. La chapelle qui les contenait, dédiée primitivement à sainte Marie-Madeleine, conservait son titre ancien, tout en s'appelant de préférence la chapelle de Saint-Israël et de Saint-Théobald.

Cependant il arriva un moment où la piété des fidèles ne fut plus satisfaite d'aller trouver dans la partie souterraine de l'église les reliques des Saints : il ne suffisait plus à la dévotion, devenue plus expansive, de les posséder en un lieu obscur et difficilement accessible, et de les tenir, avec un soin jaloux, enfermées loin de tous les regards, dans leurs cercueils de pierre. Le 20 mars 1659, par les soins et à la prière des chanoines et de la ville entière du Dorat [1], Monseigneur de La Fayette, évêque de Limoges,

---

chapelles et autant d'autels, savoir : de Sainte-Anne, — de Saint-Blaise, de Saint-Laurent, — des Saints Israël et Theobald. Cette dernière chapelle porte aussi le titre de Sainte-Marie-Madeleine, probablement parce qu'elle étoit déjà dediée à cette Sainte avant d'avoir reçu les précieux corps de saint Israël et de saint Theobald, qui sont eleves dans deux tombeaux en pierre de grison aux deux côtes de cet autel. » (ROBERT : D. FONTENEAU. T. XXX, p. 627.)

[1] « Tandem, anno 1659 idibus septembris (*Prop. canon.*), procurantibus canonicis et tota urbe Daurati, in deauratas capsas (*Propr.*, 1674) transposita (corpora), Franciscus, Sarlatensis antistes, de licentia alterius Francisci, Lemovicensis episcopi, transportavit cum magna solemnitate ad utrumque latus arae principis ecclesiae : — atque ab eo tempore utriusque

accorda à Monseigneur de Salaignac, évêque de Sarlat, l'autorisation de transporter les saintes reliques de la crypte dans l'église supérieure, et de les établir dans deux châsses dorées de chaque côté du maître-autel, où elles furent en effet transportées avec la plus grande solennité.

Cette cérémonie eut lieu le 13 septembre de la même année. Pour en consacrer le souvenir, comme aussi pour éviter l'occurrence de fêtes plus anciennes, on fixa la grande solennité de Saint-Israël et de Saint-Théobald au 13 septembre, décision encore en vigueur de nos jours, après deux cent vingt-et-un ans écoulés. On avait jusqu'alors célébré simultanément la fête des deux Saints le 27 janvier; elle était suivie d'une octave.

Cette date de 1659 est remarquable à un autre point de vue. Par le même rescrit du 20 mars Monseigneur de Lafayette accordait également de faire l'*Ostension* des saintes reliques de sept années en sept années, comme c'était déjà la pratique de toutes les églises du diocèse qui possèdent des reliques insignes [1].

Les chapitres du Dorat et de Saint-Junien profitèrent de l'ouverture solennelle des tombeaux, scellés depuis tant de siècles, pour renouveler la sainte alliance que le bienheureux Israël avait cimentée entre eux. Ils obtinrent

---

festum in diem 13 septembris repositum est propter alia festa antiquiora occurrentia. » (LEGROS, *Vie de S. Théobald*.)

[1] « Monseigneur de La Fayette,..... le 20 mars 1659,..... accorda aussi de faire l'ostension des saintes reliques de sept ans en sept ans, comme c'est la pratique des autres églises du diocèse où il repose des ossements des Saints. » *Manuel de dévotion*. 1806. p. 42.

de Monseigneur de La Fayette la permission d'échanger des parcelles de leurs précieux trésors. Le chapitre du Dorat envoya aux chanoines de Saint-Junien un os des côtes du glorieux saint Israël et un ossement du corps de son bienheureux disciple Théobald [1]. Le chapitre de Saint-Junien envoya en retour aux chanoines du Dorat des ossements de saint Rorice, évêque de Limoges, qui avait été miraculeusement guéri par saint Junien, et de saint Amand, le maître de saint Junien dans la vie spirituelle.

---

[1] *Manuel de dévotion*, 1806, p. 21.

CHAPITRE V.

—

**Miracles opérés après la translation de 1659 :
— 1º Une enfant du bourg de Saint-Vaulry
guérie de la fièvre, 1659; — 2º Miracle en
faveur de M. Rabillac et de sa fille, avant 1666.
— 3º Guérison de deux enfants de la ville de
Magnac, après 1666; — 4º Guérison de Catherine Maurat, 13 septembre 1714.**

Plusieurs faits miraculeux signalèrent la nouvelle translation des saintes reliques. Une enfant de six à sept ans, fille d'un marchand de Saint-Vaulry, était tourmentée depuis un an environ par des accès de fièvre quarte. Ayant reçu de la terre prise dans le sépulcre des Saints et du coton qui avait touché leurs reliques, elle fut guérie de la fièvre dans des circonstances si évidemment surnaturelles que Monseigneur de La Fayette, évêque de Limoges, fit une enquête, et constata par lui-même l'authenticité de ce miracle.

Sept ans plus tard, le sieur Rabillac, notaire en la ville du Dorat, attesta de nouveau ce miracle, et compléta son témoignage par les dépositions suivantes : pendant son enfance, il avait été cruellement tourmenté par une fièvre quarte qui dura vingt-deux mois, et dont il ne put être délivré que par l'intercession de saint Israël et de saint Théobald. Plus tard, une de ses filles, âgée de deux ans, en proie à une fièvre incessante, à laquelle s'était jointe la dyssenterie, paraissait inévitablement vouée à la mort lorsqu'elle fut guérie par suite des prières adressées aux Saints. Le sieur Rabillac était âgé de soixante-dix-sept ans lorsqu'il attesta, en 1766, sous forme authentique, ces faits dont il avait été le témoin; il ajoutait que, depuis sa guérison, il n'avait plus éprouvé aucun accès de fièvre.

Plus tard, deux jeunes enfants, nés à Magnac-Laval, infirmes et perclus de leurs membres, furent guéris pendant qu'ils étaient en prières avec leur parents près de l'autel où reposaient les reliques des Saints. Les fidèles réunis dans l'église firent éclater des transports de joie lorsque, à leur extrême surprise, ils virent ces enfants faire d'eux-mêmes la procession autour de l'église afin de remercier Dieu de la faveur qu'il venait de leur accorder.

Tous ces miracles avaient été recueillis avec soin de la bouche de témoins oculaires; ils furent consignés dans un *Manuel de dévotion* composé peu après 1714, et réimprimé en 1806. Les auteurs du Manuel terminent par le récit d'un miracle dont ils avaient pu vérifier facilement par eux-mêmes tous les détails. Nous citons leurs propres paroles :

« Le miracle qui est arrivé de nos jours (en 1714) est trop évident pour en douter ou pour le passer sous silence. Il fut fait en faveur de Catherine Maurat, âgée de quatorze ans, fille de M. Maurat, marchand de cette ville, et de demoiselle Champagne, son épouse. Cette jeune fille, perclue de ses deux jambes, ne pouvoit agir ni se remuer depuis quatre ans; et en vain avoit-elle recours à la médecine humaine, jusqu'à ce que, inspirée de Dieu, elle porta ses parents à faire célébrer neuf messes sur l'autel où reposoient les reliques des Saints, qui finirent le 13 septembre, jour auquel on célèbre la fête de ces deux Bienheureux. Etant donc sur le point de faire la sainte communion, elle sentit au-dedans d'elle une chaleur extraordinaire; et, ses pieds ayant repris leur force, elle s'en retourna chez ses parents appuyée seulement d'un petit bâton, ce qui causa beaucoup d'admiration à tous ceux qui l'avoient vu porter à l'église, et depuis elle marche comme si elle n'avoit jamais été incommodée. »

CHAPITRE VI.

Chapelle construite sur le lieu de la sépulture des Saints. (1014. — 1722. — 1828.)

Après avoir parcouru les diverses migrations des reliques des saints Israël et Théobald, il n'est pas hors de propos de jeter un coup d'œil en arrière, et de bien préciser le lieu de leur première sépulture.

Le corps de saint Israël fut déposé, l'an 1014, dans le cimetière commun de la ville du Dorat, situé à l'orient et tout près de l'abbaye et de l'église. Sur son tombeau fut élevée la chapelle en bois dont nous avons parlé. En 1130, après la translation des Saints dans l'église souterraine, l'affluence des fidèles se porta naturellement vers le sépulcre, et la chapelle du cimetière, peu à peu abandonnée, finit par disparaître. Ce lieu sanctifié ne fut point oublié cependant par la piété des fidèles. En 1722 [1], il était

---

[1] Procès-verbal du lieu où l'on doit faire la chapelle des saints Israël et Théobald (2 mai 1722) :

« ..... Nous (archiprêtre de Rancon), nous sommes transporté en la ville

marqué par une grande croix de pierre située « hors de la ville, dans un ancien cimetière », qui est le cimetière actuel « le long des fossés » de défense, aujourd'hui comblés et remplacés par le boulevard. D'après la déposition du curé, du syndic et des chanoines de l'église du Dorat, « c'était là le lieu et place reconnu par tradition immémoriale où les corps glorieux des saints Israël et Théobald, leurs patrons, avaient été trouvés enterrés. »

L'archiprêtre de Rancon, délégué par l'évêque de Limoges Antoine Charpin de Genestines « jugea la place très-convenable pour y bâtir une chapelle » conformément au désir du chapitre.

Cette chapelle, qui tombait en ruines, fut reconstruite, en 1825, par les soins et aux dépens de la Confrérie des saints Israël et Théobald, telle qu'elle existe aujourd'hui, dans le cimetière du Dorat.

---

du Dorat, où étant, hors de ladite ville, dans un ancien cimetière situé le long des fossés, sur l'indication à nous faite par MM. les vénérables curé, syndic et chanoines de l'église collégiale de ladite ville soussignés, d'un lieu et place reconnus par tradition immémoriale où les corps glorieux des saints Israël et Théobald, leurs patrons, ont été trouvés enterrés ; vu ladite place, où il y a une grande croix de pierre élevée pour marque et monument dudit lieu et tombeau des Saints..... avons jugé la place très-convenable pour y bâtir ladite chapelle..... » (Papiers communiqués par M. A. Ducoux.)

CHAPITRE VII.

Dévotions aux tombeaux de saint Israël et de saint Théobald.

Les fidèles ont toujours eu une dévotion particulière à saint Israël et à saint Théobald : c'est à eux qu'ils s'adressaient de préférence dans plusieurs maladies afin d'en obtenir la guérison ; ils affectionnaient aussi certaines pratiques pieuses qu'ils regardaient comme plus propres à témoigner leur confiance et leur foi, et à se concilier la protection des Saints.

On nous a conservé le récit de celles qui étaient en usage vers 1650 :

« La chapelle de saint Israël et de saint Theobald dedans le sepulchre, en l'eglise de Saint-Pierre du Dorat, est grandement reveree pour toutes sortes de fievres, voires pour la quarte. Leur vie rapporte qu'autrefois le peuple du pays fut fort travaillé d'une maladie dite du feu divin, que Paracelse et Corlieu appellent maladie deale, et Galien et Fernel eripsipolus, feu de Saint-Antoine, en laquelle on ne recevoit aucun soulagement pour les remedes et medecines, mais que ceux qui eurent recours aux intercessions de ces bons Saints s'en trouverent incontinent gueris.

» Comme aussi les femmes qui sont grosses et en travail d'enfant ont de coutume de prendre un ruban ou cordelette suivant leurs moyens et facultes, et d'en ceinturer leurs tombeaux; et, quand elles sont en travail d'enfant, elles s'en ceinturent, dont elles se trouvent fort bien, comme il s'est vu par une longue experience.

» L'on se trouve aussi merveilleusement de se vouer en bonne devotion à l'autel de Saint-Israël et de Saint-Theobald du Dorat, et d'y faire dire trois messes à l'honneur de ces bons Saints pour la fievre tierce, ce que j'ai vu experimenter par nombre de fois, tant pour moi que pour ma famille [1]. »

Il est d'usage maintenant, lorsqu'on veut témoigner sa piété par un signe extérieur, d'offrir à chaque Saint « de petits cœurs d'argent où sont gravés les chiffres des fidèles, qui les offrent en échange des prières et des offices qu'on chante pour eux dans ces solennités ». Ces cœurs, bénits et solennellement présentés après l'office, demeurent suspendus au-dessus des châsses par un ruban rose pour celle de saint Israël et par un ruban vert pour celle de saint Théobald. Il y a dans l'église du Dorat, au-dessus des mausolées des Saints, un grand nombre de ces cœurs d'argent, témoignages de confiance et de

---

[1] P. ROBERT : D. FONTENEAU, T. XXX, p. 927.

gratitude offerts par la génération actuelle. « On distribue aussi » du coton qui a touché aux saintes reliques et « une petite médaille » qui représente saint Israël tenant son bâton de chantre, et saint Théobald, avec ces légendes : *Saint Israël, saint Théobald, priez pour nous, qui avons recours à vous* [1].

---

[1] M. Maurice ARDANT, *Des Ostensions*. 1848.

CHAPITRE VIII.

Histoire de la liturgie des saints Israël et Théobald.

De temps immémorial, saint Israël et saint Théobald furent au Dorat l'objet d'un culte public; ils eurent un office, et les chanoines célébrèrent leur fête avec une grande solennité.

Néanmoins il ne nous est parvenu aucune trace de la liturgie des Saints antérieure à l'année 1639, marquée par la transcription d'un office manuscrit, contenant soixante pages in-8°; ce précieux écrit se trouve aujourd'hui entre les mains de M. le curé du Dorat. La copie est exécutée avec soin; elle se termine ainsi : « Joseph ..... (le nom est effacé) a écrit et achevé ce manuscrit le vingt-septième jour du mois de décembre de l'année mil six cent trente-neuf [1] ». Trois ans plus tard (1642), ce même

---

[1] « Josephus ..... (effacé) scripsit et perfecit die vigesima septima mensis decembris anno Domini millesimo sexcentesimo trigesimo nono. » (*Office.*)

office fut imprimé à Paris, chez Robert Sara. Il avait certainement été récité par les chanoines pendant de longues années sur des exemplaires manuscrits. Celui qui subsiste encore portait écrit de la main du copiste le nom du chanoine pour lequel il avait été exécuté.

Nous ne pouvons émettre que de simples conjectures sur l'époque à laquelle fut composé cet office : d'après son style et sa facture générale, nous croyons pouvoir supposer qu'il a été retouché au temps de la Renaissance, et qu'il remonte, dans sa forme actuelle, à ce mouvement qui porta le XVIe siècle à introduire la langue du siècle d'Auguste partout où il pouvait la substituer au latin du moyen âge. Les titres des leçons, portant qu'elles sont tirées « de très-anciens manuscrits de l'église du Dorat [1] », marquent clairement que cet office a été, sinon composé, du moins retouché plusieurs siècles après la mort de saint Israël et de saint Théobald. Mais il est hors de doute que les Saints avaient un office et une liturgie dès le XIe ou le XIIe siècle.

Dans un plaidoyer composé au XVIe siècle, Pierre Robert traite de l'institution de la charge de sous-chantre par saint Israël ; il donne incidemment des détails précieux sur la manière dont on célébrait à cette époque la fête des deux Saints : «..... La feste dudit saint Israël (et en même temps celle de saint Théobald) se solempnise par chacun an en ladite eglise (du Dorat) chacun vingt-septiesme jour de janvier, avec grande devotion du peuple et institution d'une frairie à l'honneur de Dieu et commemoration dudit

---

[1] « Ex vetustissimis ecclesiæ Doratensis tabulis scriptis. » *Office*.

Saint, canonisé comme dessus est dit, duquel le corps gist et repose enlevé en une chapelle dediee en son nom, au sepulchre de ladite eglise, par ordonnance de l'eveque diocesain, confirmee en court de Rome ; auquel jour tous les chanoines et clercs de ladite eglise assistent à la grand'messe qui se dit en ladite chapelle à diacre et sous-diacre, comme l'on a accoustumé faire en la plus grand'-fete solempnelle de l'annee, et tant à matines que vepres, et se disent leçons, prieres et commemorations dudit Saint par lesdits chanoines ..... [1] ».

C'est en 1669 seulement que l'office de Saint-Israël et de Saint-Théobald fut inséré pour la première fois dans le Propre du diocèse de Limoges.

« La raison qui porta l'auteur de ce Propre à leur donner une place fut qu'ils étaient tous deux Limousins, et chanoines de l'église collégiale du Dorat, où l'on conservait leurs corps avec respect, et où on les montrait toutes les ostensions à la vénération des peuples. Ils furent mis également dans le Propre des chanoines réguliers de la congrégation de France, au 8 février [2]. » Nous avons déjà parlé des deux éditions différentes de ce Propre, ordonnées par la Congrégation : la première est de 1699 ; la deuxième, dont les leçons retouchées sont plus complètes, est de 1758 :

« Les chanoines du Dorat, dit l'abbé Legros, se donnèrent quelque mouvement pour faire insérer leur fête dans le Bréviaire de 1736. Je ne sais pourquoi leurs efforts furent

---

[1] Mss. de D. Fonteneau, T. XXX, p. 706.
[2] Legros, Vie de saint Israël, note 12.

inutiles. On doit l'insérer dans le nouveau Bréviaire qui va être imprimé incessamment. » Puis il ajoute : « Il l'a été en 1783 [1] ».

Nous avons trouvé dans des papiers manuscrits du XVIIIe siècle, ayant appartenu à un chanoine du Dorat, la minute d'une requête adressée à l'ecclésiastique ou à la commission chargée du travail de révision pour le Bréviaire. Nous croyons qu'elle se rapporte aux démarches faites, d'après l'abbé Legros, en 1736. Il est très-regrettable que les pièces authentiques et les légendes trèsanciennes dont elle fait mention aient été perdues. Elle s'exprime en ces termes :

« Nous avons appris que vous travaillez à faire imprimer un nouveau Bréviaire diocésain. Nos MM. du chapitre m'ont chargé d'avoir l'honneur de vous écrire pour vous prier de vouloir bien y insérer nos saints patrons Israël et Théobald, afin de les faire honorer dans tout le diocèse comme ils sont dans notre église et tout le voisinage. Vous savez qu'ils ont eu place dans le Propre que Monseigneur de La Fayette fit imprimer en 1669. Nous vous envoyons, pour cet effet, les actes des miracles qui ont été faits par leur intercession. Nous en avons un grand nombre en bonne forme, tant anciens que de nos jours, et dont nous avons été témoins. Nous y joindrons les actes des translations qui ont été faites par Nosseigneurs les évêques : la première se fit en 1130 par Eustorge; la deuxième se fit par Monseigneur de Salaignac, évêque de Sarlat, par la permission de M. de La Fayette, en 1659. Depuis ce

---

[1] LEGROS, *Vie de saint Israël*, note 12.

temps-là, l'évêque de Sarlat voulut que, dans son diocèse, on en fît l'office. Il se fait pareillement dans tout l'ordre de Sainte-Geneviève. Nous vous envoyerons nos légendes, qui sont très-anciennes, et tous les autres éclaircissements que vous jugerez à propos [1]. »

Voici l'hymne et les litanies des saints Israël et Théobald :

HYMNUS

Sanctorum Israelis et Theobaldi.

Cœlestes animæ, Spirituum chori,
Terrestres incolæ, Christiadum genus,
Parentes geminos concelebrent, canant
    Lætis cantibus æmulis.

Divinis etenim flagrans amoribus,
Non terras amplius suspirat Israel,
Cernens perspicuis luminibus Deum,
    Dignus sidera scandere.

Hunc justum Domini lux sacra per vias
Rectas justitiæ mentis et asperas
Deduxit placide, corporis improbi
    Victorem validissimum.

---

[1] Feuille manuscrite (écriture du XVIIIe siècle) dans les papiers du chanoine Vacherie.

Theobaldus, humilis vir famulus Dei,
Munus sacrificii firmiter abnuit,
Sacris officiis Ædituus vacans,
    Mens celsa versatur polo.

Cœlo quando piis æqua laboribus
Felices animæ gaudia possident,
Pœnarum sociis debita redditur
    Hic laus et decus ossibus.

Vos quorum cineres supplicibus pia
Tutum præsidium plebs colit osculis,
Si vos nostra movent subsidium, boni,
    Vestris ferte clientibus.

Sit laus summa Patri, summaque Filio!
Sit par, sancte, tibi, gloria, Spiritus,
Uni tota Deo qui duplici chorum
    Dorati decorat face!
  Amen.

Ant. Venite, benedicti Patris mei : possidete paratum vobis regnum a constitutione mundi; esurivi enim, et dedistis mihi manducare. (*Math.*, 25, 34)

℣. Custodit Dominus omnia ossa eorum.
℟. Unum ex his non conteretur. (*Ps.* 33.)

OREMUS.

Deus, qui nos sanctorum tuorum Israelis et Theobaldi

confessionibus gloriosis circumdas et protegis, da nobis et eorum imitatione proficere, et intercessione gaudere. Per Christum. Amen.

℣. Sancti Israel et Theobalde,
℟. Orate pro nobis.

Dans les neuvaines on ajoute le trait, le petit verset et l'oraison qui suivent.

TRACTUS.

Domine, non secundum peccata nostra facias nobis, neque secundum iniquitates nostras retribuas nobis. (*Ps.* 102.)

℣. Domine, ne memineris iniquitatum nostrarum antiquarum, cito anticipent nos misericordiæ tuæ, quia pauperes facti sumus nimis. (*Ps.* 78.)

℣ Adjuva nos, Deus salutaris noster, et propter gloriam nominis tui, Domine, libera nos, et propitius esto peccatis nostris propter nomen tuum.

℣. Propitius esto, Domine, peccatis nostris,
℟. Propter nomen tuum. (*Ps.* 78.)

OREMUS.

Ne despicias, omnipotens Deus, populum tuum in

afflictione clamantem, sed propter gloriam nominis tui tribulatis succurre placatus. Per Christum.

Amen.

LITANIÆ [1]

In honorem sanctorum Israelis et Theobaldi.

Kyrie, eleison.
Christe, eleison.
Kyrie, eleison.
Christe, audi nos.
Christe, exaudi nos.
Pater de cœlis, Deus, miserere nobis.
Fili, Redemptor mundi, Deus, miserere nobis.
Spiritus Sancte, Deus, miserere nobis.
Sancta Trinitas, unus Deus, miserere nobis.
Sancta Maria, ora pro nobis.
Sancte Israel, ora pro nobis.
Sancte Theobalde, ora pro nobis.
Sancte Israel exemplar virtutum, ora pro nobis.
Sancte Theobalde flos pietatis christianæ, ora pro nobis.
Sancte Israel sacerdos Christi humillime, ora pro nobis.
Sancte Theobalde levita ardens caritate, ora pro nobis.
Sancte Israel afflictorum solatium, ora pro nobis.
Sancte Theobalde miserabilium auxilium, ora pro nobis.
Sancte Israel potens miraculis, ora pro nobis.

---

[1] *Manuel de dévotion*, 1841, p. 8.

Sancte Theobalde mirabilis virtute, ora pro nobis.
Sancte Israel lumen cæcorum, ora pro nobis.
Sancte Theobalde salus ægrotantium, ora pro nobis.
Sancte Israel passus claudorum, ora pro nobis.
Sancte Theobalde febricitantium medicina, ora pro nobis.
Sancte Israel benedictio hujus regionis, ora pro nobis.
Sancte Theobalde honor nostræ civitatis, ora pro nobis.
Sancti advocati et protectores nostri, orate pro nobis.
Agnus Dei, qui tollis peccata mundi, parce nobis, Domine.
Agnus Dei, qui tollis peccata mundi, exaudi nos, Domine.
Agnus Dei, qui tollis peccata mundi, miserere nobis.
Kyrie, eleison. Christe, eleison.
Kyrie, eleison.
Pater noster, etc.

℣. Sancti tui, Domine, in multitudine electorum habebunt laudem,

℟. Et inter benedictos benedicentur. (*Eccl.* 4.)

℣. Orate pro nobis, sancti Israel et Theobalde,

℟. Ut digni efficiamur promissionibus Christi.

℣. Domine, exaudi orationem meam,

℟. Et clamor meus ad te veniat.

OREMUS.

Deus, qui, ineffabili providentia, sanctos Israelem et Theobaldum ad solatium nostræ regionis et omnium fidelium, ad gloriam cœlestem translatos, apud te intercessores esse concessisti, largire supplicibus tuis et eorum semper protectione defendi, et æterna societate gaudere. Per Christum, Dominum nostrum. Amen.

LITANIES

A l'honneur des saints Israël et Théobald [1].

Seigneur, ayez pitié de nous.
Jésus-Christ, ayez pitié de nous.
Seigneur, ayez pitié de nous.
Jésus-Christ, écoutez-nous.
Jésus-Christ, exaucez-nous.
Père céleste, qui êtes Dieu, ayez pitié de nous.
Fils Rédempteur du monde, qui êtes Dieu, ayez piété de nous.
Esprit saint, qui êtes Dieu, ayez pitié de nous.
Trinité sainte, qui êtes un seul Dieu, ayez pitié de nous.
Sainte Marie, priez pour nous.
Saint Israël, priez pour nous.
Saint Théobald, priez pour nous.
Saint Israël modèle des vertus, priez pour nous.
Saint Théobald fleur de la piété chrétienne, priez pour nous.
Saint Israël prêtre le plus humble de Jésus-Christ, priez pour nous.
Saint Théobald lévite brûlant de charité, priez pour nous.
Seint Israël la consolation des affligés, priez pour nous.
Saint Théobald secours des malheureux, priez pour nous.
Saint Israël puissant en miracles, priez pour nous.
Saint Théobald admirable par vos vertus, priez pour nous.

---

[1] *Manuel de dévotion*, 1841, p. 21.

Saint Israël lumière des aveugles, priez pour nous.

Saint Théobald santé des malades, priez pour nous.

Saint Israël qui rendez le marcher aux boîteux, priez pour nous.

Saint Théobald qui guérissez les fiévreux, priez pour nous.

Saint Israël qui êtes la bénédiction de ce pays, priez pour nous.

Saint Théobald l'honneur de notre ville, priez pour nous.

O nos saints avocats et nos protecteurs, priez pour nous.

Agneau de Dieu, qui effacez les péchés du monde, pardonnez-nous, Seigneur.

Agneau de Dieu, qui effacez les péchés du monde, exaucez-nous, Seigneur.

Agneau de Dieu, qui effacez les péchés du monde, ayez pitié de nous, Seigneur.

Seigneur, ayez pitié de nous.

Jésus-Christ, ayez pitié de nous.

Seigneur, ayez pitié de nous.

Notre Père, etc.

℣ Seigneur, vos Saints recevront des louanges parmi la multitude des élus,

℟ Et ils seront bénis entre ceux que Dieu bénira.

℣ Saint Israël et saint Théobald, priez pour nous,

℟ Afin que nous méritions d'avoir part aux promesses de Jésus-Christ.

℣ Seigneur, exaucez ma prière,

℟ Et que mes cris s'élèvent jusqu'à vous.

ORAISON.

O Dieu, qui, par un effet de votre admirable providence,

après avoir élevé à votre gloire céleste vos saints Israël et Théobald, nous les avez donnés pour être nos intercesseurs auprès de vous, et pour être le refuge et la consolation de notre pays et de tous les fidèles qui ont recours à eux, nous vous prions humblement de nous accorder la grâce d'être toujours défendus par leur protection, et de pouvoir jouir de leur compagnie pendant toute l'éternité. Par Jésus-Christ Notre-Seigneur. Ainsi soit-il.

CHAPITRE IX.

Extrait du procès-verbal constatant l'identité des reliques de saint Israël et de saint Théobald et leur préservation en 1792.

« En 1792, les reliques de saint Israël et de saint Théobald se trouvaient placées depuis de longues années aux deux côtés du maître autel de l'église Saint-Pierre. Elles étaient contenues dans deux châsses en bois doré, dont la partie haute était ornée d'une petite galerie ou balustrade aussi en bois doré ; sur les panneaux extérieurs se trouvaient en bas-relief des scènes représentant la sépulture des Saints et les prodiges opérés sur leurs tombeaux.

» Or ce sont bien réellement ces mêmes reliques, pieusement transmises de siècle en siècle, que nous possédons aujourd'hui et dans les mêmes châsses. Un fait historique pourrait plus tard jeter des doutes sur leur authenticité : chacun le sait, la plupart des objets que vénéraient nos pères furent profanés et détruits pendant les horreurs de 1793. La Providence permit une exception pour les glorieux patrons du Dorat ; mais, à mesure que disparaissent les témoins de cette époque, les preuves de cette préservation deviennent plus rares et plus précieuses. Aussi avons-nous jugé utile de les recueillir avec soin, et de les entourer de tous les caractères d'authenticité, afin de tranquilliser à jamais les consciences.

» La plus invincible de ces preuves est peut-être le témoignage de l'opinion publique dans toute la contrée. A la veille de la Terreur, le poids des masses entraîna ceux-là mêmes qui se disposaient déjà à la dévastation ; et, en 1792, la procession septennale eut lieu. Les confrères ayant refusé de porter les châsses devant un prêtre intrus, la municipalité désigna pour cet office les plus anciens du Dorat [1]. Quatorze ans plus tard, après la réouverture des églises, les Ostensions furent célébrées avec une ferveur nouvelle, le peuple afflua comme aux anciens jours; car on savait comment les reliques avaient échappé aux profanateurs, comment elles avaient disparu la veille du jour où furent brûlés sur la place du Marché les archives du chapitre, les statues des Saints et presque tous les objets du culte.

» Pendant les préparatifs des fêtes de la *Raison*, une vive préoccupation s'était emparée de M. Vacherie-la-Bregère, arpenteur, et l'un des membres de la Confrérie : la destruction imminente des saintes reliques le remplissait de tristesse; d'autre part, il sentait vivement l'inutilité et le danger d'une démarche publique pour leur conservation. Pendant la nuit qui précéda la profanation des objets du culte, cette pensée lui rendant tout repos impossible,

---

[1] V. Registres de la Confrérie.

il se lève, et va frapper à la porte de François Desprades, qui ouvrait, comme la sienne, sur la place du Marché. Bientôt leur résolution est prise; ils s'adjoignent les deux Champigny père et fils, hommes sûrs, et qui, en leur qualité de sacristains, possèdent encore les clefs de l'église et tout ce qui peut contribuer à la réussite. Les châsses sont enlevées du sanctuaire, descendues dans la crypte, déposées dans une excavation au-dessous de la chapelle du milieu, et soigneusement recouvertes. M. Charles-Joseph Boucheul, syndic avant et après la Révolution, comme en font foi les registres de la Confrérie, avait alors les clefs des châsses, et il les conserva toujours depuis. Cette particularité importante nous est attestée par son fils, M. Joseph Boucheul, actuellement syndic, et alors âgé de vingt ans.

» L'église ayant été convertie en salpêtrière, comme on la fouillait dans tous les sens, M. Vacherie-la-Bregère surveilla constamment les ouvriers pendant leurs travaux dans la crypte, et les empêcha d'approcher de la cachette sous prétexte qu'il n'y avait pas là de salpêtre : sa parole fut écoutée.

» Tous ces détails sont établis par la déposition de M. Joseph Boucheul, syndic de la Confrérie, né en 1772; de M. Antoine Dupeyroux, né le 23 juillet 1773, fils du dernier maître de la psallette du chapitre, et enfant de chœur avant la Révolution; de Marie-Anne Dussous, veuve Massoulard, née en 1776; de M. Jean-Baptiste Bertrand, né le 11 juin 1781. Ils ont déposé de ces faits en présence d'une commission nommée par Monseigneur l'Évêque de Limoges, composée de M. l'abbé Dutromp, curé du Dorat; de M. l'abbé Trimoulinard, son vicaire; de M. Alphonse

Ducoux, membre du conseil général ; de M. le docteur-médecin Giraud, membre du conseil d'arrondissement, et de M. l'abbé Rougerie, professeur de philosophie au petit-séminaire. Ces quatre témoins affirment aussi que les châsses où reposent aujourd'hui les reliques sont bien les mêmes qu'ils ont vues dès leur enfance.

» A ces témoignages nous pouvons ajouter l'acte de foi en l'authenticité des reliques renfermé implicitement dans la conduite des personnes qui, par leur position, devaient parfaitement les connaître avant la déposition dans la crypte, et qui revinrent plus tard les vénérer aux yeux de toute la province pendant le reste de leur vie :

» I. Lorsque, en 1802, on enleva les châsses du lieu où elles avaient été déposées pour les replacer auprès de l'autel, M. de Vérine, curé du Dorat avant la Révolution, était venu reprendre son poste ; il avait pour vicaire M. Chamblet de Lacouture, théologal de l'ancien chapitre ; de plus les membres de l'ancien chapitre ci-après nommés vinrent faire partie du clergé du Dorat : M. Vacherie, chanoine sous-chantre ; M. Laurent de La Gasne, chanoine ; M. Javerdat, chanoine ; M. Massard (André), chanoine ; M. Bonnet, chanoine ; M. Mondet de Beauséjour, chanoine ; M. Martial Coudamy, prébendier, et M. Massard (François), prébendier.

» II. Les confrères anciens, et parmi eux celui qui avait assuré la conservation des saintes reliques, donnèrent leur concours à cette translation. Ce sont : M. Charles-Joseph Boucheul, syndic de la confrérie avant et immédiatement après la Révolution ; M. Peyrauche, médecin ; M. Moreau, notaire ; M. Vacherie-Dutillet, arpenteur ; M. Vacherie-la-Bregère, aussi arpenteur ; M. Chamblet (Théobald), notaire ;

M. Sandemoy aîné, avocat. La signature de ces messieurs en qualité de membres de la Confrérie est apposée à plusieurs procès-verbaux relatifs à la comptabilité de la Confrérie, dont les dates sont antérieures à 1792 et postérieures à 1802.

» III. On voit aussi les trois Boneisseix (Jean-Baptiste, Jacques et Barnabé), Coudamy dit Bréjat, Cordeau, Dufresne, Audiguet, et plusieurs autres employés de l'église avant la Révolution y reprendre leur service, et se distinguer par leur dévotion envers les Saints.

» IV. Le 5 octobre 1802, Monseigneur Marie-Philippe du Bourg, évêque de Limoges, dans une visite qu'il fit au Dorat, rétablit la Confrérie dans l'état où elle était autrefois, et fit dresser un procès-verbal constatant l'authenticité des saintes reliques. L'écrit qu'il donna à cet effet fut déposé entre les mains de M. de Vérine, curé du Dorat. Il était conçu en ces termes :

« Nous soussigné, en vertu de la commission à nous adressée par Monseigneur l'Évêque de Limoges, en date d'hier, signée : « ✝ M.-J., évêque de Limoges », — et plus bas : « Par mandement, BROUSSEAUX », — après avoir pris le serment individuel de chacun des témoins dignes de foi dont suit la nomenclature, de dire la vérité, en leur âme et conscience, sur l'authenticité et l'identité des reliques des saints Israël et Théobald, qui reposent dans deux châsses séparées, placées l'une à droite et l'autre à gauche du maître-autel de l'église paroissiale de Saint-Pierre du Dorat; lesdites châsses ouvertes par nous, en présence des témoins susdits, qui sont : Monsieur Jacques-André Vacherie, prêtre-chanoine du Dorat; Monsieur Joseph-Zéphirin Laurens de La Gâne, prêtre et chanoine du Dorat; Monsieur Antoine Chesne des Maisons, prêtre-chanoine du Dorat; Monsieur Jean-Baptiste Chamblet de Lacouture, prêtre-chanoine du Dorat; Monsieur Louis-Jacques Estourneau de Pinateau, propriétaire; Monsieur Théobald Chamblet du Monteil, notaire public; Monsieur Jean-Baptiste Bertrand, marchand, tous habitans la ville du Dorat, — chacun d'eux, séparément interrogé par nous, nous a assuré avec serment reconnaître parfaitement que les susdites reliques des susdits Saints sont identiquement les mêmes qui, de tous temps, et par la permission de Nosseigneurs les évêques de Limoges, ont été ici exposées à la vénération des fidèles, comme étant les reliques authentiques et véritables desdits saints Israël et Théobald. Quoi fait, nous avons clos lesdites châsses, et y avons apposé notre cachet, en présence desdits témoins, lesquels, ainsi que nous, ont signé le présent procès-verbal, pour servir, valoir et faire foi. Fait au Dorat, le cinq octobre mil huit cent deux.

» Ainsi signé en l'original, qui est déposé au secrétariat de l'évêché de Limoges : Vacherie, prêtre, Laurens La Gasne, prêtre; Chesne des Maisons, prêtre; Estourneau de Pinateau; Chamblet; Bertrand; de Verine, curé du Dorat. Copié fidèlement et mot à mot sur l'original susdit, le 9 prairial an XII (29 mai 1804). De Verine, curé du Dorat.

» Aujourd'hui, le cinq juin mil huit cent quatre, nous, Marie-Jean-Philippe du Bourg, évêque de Limoges, ayant pris connaissance du procès-verbal ci-dessus, avons ordonné que les reliques des saints Israël et Théobald, dont est question ci-dessus, seront exposées à la vénération publique; ensemble deux sachets de tafetas rouge, contenant plusieurs reliques de saints dont la nomenclature se trouve sur de petits morceaux de parchemin insérés dans l'un des deux. Fait au Dorat, lesdits jour, mois et an que dessus.

» † M.-J.-Ph., év. de Lim. »

Outre ces témoignages dont la valeur ne laisse rien à désirer, nous signalerons un précieux indice de l'authenticité des saintes reliques : deux billets manuscrits, sur vieux papier à bras un peu jauni par le temps, et dont l'encre commence à passer au rouge, sont conservés dans les châsses. Les plus anciens d'entre les confrères les y ont toujours vus : ils remontent à plus d'un siècle et demi, et leurs indications sont du plus grand prix en faisant connaître l'état de quelques-unes des reliques en 1701. En voici le texte :

» I. Dans cette bourse qui est incluse dans la coupe de saint Théobald, il y a dix-huit dents et une enchâssée dans de l'argent.

Au Dorat, ce 15 avril 1701.

Signé : J. Aubugeois,
Chanoine du Dorat.

» II. Dans la bourse qui est incluse dans la coupe de saint Israël, il y a vingt-trois dents, cinq inhérentes à la mâchoire inférieure,

Et une enchâssée dans l'argent.

Au Dorat, ce 15 mai 1701.

Signé : J. Aubugeois,
Chanoine.

Le 12 juin 1862, on a constaté la concordance des reliques avec ces indications : il reste dix-sept dents de saint Théobald, celle enfermée dans l'argent ayant disparu. Il reste vingt dents de saint Israël et des débris qui évidemment furent comptés jadis pour trois dents intactes. La mâchoire inférieure avec les cinq dents inhérentes est la partie la plus considérable et la mieux caractérisée. Pour constater de nouveau sa présence, on ouvrit la bourse en damas jaune broché au sommet de laquelle est exposé un fragment de la partie supérieure du chef. Au milieu d'une épaisse enveloppe de coton fut trouvé un taffetas d'Italie vert, soigneusement plié; il contenait, mêlée aux autres débris du chef, la mâchoire inférieure, conservant encore implantées la canine et quatre molaires du côté gauche.

Cette vérification venant en aide à une tradition ininterrompue et aux dépositions des témoins qui ont vu comment les reliques ont échappé aux profanations de 1793, il reste positivement démontré que nous possédons les reliques de saint Israël et de saint Théobald telles qu'on les avait en 1701 et dans les temps antérieurs. Deux ragments seuls en ont été distraits en faveur des églises de Saint-Junien et de La Bazeuge. Tous les autres restes des deux Saints sont intégralement contenus dans les deux châsses.

Ainsi, en remontant jusqu'à l'origine, on ne trouve rien qui puisse éveiller le moindre doute. Chaque âge au contraire nous transmet son acte de foi, et, chaque septième année, toute la contrée se lève pour affirmer de nouveau l'authenticité des reliques : l'immense église, la ville entière peuvent à peine contenir ces fervents témoins.

CHAPITRE X.

Les Ostensions des reliques de saint Israël et de saint Théobald.

La province du Limousin s'est formée, pour ainsi dire, autour des tombeaux des Saints : les reliques des serviteurs de Dieu ont été les germes les plus puissants de la civilisation dans cette contrée ; germes développés pendant tout le moyen âge, et trop oubliés aujourd'hui que l'arbre qu'ils ont produit captive plus exclusivement les regards. Après les ravages des barbares qui anéantirent dans les Gaules la domination romaine, le Limousin se trouva changé en une sorte de solitude, envahie bientôt par de grandes forêts ; mais sa pauvreté même et son abandon le peuplèrent d'âmes d'élite. Des hommes issus pour la plupart des grandes familles conquérantes, mais préférant la paix et le service de Dieu aux agitations stériles de ces temps barbares, quittèrent le monde, et, trouvant en Limousin une contrée propre à l'exécution de leurs desseins, vinrent s'y dérober aux tentations du siècle, et prier en paix dans ses forêts solitaires. Très-peu d'entre eux néanmoins réussirent à y passer leurs jours dans cet isolement qui les avait séduits. A peine découverts, ils devenaient l'exemple et le conseil des malheureux habitants du voisinage, le centre autour duquel accouraient se grouper de nouvelles âmes dégoûtées du monde et affamées de Dieu.

Une grotte ou une cabane isolée dans les bois, et du sein de laquelle montait vers Dieu une prière, devenait quelquefois en peu de temps une communauté religieuse autour de laquelle s'empressaient de fixer leur demeure les pauvres gens et les familles pieuses, pour jouir les uns des aumônes, les autres des biens spirituels du monastère. Le saint fondateur, Yrieix, ou Léonard, ou Junien, après que son âme était partie pour le ciel, restait presque toujours le patron et le protecteur principal de sa communauté ; sur la terre on se réclamait de son nom, et on l'invoquait au ciel comme l'avocat puissant de ceux qui, poursuivant ici-bas son œuvre, n'avaient d'autre ambition que de l'imiter et de le rejoindre un jour dans la céleste patrie.

Durant les calamités, autour de son tombeau l'on venait pleurer et prier ; dans la prospérité, autour de ce même tombeau l'on venait chanter à Dieu des hymnes de reconnaissance. Les grands personnages, le pauvre peuple, tout le monde affluait auprès de ses reliques, trésor inestimable que, dans les grandes circonstances, les prélats exposaient aux regards de tout le peuple. C'était l'*Ostension* [1].

---

[1] Les dictionnaires de Bescherelle et de Napoléon Landais écrivent, à tort ce nous semble, *Ostention*.

« On les appelait aussi *montres*, du latin *monstrare*, qui est synonime

Depuis l'exposition de saint Martial des Ardents, l'an 994, jusqu'à l'année 1500, les Ostensions furent très-fréquentes à Limoges et dans tout le diocèse ; mais elles n'avaient aucun caractère de périodicité. La période septennale suivie aujourd'hui paraît avoir été observée comme un usage dès la fin du XVIe siècle, et décrétée comme une loi seulement vers 1519 ou 1526 [1].

En 1659, Le Dorat n'avait pas encore d'Ostensions : il était matériellement impossible d'exposer les ossements sacrés, qui se trouvaient scellés sous les couvercles massifs des tombeaux de pierre taillés en 1130. Par son rescrit du 20 mars 1659, Monseigneur de La Fayette, en accordant la permission de transporter les saintes reliques de la crypte dans le sanctuaire de l'église supérieure, autorisait le chapitre du Dorat à en faire désormais l'ostension de sept années en sept années, conformément à la pratique des différentes églises du diocèse.

---

d'*ostendere*, montrer ; on lit dans un inventaire de reliques ces mots : *Durante monstra*, pendant l'Ostension. » (*Des Ostensions*, par M. Maurice ARDANT, p. 23.)

[1] « ..... C'est surtout depuis le commencement du XVIe siècle (1519) que le retour septennal des Ostensions s'est établi régulièrement dans le diocèse de Limoges. » (M. l'abbé ARBELLOT, *Vie de saint Léonard*, p. 134, etc.)

« L'an 1526, le mardi de Pâques d'avril, s'ouvrit l'Ostension ordinaire du chef de saint Martial et des autres reliques ; elle fut close le jour de la fête de la Sainte-Trinité. On semble s'accorder à fixer à cette année la coutume de ne faire cette solennité que tous les sept ans, quoique, à dater de celle de 1512, la septennalité paraisse déjà établie. On voulut, en la rendant moins fréquente, lui donner plus d'éclat. » (*Des Ostensions :* Maurice ARDANT, p. 44.)

« Dans les villes de Limoges, de Saint-Léonard, de Saint-Junien, du Dorat, dans les paroisses qui possèdent une relique insigne, dans toutes les campagnes du Limousin, il n'y a pas de fête plus populaire que les Ostensions : elles sont comme un point de repère dans la vie; si bien que, au Dorat et dans les paroisses voisines, on divise le temps par Ostensions, comme les Grecs le divisaient par Olympiades; on fixe la chronologie des évènements de famille en prenant pour point de départ les années d'Ostensions.

» L'Ostension des saintes reliques..... dure cinquante jours. Elle commence le samedi soir veille du dimanche de *Quasimodo*, et se termine le dimanche de la Trinité, après les vêpres.

» Pour annoncer « au Dorat » cette solennité, l'administration municipale fait préparer un drapeau composé de deux laizes d'étoffe d'égale grandeur, dont l'une, placée en haut, est rose : c'est la couleur des soieries qui enveloppent les reliques de saint Israël; l'autre est verte : c'est la couleur des soieries qui enveloppent les reliques de saint Théobald. Au milieu de ce drapeau sont placées en croix deux grandes clefs en galon blanc. Ces clefs représentent les armoiries de l'église de Saint-Pierre.

» Le jeudi jour de la mi-carême, les confrères assistent à la messe de neuf heures, à l'issue de laquelle M. le curé bénit le drapeau au bas des marches du sanctuaire. La messe est dite pour la Confrérie. Cette cérémonie est annoncée le dimanche précédent. Après cette bénédiction, les employés de l'église présentent le drapeau dans toutes les maisons de la ville et des faubourgs. Cette présentation terminée, vers les quatre heures du soir, le drapeau est fixé en haut du clocher en ardoise, près du timbre de l'horloge [1]. »

Le même jour....., M. le curé du Dorat et M. le maire adressent collectivement une invitation à chacun de MM. les curés et de MM. les maires des paroisses et des communes dont les noms sont inscrits aux anciens registres, et qui ont toujours été appelées à venir prendre part, les dimanches de *Quasimodo* et de la Trinité, aux fêtes de l'Ostension.

Les paroisses invitées sont :

1º Azat-le-Riz ;
2º Saint-Amand ;
3º Balledent ;
4º Saint-Barbant ;
5º Berneuil ;
6º Blanzac ;
7º Saint-Bonnet (près Bellac) ;
8º Brigueil-le-Chantre ;
9º Bussière-Poitevine ;
10º Coulonges ;
11º Darnac ;
12º Dinsac ;
13º Dompierre ;
14º Droux ;
15º Fromental ;
16º Saint-Hilaire-la-Treille ;
17º Jouac ;
18º Saint-Junien-les-Combes ;
19º La Bazeuge ;
20º La Croix ;
21º Lathus ;
22º Saint-Léger-Magnazeix ;
23º Lussac-les-Églises ;
24º Saint-Martial ;
25º Saint-Martin-le-Mault ;
26º Mézières (près Bellac) ;
27º Moulismes ;
28º Mounismes ;
29º Moutier ;
30º Oradour-Saint-Genest ;
31º Saint-Ouen ;
32º Saint-Pardoux ;
33º Peyrat ;
34º Saint-Priest-le-Betout ;
35º Rancon ;
36º Saint-Remy ;
37º Saint-Sornin-la-Marche ;
38º Saint-Sornin-Leulac ;
39º Tersannes ;
40º Thiat ;
41º Tollet ;
42º Verneuil ;
43º Villefavard ;
44º Voulon.

---

[1] *Coutumier de l'Ostension septennale des saintes reliques.* p. 4, 5.

L'approche des Ostensions remue profondément le pays : elles vont jeter en un seul jour dans une petite ville de deux mille âmes une population quatre ou cinq fois plus nombreuse. Dans Le Dorat, chacun fait ses préparatifs ; dans les paroisses qui se disposent à venir à l'Ostension, les jeunes hommes organisent une garde d'honneur, et s'exercent à la manœuvre militaire ; les jeunes filles préparent leurs vêtements éclatants de blancheur, et les femmes leur costume aux couleurs moins voyantes, mais d'un aspect uniforme ; car, pour être admis dans les rangs, il faut porter le même signe distinctif. On s'exerce au chant des hymnes et des cantiques ; on prépare les croix, les statues, les drapeaux, les bannières, tous les ornements et tous les emblèmes de la paroisse.

Enfin le grand jour est arrivé ! Dès avant l'aube, dans les paroisses éloignées, on se dirige soit vers des points de réunion déterminés à l'avance, soit vers Le Dorat ; les routes et les voies écartées sont couvertes de familles et de groupes de pèlerins en habits de fête, les uns à pied, les autres à cheval, d'autres entassés dans les voitures, dans les lentes charrettes à bœufs, dans les pesants tombereaux : tout est bon pour vaincre la distance, alléger la fatigue, et se trouver à l'heure indiquée chacun à son poste. Enfin toute la paroisse est réunie à quelques centaines de mètres en avant du Dorat ; chacun arbore ses insignes, chacun prend son rang, et, dans l'ordre de procession le plus parfait, tambour en tête, fusil sur l'épaule, bannières déployées, l'on se dirige vers la ville.

Du côté du Dorat, « à huit heures du matin au plus tard, un poste est placé, à deux cents mètres de la ville, sur chacune des routes par lesquelles on attend les processions des paroisses invitées. Après la reconnaissance de la paroisse qui se présente, le chef du poste prie le commandant de la garde d'honneur de cette paroisse de faire rigoureusement l'inspection des fusils : ils doivent être tous déchargés avant l'entrée en ville. Lorsque cette paroisse a pris toutes ses dispositions pour se mettre en marche, deux hommes du poste se placent en tête, et la conduisent à l'église.

» Lorsqu'une procession des paroisses arrive près de l'église, elle s'arrête à vingt mètres de la porte Saint-Jean, dite « porte d'en-bas ». M. le curé du Dorat, ou un autre ecclésiastique par lui désigné, assisté de deux acolytes, et accompagné de M. le maire et des personnes chargées du placement dans l'église, va recevoir cette procession ; il offre l'eau bénite à M. le curé de cette paroisse : celui-ci prend le goupillon, et bénit ses paroissiens. Lorsque la procession entre dans l'église, les personnes chargées du placement marchent en tête. Le curé de la paroisse est à la gauche du curé du Dorat ; le maire est à la gauche du maire du Dorat.

» Lorsque la procession arrive devant la balustrade du sanctuaire, M. le curé du Dorat, ou l'ecclésiastique qui le remplace, prend la relique de la Vraie Croix ; un autre ecclésiastique va prendre de dessus les gradins les deux chefs des Saints, et il les fait vénérer au curé de la paroisse. Celui-ci prend un des chefs. Les trois ecclésiastiques s'étant placés l'un à la suite de l'autre entre les deux files de la procession, qui continue sa marche, font vénérer les saintes reliques à droite et à gauche, au fur et à mesure du défilé ..... »

C'est chose merveilleuse que l'ordre, le recueillement,

la précision avec lesquels tous ces mouvements s'accomplissent. Lorsque les paroisses sont réunies et disposées avec ordre à la place qui leur est assignée dans l'immense vaisseau, alors commencent les chants de la messe solennelle célébrée devant les reliques de saint Israël et de saint Théobald exposées dans le sanctuaire.

Aussitôt la messe terminée, s'ouvre la plus belle et la plus populaire des marches triomphales : toutes les paroisses reprennent leur rang, et, au signal donné, se déploient en procession à la suite l'une de l'autre dans les principales rues du Dorat, qui ne peuvent, tant est grande l'assistance, fournir un circuit assez étendu pour qu'elles s'y développent à l'aise. La paroisse du Dorat, qui doit clore la marche en escortant les saintes reliques, est encore autour du sanctuaire lorsque déjà la tête de la procession, après avoir parcouru tout le circuit intérieur des rues de la ville, rentre par la grande porte de l'occident.

Impossible de décrire ces rues pavoisées, ces fidèles se pressant aux fenêtres et sur tous les points du passage, ces croix, ces oriflammes, ces drapeaux, ces bannières, ces costumes variés, ces chants de triomphe! Un sentiment l'emporte sur celui de la curiosité, sur l'esprit d'analyse qui chercherait à observer les détails : c'est l'étonnement, le respect religieux profond qu'inspire la vue de ces longues files entremêlées d'hommes armés, de jeunes filles, de femmes, d'enfants, de prêtres, tous graves, recueillis, priant en silence ou chantant des cantiques en l'honneur des Saints. Derrière cet incomparable cortége viennent les deux chefs de saint Israël et de saint Théobald, portés de front par deux prêtres, dans des coupes d'argent, et les deux châsses où sont contenus leurs glorieux ossements, chacune sur les épaules de quatre confrères vêtus de l'écharpe rose et verte de la Confrérie.

C'est ainsi que, à chaque septième année, le dimanche de *Quasimodo* et le dimanche de la Trinité, sont honorés ces humbles serviteurs de Dieu qui n'ont jamais ambitionné la gloire humaine, et qui n'ont jamais rien fait pour l'obtenir. Huit cents ans après la mort de saint Israël et de saint Théobald, cette excellente population leur est reconnaissante, comme aux premiers jours, du bien qu'ils lui ont fait dans la personne de ses pères; elle vient porter en triomphe les derniers débris de leurs ossements dans ces mêmes rues où ils ont passé jadis en faisant le bien. Quel inestimable bonheur pour un peuple de pouvoir se retremper périodiquement dans le triomphe des Saints, dans la prière, dans la méditation des héroïques vertus inspirées à ses patrons par l'amour de la justice et de la vérité!

APPENDICE.

CHAPITRE IER.

Histoire et description de l'église du Dorat.

Après avoir pieusement recherché le souvenir de saint Israël et de saint Théobald dans les siècles qui ont suivi leur mort, qu'il nous soit permis d'étudier un instant l'église de Saint-Pierre-ès-Liens, cet antique sanctuaire des chanoines réguliers du Dorat, qui, depuis des siècles, conserve les reliques de saint Israël et de saint Théobald, et voit toutes les générations accourir avec un filial empressement s'agenouiller sur leurs tombeaux.

Plusieurs fois les fureurs de la guerre ont couvert de ruines ce vieux *Scotorium*, ce Dorat que Clovis, dans sa reconnaissance, avait choisi pour y élever un sanctuaire au Prince des apôtres ; trois fois, du VIe au XIe siècle, son église avait été successivement ravagée et dévorée par les flammes, lorsque furent jetés les fondements de l'église actuelle, avec une ampleur et une magnificence qui sont aujourd'hui pour nous l'objet d'un étonnement profond. C'est vers l'an 1050 au plus tard, vingt ans avant la mort de saint Théobald, que fut commencée l'église romane du Dorat, « l'un des plus grands, des plus complets, des plus curieux édifices du centre de la France ».

Elle est parfaitement orientée. — Construite sur la pente du coteau qui sert d'assiette à la ville du Dorat, elle se plie à l'inégalité du sol par la distribution du plan par terre en trois paliers successifs, et elle compense ainsi une différence de 7 mètres de niveau entre ses deux extrémités. Douze marches (3 mètres 20 centimètres) descendent du palier supérieur, situé à l'extrémité occidentale, vers le pavé de la nef, et quatorze marches (3 mètres 80 centimètres), du palier de la nef au seuil de la crypte.

L'édifice est à demi voilé par des constructions et par des clôtures ; les côtés du nord et de l'ouest, dégagés par une place et par une large rue, sont les seuls qui peuvent offrir une vue d'ensemble, et permettre d'apprécier l'ordonnance générale de cette puissante construction aux lourds contreforts, aux murailles énormes, « toute en gros quartiers de pierre de grison », et « en forme de croix à la façon de l'ordre de Saint-Benoît ». La situation à demi souterraine enlève au plan d'élévation le meilleur de son effet, car pour le spectateur situé au sommet de la place la longue croupe horizontale de la toiture d'ardoise aurait voulu s'élancer plus haut dans les airs à la suite des deux clochers, dont l'un, massif et inachevé, domine l'extréminé occidentale, et dont l'autre, svelte et hardi, s'élance de l'intersection du transept, dans toute la fraîcheur d'une jeunesse renouvelée depuis peu par une restauration bien comprise et heureusement conduite.

De la porte principale jusqu'à l'extrémité du chevet,

le plan par terre mesure, en dedans de l'œuvre, 73 mètres de long sur 17 mètres 50 centimètres de large; la longueur du transept ou des bras de la croix est de 43 mètres [1]. La nef est divisée par de lourds piliers en cinq grandes travées. D'étroits bas-côtés, régnant sur toute la longueur de l'édifice, s'élargissent en pénétrant dans l'abside, et forment autour du sanctuaire un déambulatoire d'un bel effet.

La façade occidentale, ou pied de la croix, seule partie de l'édifice qui ne soit pas achevée, longe la rue de la Psallette. C'est la base d'une tour carrée, massive, à ornementation sobre et sévère, variant de l'un à l'autre de ses trois étages, dont le second est assez élevé pour atteindre l'arête supérieure de la toiture de la nef. A défaut de la flèche de pierre qui devait la terminer, et qui se marierait si bien avec le clocher central, cette tour est couverte d'une pyramide quadrangulaire en charpente plaquée d'ardoises, et surmontée d'une lanterne évidée.

L'étage inférieur, large de 27 mètres 40 centimètres, y compris les deux contreforts, est orné, selon l'usage, d'une porte monumentale ouvrant à l'occident, que divise en deux baies à lancette une colonne formée par quatre demi-cylindres engagés sur un prisme [2]. Au centre du tympan se trouve en saillie une petite console destinée à porter la statuette de saint Pierre-ès-Liens,

---

[1] « Ladite église a 25 pas communs de largeur et 120 pas de longueur. » (ROBERT, 1610.)

[2] « Dès la fin du XIe siècle, quelques portes ont été ainsi divisées en deux baies. » (DE CAUMONT. *Abécédaire*, p. 115.)

patron de l'église [1] ; un peu plus bas, sur les claveaux qui forment les ogives des baies, court cette inscription gravée en lettres romanes :

501

TU ES PETRUS, ET SUPER HANC PETRAM
ÆDIFICABO ECCLESIAM MEAM.

« Tu es Pierre, et sur cette pierre je bâtirai mon Eglise. »

L'arcade qui enferme le tympan est à quatre archivoltes concentriques, portées sur des pilastres ménagés dans l'épaisseur de la muraille, et disposés en retraite les uns sur les autres. Chacun des angles rentrants est cantonné d'une colonnette ronde. L'ogive des arcades est formée par sept arcs de cercle disposés trois de chaque côté, et le septième au sommet. Deux longues et profondes embrasures de fenêtres sont ménagées de chaque côté du portail.

Sur ce premier étage se dessine en retraite la base de la grande tour carrée ; à droite et à gauche, deux campaniles élégants, formés d'une pyramide soutenue par huit colonnettes cylindriques, surmontent au dehors les escaliers à vis, dérobés dans l'intérieur des murailles, et donnant accès au clocher ; trois arcatures à pilastres

---

[1] « Cette particularité n'était pas rare dans les églises de cette période. » (*Id., ibid.*, p. 116)

« En haut de la voûte du grand autel se trouvoit encore (1640) l'effigie de saint Pierre, en relief et tenant des clefs à la main, au nom duquel est l'eglise dediee. » (P. Robert.)

prismatiques, celle du milieu percée d'une fenêtre, sont les seuls ornements du deuxième étage ; le troisième étage, encore un peu moins large, est orné de quatre arcatures aveugles à pilastres semi-cylindriques. Ce clocher inachevé semble avoir, dans la pensée de l'artiste, dû revêtir, en s'élevant dans les airs, un aspect plus léger et plus ornementé. Mais, soit par défaut de ressources pécuniaires, soit plutôt par suite des bouleversements qui ne cessèrent d'agiter le pays pendant l'occupation anglaise et jusqu'à la fin des guerres de la ligue, les efforts de la construction s'arrêtèrent au troisième étage. Le peuple attribue cette lacune à la mort de l'architecte, qui, victime d'un piége tendu par un envieux, aurait péri en tombant du haut des échafaudages, et emporté avec lui son secret. Pierre Robert émet une opinion moins dramatique, mais plus vraisemblable : « Le gros clocher, dit-il, est non encore parachevé....., car le comte de la Marche, qui faisoit bâtir cette eglise, avoit dessein, comme il se voit au commencement, de faire de ce clocher quelque belle piece ; mais, la mort l'ayant prevenu, ses enfants et heritiers firent couvrir ce qui avoit eté fait de tuiles en tiers-point, comme il se voit ». L'ardoise a depuis longtemps remplacé les tuiles qu'avait vues P. Robert.

Il suffit en effet d'un coup d'œil sur cette masse robuste pour se convaincre qu'elle devait surpasser la hauteur du clocher central. Néanmoins ces dispositions primitives ont dû être entièrement modifiées dans les projets d'achèvement étudiés vers 1850. D'après les plans de M. l'architecte Chabrol, la couverture en charpente du gros clocher, au lieu de céder la place à une flèche hardie, devrait être simplement remplacée par un quatrième étage en pierre, à huit faces : quatre grandes, percées chacune de deux ouvertures surmontées d'une rose rudimentaire, et quatre petites, provenant des pans coupés. Chaque grand côté se terminerait, en aplomb sur la façade, par un pignon triangulaire servant de base à un clocheton peu élevé. Cette disposition, à la juger sur les dessins du plan, ne paraît pas briller par la grâce et par la légèreté.

Le côté nord-ouest offre le point de vue le plus complet. Sur la place de l'église, la nef et les deux clochers se présentent parfaitement dégagés. D'un clocher à l'autre courent, au-dessous d'une longue toiture d'ardoise, deux lignes superposées de balustrades massives, en larges dalles de granit; elles couronnent le sommet des murailles de la nef et des bas-côtés, et semblent supportées par une ligne de modillons grimaçants et par une rangée de gargouilles saillantes d'une extrême simplicité. « Le système d'écoulement des eaux de cette église, dit l'abbé Texier, est des plus remarquables pour le temps de cette construction. Les bas-côtés étaient dallés en terrasse ; une pente légère conduisait les eaux dans de nombreuses gargouilles, fort simples mais d'un ajustement des plus ingénieux. Ces gargouilles sont munies, à leur extrémité inférieure, d'un creux destiné à faire coupe-larme. Une balustrade légère, quoique pleine, et très-originalement ajustée, les surmonte; un rang de gargouilles et une balustrade semblable couronnent aussi les murs de la grande nef. Nous n'aurons pas besoin d'ajouter que gargouilles et balustrades reposent sur une corniche à modillons. »

Cinq fenêtres à plein ceintre, ornées de colonnettes demi-circulaires, mais dépourvues de meneaux, éclairent la grande face du nord, que contrebutent cinq contreforts peu saillants, trapus et terminés en biseau. Une porte murée, décorée de pilastres, occupe la troisième travée. Elle débouchait dans une chapelle, aujourd'hui détruite, de Notre-Dame-de-Lorette ou des Jarris. Sur le linteau est gravée l'inscription suivante :

$$\begin{array}{c} R \\ E \\ A. \quad L\ U\ X\ E\ A \quad \Omega. \\ A \\ P \end{array}$$

DOMUM INSTAM, TU, PROTEGE, DOMINE; ET ANGELI TUI CUSTODIANT MUROS EJUS ET OMNES HABITANTES IN EA. AMEN. ALLELUIA.

$$\begin{array}{c} R \\ o \\ i \\ \text{Alpha.} \quad Lumière + ioI \quad \text{òméga.} \\ r \\ i \\ o \\ P \end{array}$$

Seigneur, protégez cette maison, et que vos anges gardent ses murailles et tous ceux qui l'habitent. Ainsi soit-il ! Alleluia [1].

---

[1] Il y avait une inscription analogue sur la porte d'entrée de l'église Saint-Michel du Dorat : elle existe encore. Une autre se trouve sur le portail

Ce linteau, à cause de la bonne exécution des majuscules romaines qui y sont gravées, nous semble avoir appartenu à une construction carlovingienne de l'église du Dorat.

A l'extrémité nord du transept est un second portail, dit porte Saint-Jean, avec archivoltes et colonnettes. La fenêtre qui le surmonte a reçu la même ornementation : c'est la plus soignée de l'édifice ; mais elle se trouve masquée à sa partie supérieure par une arche jetée de l'un à l'autre sommet des deux contreforts de la façade. Cette construction parasite faisait partie des fortifications établies durant le xve siècle tout autour de l'église.

De l'intersection du transept s'élance, à une hauteur de 36 mètres, un clocher « octogonal, évidé, léger, changeant de forme et d'ornementation à chaque étage », et tout entier, jusqu'au sommet de la flèche, en belle pierre de granit. Sur chaque face du premier étage de la tour de ce clocher, et immédiatement au-dessus de la toiture de l'église, est une fenêtre basse, à plein cintre, ornementée de trois archivoltes, et éclairant à l'intérieur la coupole du transept. Ces huit fenêtres sont en partie murées, au grand détriment de l'effet général, et peut-être de la salubrité de l'édifice. Elles seraient la place de belles verrières, aux lignes et aux couleurs accentuées, laissant passer le soleil et la lumière. « Autrefois le trésor du chapitre

---

de l'église de Tersannes. — « Vers l'an 1071, le tombeau de saint Angelbert fut reconnu par saint Gervin aux quatre mots gravés sur le pavé : « REX, LEX, LUX, PAX. » (L'abbé TEXIER, *Manuel d'épigraphie*, p. 131. Il cite : *Acta SS.*, T. I *mart.*, p. 287.)

se trouvoit proche de là, dans la voûte derobée. » (P. ROBERT, 1640) Le deuxième étage est orné sur chaque face de deux arcatures trilobées, portées sur des colonnes demi-cylindriques; de cette disposition résulte un certain caractère de légèreté qui s'accentue au troisième étage, évidé par de longues fenêtres à deux baies.

La flèche, relevée de nervures saillantes sur ses huit angles, est surmontée d'un ange en cuivre doré aux ailes étendues; immobile aujourd'hui, il tournait jadis à tous les vents : « Au sommet du clocher, dit P. Robert, est un ange de bronze doré, de hauteur de cinq à six pieds, tenant une croix en ses deux mains, de fer, fort haut, et se tourne et vire selon que le vent le fait tourner et virer ..... »

L'extrémité orientale ou abside est d'une belle ordonnance et d'un aspect varié, sobre et sévère. Cinq chapelles rondes, munies de deux contreforts et de trois ouvertures chacune, frappent à la fois les regards; trois rayonnent autour de l'abside, et deux sont adossées à la ligne du transept. La chapelle du milieu, voisine autrefois du mur d'enceinte, conserve la tour militaire dont elle fut surmontée au XVᵉ siècle, et ajoute à l'effet général par l'étonnement qu'inspirent ses créneaux et ses machicoulis. Au-dessus se dresse la flèche centrale ayant pour acolytes les deux clochetons qui surmontent les escaliers de service, dissimulés dans l'épaisseur des murailles; elle complète heureusement cet ensemble de chapelles basses et demi-circulaires, de toitures coniques et de clochetons évidés [1].

---

[1] Le croisillon méridional du transept se prolonge en une sacristie ter-

Après avoir étudié l'extérieur, pénétrons à l'intérieur de la maison de Dieu, du lieu de la prière, du palais des grandes assemblées du peuple chrétien. Entrant par la porte monumentale, située à l'occident, nous saluons sur sa petite console, au milieu du tympan, le patron de l'église, le porte-clefs, le prince des apôtres; puis, descendant les deux degrés de la porte, nous nous trouvons à l'intérieur sur un vaste palier du haut duquel douze marches monumentales, régnant sur toute la largeur de l'édifice, conduisent jusqu'au pavé de la nef. « Les femmes du Dorat s'assayoient jadis sur ces marches pour entendre les prédications; car, au bout de cesdits degrés, — adossée au pilier de droite, — était la chaire du prédicateur, pour y prescher la parole de Dieu (1640). » Du haut de ces gradins, qui sont une des dispositions les plus originales de l'église du Dorat, et qu'elle ne partage peut-être avec aucun autre édifice, jetons un coup d'œil d'ensemble sur le grand vaisseau intérieur :

Sur nos têtes s'arrondit une coupole byzantine percée d'un *oculus* rond, destiné au passage des cloches et au service de la sonnerie. Elle domine de 19 mètres le plan du palier et de 21 mètres 60 centimètres le pavé de la nef.

Du pied des gradins s'allonge vers le sanctuaire la double rangée des piliers massifs qui séparent la nef des bas-côtés. Semblables deux à deux, ces piliers diffèrent d'une travée à l'autre, mais dans les détails seulement : leur

---

minée par une tour ronde et bien éclairée; de construction récente, cette tour sert de salle pour les catéchismes et pour les délibérations du conseil de fabrique.

générateur commun est un prisme quadrangulaire, dont les angles sont libres, et les faces surchargées d'une saillie prismatique; trois de ces saillies sont cantonnées d'une colonne cylindrique. « Rien de plus rude ni de plus varié que leurs chapiteaux, tour à tour historiés, feuillagés ou couverts d'une ornementation bizarre. » De la base au sommet, les piliers mesurent 11 mètres 80 centimètres; ils portent suspendue au-dessus de la nef une voûte en berceau (16 m. 50 cent.) divisée à chaque travée par un arc-doubleau ogival qui, allant d'un pilier à l'autre, renforce la voûte, et en corrige la monotonie. « Tous les grands arcs de la construction sont aussi en ogive, comme dans toutes les églises romanes de la Marche et du Limousin. » Les voûtes des bas-côtés sont à arêtes mousses sans nervures.

L'intersection du transept est couronnée par une coupole percée de huit fenêtres : c'est un des plus beaux morceaux de l'église : nous en avons déjà parlé dans la description du clocher central. Les coupoles intérieures, placée dans la nef sous les deux tours, donnent à la collégiale un air romano-byzantin.

L'abside, avec ses grandes colonnes cylindriques entourant le sanctuaire, ses larges bas-côtés circulaires qui forment un beau déambulatoire, ses trois chapelles rayonnantes et ses treize fenêtres à plein ceintre, complèterait admirablement l'effet général de l'église si l'on remplaçait par des verrières les maçonneries qui obstruent les longues fenêtres si nécessaires à la beauté et à la salubrité de l'édifice.

L'aspect un peu sombre et l'humidité de l'intérieur, la teinte verdâtre d'une partie des murailles, nous semblent tenir soit à l'enfoncement de l'édifice dans le sol, défaut irréparable, soit à l'aveuglement presque complet d'une grande partie des fenêtres. A ce dernier inconvénient le remède est facile avec un peu d'argent : il suffit de rendre aux fenêtres leurs anciennes verrières, ou même de remplacer la maçonnerie par de simples grisailles en lames épaisses et solidement montées.

Il ne nous reste plus à décrire que la crypte ou église souterraine. Nous sommes heureux de céder la parole à notre maître vénéré, au savant abbé Texier, qui en a fait la peinture la plus complète :

« Sous le sanctuaire tout entier, dit-il, règne une crypte d'une admirable conservation. Le temps et les hommes n'ont rien changé à ses dispositions primitives : elle existe fraîche et entière comme au premier jour. Ses deux grands escaliers donnent accès chacun à l'extrémité d'une nef semi-circulaire, et percée de trois chapelles qui prennent du jour au dehors. Cette nef collatérale contourne un sanctuaire dont la voûte est portée par quatre légères colonnes mono-cylindriques. Là s'élève l'autel ancien et sa curieuse piscine. Cette piscine, rare et précieux exemple d'un ancien usage liturgique, est au côté de l'épître de l'autel, dont elle n'atteint pas la hauteur ; creusée dans le chapiteau d'une colonne, elle est percée d'un trou central, qui conduisait les ablutions dans la terre à travers le fût. Un autel et une piscine exactement semblables se trouvent, à trois lieues de là, dans l'église du prieuré de La Plaine, convertie aujourd'hui en grange. Grâce à la conservation de cette crypte si remarquable, il nous est facile de comprendre comment le culte pouvait se pratiquer en des lieux qui paraissent aujourd'hui si peu accessibles. Le sanctuaire de l'église du Dorat étant élevé de trois marches au-dessus de la nef, trois ouvertures, percées dans ces marches et évasées à l'intérieur comme de larges meurtrières, permettaient aux fidèles répandus dans l'immense vaisseau de suivre les cérémonies de l'église inférieure sans y descendre; la circulation d'ailleurs était facile par les deux escaliers. Nous ne concevons pas de plus beau spectacle que celui d'une procession descendant dans la cryte, et en ressortant par l'extrémité opposée, après l'avoir parcourue dans sa longueur. Les chants liturgiques se perdant mystérieusement dans les profondeurs de la terre pour se réveiller ensuite comme des voix lointaines qui sortent des ténèbres et éclatent triomphantes et joyeuses, indépendamment du nombre des ministres et des magnificences extérieures des vêtements sacrés : c'était là un de ces spectacles que notre époque ne connaît plus.

» Cette église a donc, à bien des égards, une physionomie originale : les clochetons ou couronnements d'escaliers, les balustrades, son système d'égouts, la forme de ses gargouilles, n'appartiennent qu'à elle. Mais un de ses caractères principaux c'est qu'elle favorise de toute manière l'opinion qui veut que les églises soient la traduction d'une pensée symbolique. L'axe de la nef se brise brusquement avec une déviation de plus d'un pied : en se plaçant dans le transept sud, la déviation blesse la vue de tout le monde. « Trois » chapelles et « trois » jours éclairent la crypte; « quatre » piliers en portent la voûte; « trois chapelles rayonnent à l'abside; « treize » fenêtres sont ouvertes au chevet. — Nous ne pousserons pas plus loin l'énumération des éléments de ce genre que peut fournir l'étude de cette église : qu'il nous suffise d'indiquer cette voie d'investigations.

» Ici tout est précieux, parce que tout est ancien et d'une seule pièce. La flèche seule du clocher principal est une restauration du XIIIe siècle. Le dernier étage lui-même a été remanié à cette époque : les chapitaux sont romans ou gothiques, selon que les reconstructeurs du temps ont pu les conserver ou ont été dans l'obligation de les remplacer. Nous avons pu admirer de près dans cette flèche la science pratique de ces maçons du XIIIe siècle : la flèche est formée d'un simple parement en pierres de taille qui ont moins d'un pied d'épaisseur à la base : cette épaisseur va en augmentant de la base au sommet, où elle atteint un pied et demi.

» Au XVe siècle, toute l'église, par un travail facile, fut transformée en une grande forteresse. Un mur crénelé, porté sur des consoles, s'éleva au-dessus de toutes les baies ; un arc réunit les contreforts du transept, et porta une construction semblable ; enfin la chapelle de l'abside fut surmontée d'une tour. « Le circuit de cette eglise, dit
» Robert (1640), est partout formé de parapets avec des
» creneaux maccolis et porte-sieges avances en forme de
» redoutes munis de gros piliers, aussi faits de cartelages de
» pierre renforces sur le dehors...... Cette eglise etoit ainsi
» bâtie en forme de forteresse, pour se garder et defendre
» en temps de guerres des gens d'armes, et pour y tenir
» bon dedans avec quelques soldats en garnison. » Toutes ces fortifications ont été détruites il y a quelques années, dans une restauration du monument, à l'exception d'un mur dans lequel se trouvait engagée l'horloge, et à l'exception de la tour qui surmonte la chapelle absidale.

» Cette église a servi de type, et fait école. En plus de cinquante monuments on retrouve sa disposition, ses motifs, son ornementation : il en existe un « portrait » réduit, mais de ressemblance parfaite, à Bénévent (Creuse). Aux dimensions près, on dirait deux édifices sortis du même moule.

» De quelle époque est cet édifice remarquable ? Trois dates se présentent : le xe siècle, le xie (1075) et le xiie. La première n'est pas soutenable, la seconde a pour elle une inscription, la troisième paraît la plus vraisemblable. Il faudrait, pour trancher la question, entrer dans des détails qui ne sauraient trouver place ici. Nous avons oublié de dire que les ferrures des portes sont contemporaines du monument, et qu'on remarque dans la nef un vieux font de baptême en granit, orné de grandes figures d'animaux fantastiques.

» Puissent ces détails trop abrégés faire apprécier l'importance de ce grand édifice [1] ! »

Résumant les divers témoignages qui nous parlent de l'église du Dorat dans les temps antérieurs au xiie siècle, nous la voyons : fondée par Clovis au vi[e] siècle, après la bataille de Vouillé ; brûlée par les Normands en 866 ; desservie par des chanoines à l'époque de la naissance de saint Israël, en 950 ; confirmée entre leurs mains par Boson le Vieux en 987 ; reconstruite après un incendie en 1013 ; brûlée encore une fois, après 1040, sous Aldebert II, et enfin « réédifiée et bâtie par ce comte de la Marche et

---

[1] L'abbé Texier, *Album du séminaire du Dorat*.

par Almodis, sa femme, en la forme où elle est à présent [1] ». Cette dernière assertion est parfaitement d'accord avec l'inscription suivante : « L'an du Seigneur 1075, le 5 des ides d'octobre, pendant la vacance du siége de Limoges, et sous le règne de Philippe, roi des Francs, fut consacré le grand autel (de l'église du Dorat), en l'honneur des bienheureux apôtres Pierre et Paul, par le révérend évêque de Lisieux [2] ». Une partie importante de l'église du Dorat, comprenant l'abside et peut-être le transept, se trouvait donc livrée au culte en 1075. Nous avons raconté comment Aldebert II avait su contraindre à la reconstruire de leurs deniers ceux-là mêmes qui l'avaient incendiée; il mourut en 1088 [3]. D'après quelques historiens, son fils Aldebert III et sa veuve Almodis continuèrent son œuvre. Le clocher central ne semble dater que du XIIIe siècle.

---

[1] « L'eglise du Dorat, brulee par Etienne, seigneur baron de Magnac, fut reedifiee et batie par Aldebert, comte de la Marche, et Almodis, sa femme, en la forme où elle est à present. » (ROBERT : D. FONTENEAU, T. XXX, p. 629.)

[2] « Anno Domini 1075, quinto idus octobris, vacante sede Lemovicensi, Philippo, rege Francorum, regnante, consecratum fuit majus altare in honorem beatorum apostolorum Petri et Pauli a reverendo patre Lexoviensi episcopo. » (L'abbé TEXIER, *Manuel d'épigraphie*, p. 130, d'après les Mss. de D. Fonteneau.)

[3] « Audebert II, comte de la Marche, décéda en 1088, selon la chronique de Maillesais, chez Besly, p. 392, auquel succéda Boson, son fils. Il y a une carthe chez Besly, p. 388, où Audebert, comte de la Marche, est signé, laquelle carthe est datée de l'an 1089. Il faut qu'elle soit fautive, puisque les carthes disent clairement qu'il trépassa l'an 1088. » (BONAVENTURE, *Annales*, p. 126.)

« Dans la basilique du Dorat [1] furent ensevelis, dit-on, plusieurs des nobles comtes de la Marche, entre autres Boson, le restaurateur du monastère, sa femme et plusieurs de ses descendants. Là aussi attendent, dans leurs tombeaux, la résurrection future plusieurs nobles personnages de la puissante maison de Rancon et des familles de Mounimes, de Blanzac, de Dompierre, de Bussières, de Peyrat, de La Feuille-Saint-Priest, d'Oradour, de Tersane, de Magnac et de plusieurs autres dont les bienfaits sont énumérés dans les cartulaires du Dorat, principalement de la famille des Montbas. »

Mais ce qui fit sa véritable gloire ce sont les tombeaux et les reliques de saint Israël et de saint Théobald.

A côté de l'église, sur les terrains occupés par les sœurs de Marie-Joseph, se trouvaient les *cloîtres du chapitre*, le monastère sanctifié par la présence des deux serviteurs de Dieu dont nous venons d'esquisser la vie. Ils étaient

---

[1] « In basilica Scotoriensi seu Doratensi sepeliuntur nobiles DD. Marchiæ comites, ut tradunt, Buso, cœnobii restaurator, qui vixit anno circiter MC, et in Doratensi basilica tumulatus fuit ut traditur, sed et ipsius conjux et posteri nonnulli.

» Ibidem quoque expectant futuram immutationem sepulti nobiles e gente de Ranconio, v. Rancon, olim sane in Lemovicino pago potenti, sed alia, ni fallor, ab ea de Rancone in pago Xantonico.....

» Item et famil. de Mounime, de Blanzac, de Domni-Petra, de Buxeria, de Peyrato seu Peyraco, v. du Peyrat, de La Fueuille-St-Prié, de Oratorio, v. de Oradour, de Tersane, de Magnac et alii quorum nomina et beneficia enumerantur in tabular. Doratensi, maxime e gente de Monthas. » (*Bibl. nation.*, fonds latin, 12, 716, p. 246. — D. ESTIENNOT, Mss.)

situés près de l'emplacement de la sacristie, au croisillon droit du transept. La face méridionale de l'église conserve encore les traces de « deux petites portes, l'une pour aller dans le clocher de la chapelle Saint-Louis, qui etoit au-delà des cloîtres, l'autre pour aller au logis de la *psallette*, où demeurent (1654) le maître de psallette avec les enfants de chœur, de l'autre côté du cloître. N'y a de present, en cette annee 1654, qu'un côté, devant l'eglise, de couvert audit cloître. » (P. ROBERT.)

Toute trace des cloîtres a disparu aujourd'hui depuis longtemps. Il reste à peine quelques parties des constructions de la psallette, conservées dans le vieux bâtiment des sœurs de Marie-Joseph, qui se trouve adossé à l'église sous la grosse tour occidentale.

CHAPITRE II.

—

Chapelle et tombeaux des Saints.

Par les soins de M. l'abbé Blondet, curé du Dorat, tout récemment appelé à la cure de Saint-Junien, la chapelle adossée au transept méridional de l'église du Dorat vient d'être réparée, et consacrée au culte de saint Israël et de saint Théobald. Tous ses ornements répondent à cette destination.

Les Saints sont représentés en bas-relief sur le devant de l'autel. Deux des principaux traits de la vie de saint Israël forment le sujet des médaillons du vitrail. Dans le premier médaillon, saint Israël enseigne. Il est assis, de profil, nimbé, la main gauche appuyée sur un livre, la droite élevée. Saint Théobald et saint Gautier, nimbés, écoutent ses leçons, ayant devant eux deux autres enfants aussi nimbés, et à droite le jeune Bernard, assis sur un escabeau. A travers la fenêtre de l'école on entrevoit la ville du Dorat avec les clochers de la collégiale et du séminaire. Dans le deuxième médaillon, saint

Israël visite un malade entouré de sa famille; il est accompagné de saint Théobald et d'un autre personnage. On aperçoit également sur le ciel du médaillon la ville avec ses nombreux clochers [1].

Cette chapelle renferme les précieux tombeaux de saint Israël et de saint Théobald. Ce sont deux longues urnes en granit bleu porphyroïde du pays, surmontées d'un couvercle à pignon aigu, et portées chacune sur deux colonnes rondes à piédestal et à chapiteau roman, dans le style des colonnes de la crypte. Voici leur histoire :

Saint Israël et saint Théobald reposaient dans le cimetière commun de la ville du Dorat (au lieu même où s'élève aujourd'hui la chapelle), le premier depuis cent seize ans, et le second depuis soixante ans, lorsque, le 27 janvier de l'an 1130, leurs saints ossements furent levés de terre et transportés en grande solennité dans la crypte de l'église collégiale de Saint-Pierre, qui fut appelée depuis ce moment « le Sépulcre ».

On les déposa dans deux tombeaux que venait d'exécuter « un tailleur de pierre nommé Legros (en latin *Crassus*). Cet homme pieux et dévot, renonçant à toute espérance de gain pour son travail, et poussé par le seul sentiment de la piété, avait poli artistement les deux tombeaux, au

---

[1] Ce vitrail, offert par un enfant du Dorat, porte cette inscription :

DON
DE MONSIEUR
J. PINOT,
CURÉ DE SAINT-MICHEL
DE LIMOGES.

$$\begin{matrix} & & R & & \\ & & E & & \\ A. & L\ U\ X & M & A & \Omega. \\ & & A & & \\ & & P & & \end{matrix}$$

$$\begin{matrix} & & R & & \\ & & o & & \\ & & i & & \\ \text{Alpha.} & & L\ u\ m\ i\ è\ r\ e + i\ o\ I & & \text{ôméga.} \\ & & r & & \\ & & i & & \\ & & a & & \\ & & p & & \end{matrix}$$

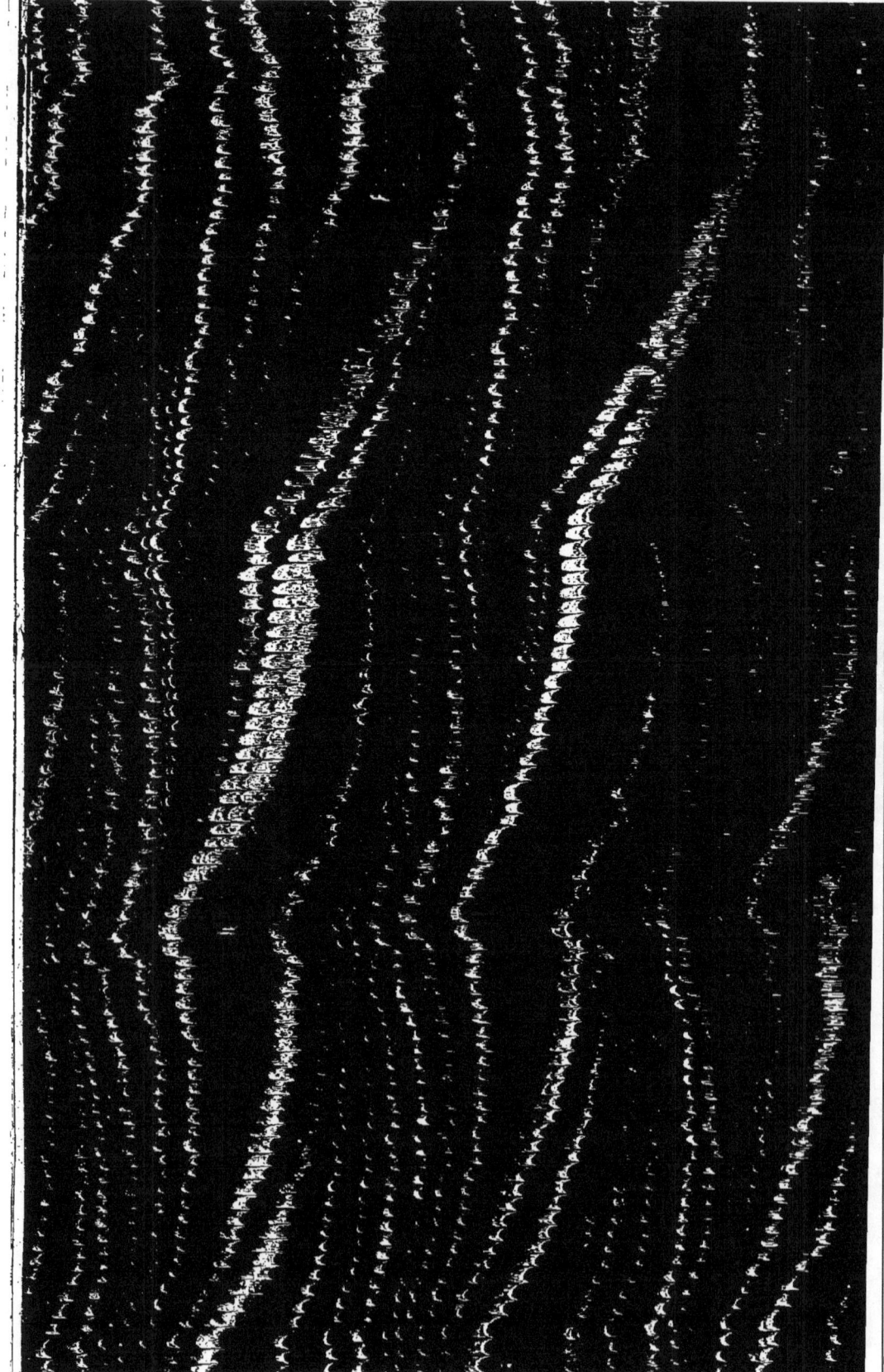

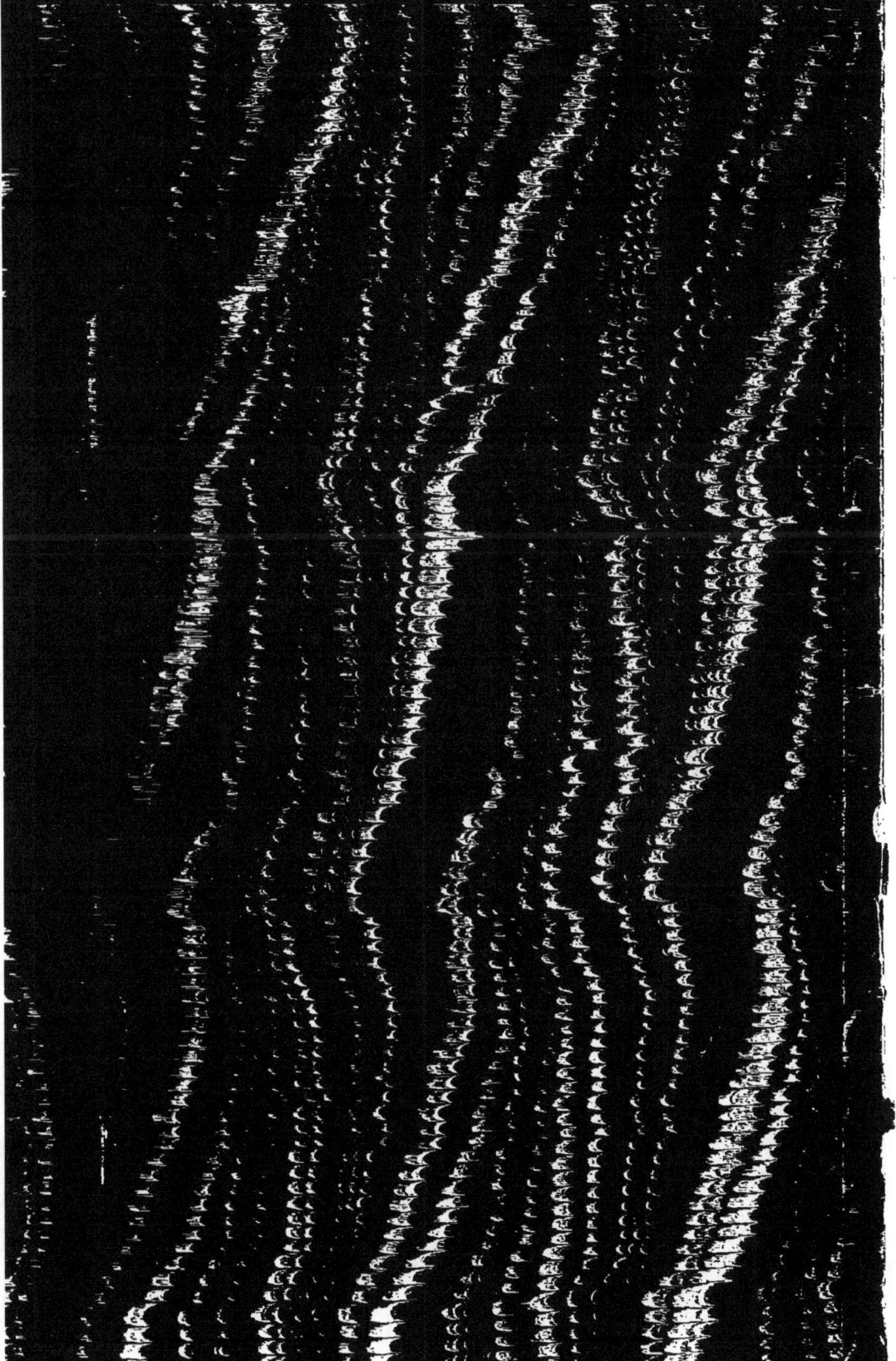

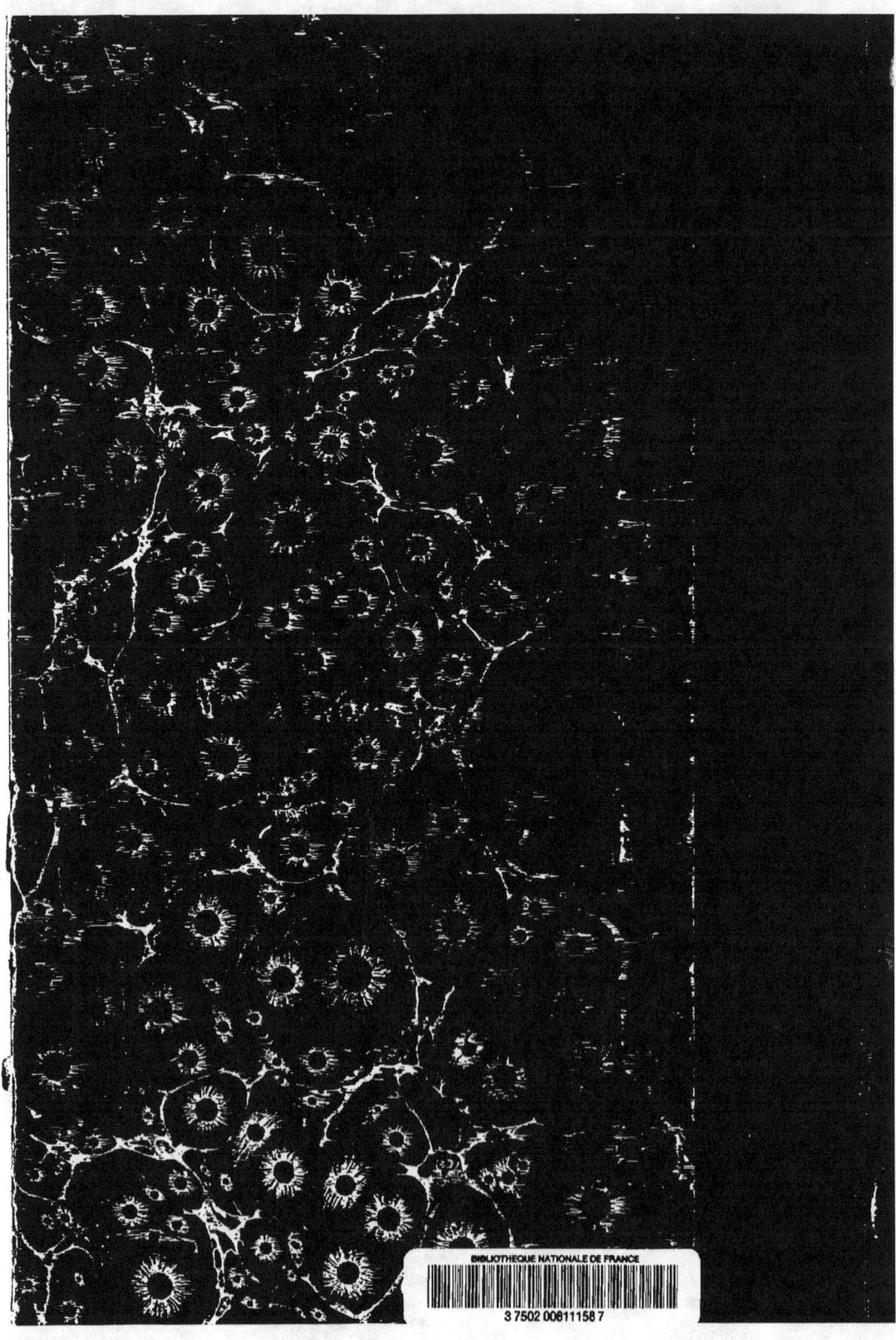

www.ingramcontent.com/pod-product-compliance
Lightning Source LLC
Chambersburg PA
CBHW072021150426
43194CB00008B/1206